汉语常用口语构式研究论集

主　编：王红厂　董淑慧

副主编：唐雨童

南开大学出版社

天　津

图书在版编目(CIP)数据

汉语常用口语构式研究论集 / 王红厂，董淑慧主编；唐雨童副主编. —天津：南开大学出版社，2024.7
ISBN 978-7-310-06586-8

Ⅰ.①汉… Ⅱ.①王… ②董… ③唐… Ⅲ.①汉语－口语－对外汉语教学－教学研究－文集 Ⅳ.①H195.3－53

中国国家版本馆 CIP 数据核字(2023)第 246567 号

汉语常用口语构式研究论集
HANYU CHANGYONG KOUYU GOUSHI YANJIU LUNJI

南开大学出版社出版发行
出版人：刘文华
地址：天津市南开区卫津路 94 号　　邮政编码：300071
营销部电话：(022)23508339　营销部传真：(022)23508542
https://nkup.nankai.edu.cn

河北文曲印刷有限公司印刷　全国各地新华书店经销
2024 年 7 月第 1 版　2024 年 7 月第 1 次印刷
230×155 毫米　16 开本　21.5 印张　2 插页　308 千字
定价：98.00 元

如遇图书印装质量问题,请与本社营销部联系调换,电话:(022)23508339

　　本研究得到世界汉语教学学会全球中文教育主题学术活动计划（SH22Y11）和南开大学文科发展基金重点项目（ZB21BZ0102）经费资助

目　录

主观负面评价构式"早不 X，晚不 X" 研究及教学

中央民族大学文学院

唐雨童

摘　要："早不 X，晚不 X"结构的构式义为主观负面评价义。构式可作定语、谓语和宾语，也可单独成句。构式义来源于主观对比，整个构式体现主观性，传达不满、责备的主观态度。构式与语境交互作用，可以进一步传递无奈、懊悔或喜爱的主观态度。此类构式研究可应用于汉语教学。

关键词：早不 X，晚不 X；构式；句法；语义；主观性

一、引言

"早不 X，晚不 X"是汉语中一个常见的结构，通常搭配后续句使用，如[①]：

（1）红小君不禁暗怪老天爷，雨<u>早不下晚不下</u>，偏爱和人凑热闹，专挑上班时间这种尖峰时刻来锦上添花，害她为了拿伞又折回家去，再出门时公车却又过了。（林小力《红娘魔咒》）

根据哥德堡（Adele Goldberg，1995：4）对构式做出的定义："C 是一个构式，当且仅当 C 是一个形式和意义的匹配体<Fi, Si>，而其形式 Fi 也好，意义 Si 也好，所具有的某些特征不能全然从 C 的组成成

[①] 本书收录的各篇论文中未标注出处的语料均来自 BCC 语料库（北京语言大学语料库中心语料库）和 CCL 语料库（北京大学汉语语言学研究中心语料库）。

分或先前已有的其他构式所推知。"①也就是说，构式是特定结构与特定意义的结合，而非句法意义的简单相加。据此可以认定汉语中的"早不X，晚不X"结构是构式，构式中的常项构件是"早""晚"和"不"，变项构件是X，整个构式的语义特征为主观对比。

二、"早不 X，晚不 X" 构式句法分析

（一）构件分析

1. 常项构件。构式中的常项构件为"早""晚"和"不"，分层作状语构成［早（不 X）］［晚（不 X）］格式，如"早不来，晚不来""早不发现，晚不发现""早不写，晚不写"等。"早不"和"晚不"需要并举列出，缺一不可，中间一般有停顿，用逗号隔开。"早不 X，晚不X"构式中的"早"和"晚"可重读，强调时间不是更早也不是更晚，而是恰好在某个时间点，与后续句形成对比。

2. 变项构件。构式中的变项构件"X"作谓语，其构成成分的具体形式包括动词和动词性短语，其中动词又分为单音节动词和双音节复合词，动词性短语包括动宾结构和动补结构，下面分别讨论。

第一种情况：X 为单音节动词。此种情况又可进一步分为两类：光杆动词和省略宾语的单音节动词。X 为光杆动词的，如：

（2）他早不来，晚不来，偏偏今儿有事，他偏偏来了，真正不凑巧！（李伯元《官场现形记》第 15 回）（趋向动词）

（3）早不走，晚不走，她就非得这个节骨眼儿走！（微博语料，2013-4-21）（动作动词）

（4）你怎么早不瘸、晚不瘸，偏挑我喝酒这一天瘸！（钟婷《笑傲月牙情》）（状态动词）

（5）倒房了！合该我倒霉，早不倒，晚不倒，我上任还不到一个月就出事了。（凌非《天囚》）（状态动词）

<hr/>

① Goldberg, A. *Constructions：A Construction Grammar Approach to Argument Structure*. Chicago: University of Chicago Press, 1995.（译文引自陆俭明《构式：论元结构的构式语法研究》中文版序二，吴海波译（冯奇审订）北京：北京大学出版社，2007。

其中趋向动词和动作动词具有[+自主]的语义特征，语义一般指向句中有生命的动作发出者，如例（2）、例（3），此类动作发出者一般可作句中主语①。状态动词一般具有[+状态]的语义特征，动词语义可能指向句中有生命的主语，如例（4），也可能指向句中的无生命体，如例（5）。

X 为省略宾语的单音节动词。"早不 X，晚不 X"构式中的 X 部分排斥多音节，因此及物动词的宾语往往省略，如：

（6）他什么时候跟你开过玩笑？早不开，晚不开，干嘛偏偏挑住雍华都快完蛋的时候开？（从维熙《阴阳界》）

（7）这个宋擎天早不打，晚不打，偏偏挑这个时候打电话来，真该死！（陈明娣《小迷糊闯情关》）

例（6）"开"的宾语"玩笑"承前省略，例（7）"打"的宾语"电话"蒙后省略。此二例宾语省略符合语言表达经济性的要求，如果表达完整为"早不开玩笑，晚不开玩笑""早不打电话，晚不打电话"，就会失啰唆，也会削弱不满的语气，影响构式的表达效果。

第二种情况：X 为复合词及动词性短语。当 X 部分为双音节复合词及动词性短语时，动词性短语中可以包含宾语。如：

（8）死韩师，臭韩师，早不停电，晚不停电，偏偏在我煮东西的时候停电，我恨死你啦。（冷玥《心扉为你开》）（动宾式复合词）

（9）车上本来人就多，这帮老头老太太，早不买菜，晚不买菜，这会儿跟下班的人抢公交，真招人烦。（微博）（动宾短语）

（10）你说这老人，早不走丢，晚不走丢，大过年的走丢了。（微博）

3. 后续句。"早不 X，晚不 X"构式往往需要搭配后续句，后续句的句法序列可以概括为"语气副词性结构+时间副词+X"。其中使用最多的语气副词是"偏（偏）"，如：

（11）没办法，谁教它早不出现，晚不出现，偏挑在她最最饿极的

---

① 主语的位置可能位于"早不 X，晚不 X"构式前，如例（2），也可能位于其后的后续句中，如例（3）。

时候出现，这怕是早已注定了。（冬儿《妖精王传说》）

（12）叶怡馨直愣愣地看着日式小吃店挂在门上的公休牌子，真伤脑筋！<u>早不公休，晚不公休</u>，偏偏今天公休，一时之间，她也想不出变通的方法。（冷玥《心扉为你开》）

根据石定栩、周蜜（2019）的研究，"'偏偏'是表示评价的言者副词，说话人认为命题属于'事与愿违''事与料违'；而'偏'是表示施事意志的主语副词，动作的主体'意在违意''意在违理'。"[①]由此可知，"偏偏"和"偏"都表达出事实与愿望或预想相违背，并且言者往往认为对方是故意的[②]，从而传达出一种主观不满的态度[③]。"早不X，晚不X"构式后续句中的其他语气副词性结构也有此种语义特点，如"非得""非要"等。语气副词也可省略不说，但同样传达出主观态度，这是由于"早不X，晚不X"构式的语义和表达效果已经得到固定，不需要语气副词甚至不需要后续句也能传达主观态度，如：

（13）冒包了，<u>早不冒，晚不冒</u>，今天冒，明天我要清新见人的得嘛。（微博语料，2013-5-2）

（14）你说说你，是<u>早不来，晚不来</u>啊！（微博语料，2015-11-14）

"早不 X，晚不 X"构式后续句中的时间副词一般是修饰其后动词，表示的正是此动作或状态发生或产生的时间，"早不X，晚不X"构式中的"早"和"晚"正是相对于后续句中时间副词所表示的时间而言的，换言之，说话人将时间进行了主观对比，认为某动作或某状态发生或产生的时间是不合适的，早一点或晚一点都可以接受，并且说话人认为是对方故意为之，由此产生出对对方这种故意行为的不满。

后续句中时间副词表示的时间一般是说话之时，也就是动作发生在说话的当时当刻，如：

---

① 石定栩、周蜜：《"偏偏""偏"和近义副词辨析》，《华文教学与研究》2019 年第 3 期，第 1 页。

② 根据吕叔湘（1999：428），"偏"的基本意义是"表示故意跟外来要求或客观情况相反"，含有故意性。

③ 根据石定栩、周蜜（2017：919），"偏偏"表示言者"自己对小句命题所做的判断"，具有主观评价性。

（15）我为了考试特地早出来的啊，现在又不开信号！！早不出事，晚不出事，现在出事啊！（微博）

（16）早不出国，晚不出国，偏偏现在出国。（微博）

（17）破电视，早不升，晚不升，非得今天升级，还不许关机。（微博）

例（14）—例（16）的"现在""今天"都表示说话之时。时间副词或者其他表示时间的成分也可以表示说话之前或之后的时间，如：

（18）杨先生觉得这个传说的演义性太强。怎么早不传，晚不传，偏偏出了枪架桥上那件事才传出来呢？（陆颖墨《龙子龙孙加点水》）

（19）早不来，晚不来，非要明天办喜事的时候来，多晦气！（微博）

前述例（11）与例（18）后续句中动词表示的动作（"出现"）和状态（"传（播）"）在说话之前就已经发生，例（18）后续句中动词表示的动作（"来"）在说话之时尚未发生，是说话人对对方未来预期动作的主观评价。但无论后续句中动作发生的时间是说话前、说话时还是说话后，"早不X，晚不X"构式中的"早"和"晚"都是锚定后续句中的时间，与之形成对比。

"早不X，晚不X"构式后续句中的谓语X在大多数情况下与构式中的X同形，动词的同形更加突出时间上的对比，如：

（20）这石莲花是早不开，晚不开，偏偏这个时间开！（琼瑶《剪不断的乡愁》）

（21）"小青，不好，想……想是动了胎气……"哎！我一听，气结，"早不动，晚不动，偏在这节骨眼上动。金山寺漫至一半，天兵又战至一半。进退两难呀。"（李碧华《青蛇》）

（22）张秀峰冒名诬告县委书记黄步翔的信，早不写，晚不写，偏偏选择在去年十一月份调整县领导班子的关键时刻写，其目的就是要把县委书记黄步翔挤出漳浦县，自己取而代之。（《福建日报》，1998-1-23）

例（20）—例（22）均由"早不X，晚不X，偏（偏）+时间+X"结构式构成，前后动词一致，突出时间上的对比，即早一点晚一点都可以，但是现在或某个特定时间点不可以。使用"偏（偏）"表示说话人认为对方存在主观故意性，故意挑选一个不合适的时间，此举是违反说话人预期或不合常理的。

少数情况下后续句中的 X 也可能不与"早不 X，晚不 X"构式中的 X 同形，但也一定是与其语义相似或相关的，如：

（23）凤姐皱眉道："什么喜呢，<u>早不养，迟不养</u>，偏偏儿的老太太要升天这会子坐在屋里了。你老人家说，教人着急不着急呢。"（秦子忱《续红楼梦》第 29 回）

（24）就是这家伙，<u>早不出声，晚不出声</u>，偏选在这关键性的一刻大吼，害得她霎时眼泪再次洪水泛滥，灾情更加惨重。（郑媛《带刺千金闯情关》）

例（23）中"养"和"坐"同义，都是指孩子出生，表示凤姐认为孩子出生的时间不合适，恰好赶上老太太要去世。例（24）中"出声"与"大吼"亦是类义。此类情况多半是为了追求表达的丰富性，避免重复单调。

（二）句法功能

"早不 X，晚不 X"构式可作定语、谓语和宾语，也可单独成句，如：

（25）对于那个早在多年前许下婚盟的梁颜殊，她始终无法动意也无法动情，可是这个<u>早不出现，晚不出现</u>的宫上邪，即使他是个鲁男人、坏男人，她也和他一样的不能自已。（绿痕《红尘笑》）

（26）她偏偏<u>早不露面，晚不露面</u>，竟在边关发生重大灾变的时刻赫然出现，这场意外她岂能脱得了罪嫌？（兰京《舞梦天女》）

（27）谁知道爷爷<u>早不进来，晚不进来</u>，偏偏选这个时候进来？！（陶陶《乖巧小窃贼》）

（28）<u>早不通知，晚不通知</u>，偏偏现在通知！太会折腾人了！我怎么那么可怜！天生就是个奔波命！（微博）

例（25）"早不 X，晚不 X"构式作定语，修饰中心语"宫上邪"。汉语前置定语一般不能太长，虽然没有搭配后续句，但是依然传达了构式义，表示说话人认为其出现得不是时候。例（26）"早不 X，晚不 X"构式与后续句联合使用作谓语，主语"她"同时作"早不露面""晚不露面""竟在边关发生重大灾变的时刻赫然出现"三个小分句的主语。例（27）"早不 X，晚不 X"构式与后续句联合使用作"谁知道"的宾语，相当于主谓句作宾语。例（27）"早不 X，晚不 X"构式与后续句单独成句，主语可以省略不说。

三、"早不 X，晚不 X"构式语义分析

（一）构式义分析

我们将"早不 X，晚不 X"的构式义总结为主观负面评价，下面举例说明：

（29）帅芙蓉又一声冷哼："早不说破，晚不说破，偏在这时候说破。你们那住持也真狠毒，非把人贬得无法翻身不可。"（应天鱼《少林英雄传》）

（30）这畜生，早不病，晚不病，偏在这时候生病了！（司马紫烟《荒野游龙》）

例（29）说话人帅芙蓉不满住持在"这时候"说破某件事，"冷哼""狠毒"等共同表达了其对对方的主观负面评价。例（30）构式义更加明显，"生病"不具有[+自主]的语义特征，属于不受个人主观意愿控制的行为，但是说话人主观上仍然将其归结为对方故意为之的行为（"偏"），从而表达不满，将其称呼为"这畜生"也体现了这一点。

（二）构式义来源

"早不 X，晚不 X"构式义的来源是什么？一是主观对比，二是构件和后续句。

所谓主观对比，指的是"早""晚"与后续句或语境中某个时间点的对比，说话人通过这种时间上的对比表达对对方在某个时间点进行某种行为的不满和责备，从而表达对对方的主观负面评价，可以说这种对比是构式义产生的基础。

构件和后续句中的语气副词协助传达构式义。聂仁发（2001：22）

指出"不"有[+意愿]的语义特征①。试对比"早没来，晚没来"与"早不来，晚不来"，前者如"早没来，晚没来，一天都没来"，并没有表达太多的主观不满，只是客观描述"没来"的事实；而后者"不来"体现了对方的主观意愿，如"早不来，晚不来，偏偏这个时候来"，也就是说话人认为对方是故意没有早点来或者晚点来，故意在这个时候来。正因为说话人主观认为对方存在故意性，所以就会对对方产生不满，"早不 X，晚不 X"构式由此产生出主观负面评价的构式义。后续句中的语气副词如"偏""偏偏""非得""非要"等也是进一步加强对方的故意性，突出对方意愿和行为的不合理、不应该，表达说话人的不满情绪。

（三）构式义的进一步发展

"早不 X，晚不 X"构式的基本语义是表达主观负面评价，言者的基本态度是不满和责备。但是根据语境的不同，构式义也会在此基础上进一步发展，传达更多的主观情绪和态度，如无奈、懊悔甚至喜爱。下面举例说明：

（31）为什么我肚子<u>早不疼，晚不疼</u>，偏偏要在考试期间疼！！我的数学算是完了！（微博）

（32）我怎么<u>早不听，晚不听</u>，非在她生气的时候听。（微博）

（33）（妈妈对女儿说）你可真会赶趟儿，<u>早不来，晚不来</u>，饭一上桌你就来了。（微博）

"早不 X，晚不 X"构式表达无奈和懊悔时，主语往往是说话人自己，如例（31）说话人对自己在考试期间肚子疼的情况感到无奈，虽然也表达出一种主观上的不满，但是具体到语境中就转化为对自身身体的无奈。例（32）说话人也是对自己"听"这一行为发生的时间感到不满，而且因为此行为已经发生，所以这种不满就演变成懊悔的情绪。例（33）"早不 X，晚不 X"构式没有搭配"语气副词+时间副词+动词"的后续句使用，因此主观负面评价的意味被削弱了，再加上对

---

① 聂仁发：《否定词"不"与"没有"的语义特征及其时间意义》，《汉语学习》2001 年第 1 期。

话情景是母亲对女儿说①，以及有赞赏意味的"你可真会赶趟儿"，构式的负面评价义和传达的不满情绪几乎已消弭，"早不来，晚不来"与"早没来，晚没来"的意义接近一致。

　　以上是"早不 X，晚不 X"构式在与不同语境的交互作用下进一步发展出的构式义，这些意义与语境息息相关，很大程度上受语境影响，因此都并不能算作构式本身的意义，"早不 X，晚不 X"构式的基本义还是基于对比的主观负面评价义。

四、"早不 X，晚不 X"构式教学设计

（一）课型：中级综合课

（二）教学对象：10—15 名左右中级汉语学习者

（三）教学内容

　　（1）构式"早不 X，晚不 X"表达主观负面评价义，基于时间对比，表示说话人对对方在某个特定时间进行某种行为或出现某种状态的不满、埋怨、责备等态度，教学情景设计应注重此类语境。

　　（2）"早不 X，晚不 X"构式一般搭配"语气副词+时间副词+X"类后续句使用，应一并教学。

　　（3）X 主要由光杆动词、省略宾语的动词、复合词及动词性短语构成，构式及后续句中的 X 需同形。

（四）教学目标

　　（1）理解并掌握构式的构式义；
　　（2）掌握构式"早不 X，晚不 X"中各要素的限制条件；
　　（3）在日常生活中能运用该构式。

---

① 母亲属于长辈，女儿属于晚辈，长辈对晚辈可以使用有责备意味的话语表达喜爱，反过来则不可以。

（五）教学方法："构式——语块"教学法

（六）教学过程

表1　"早不 X，晚不 X"构式教学活动设计表

教学环节	教学活动	设计说明
导入	播放幻灯片视频，内容为：1. 某人正要晒衣服，却刚好下起大雨；2. 某人正在忙碌，电话却突然响起；3.某人真要出门，家里却突然来朋友了。 播放完成之后，老师提问：同学们，视频里的三个人看上去高兴吗？ 学生：不高兴。 老师：为什么不高兴呢？ 学生：因为第一个人要晒衣服但是下雨了。 老师：所以他会不会觉得下雨的时间很不合适呢？ 学生：会。 老师：那么这个时候他就可以说"这雨早不下，晚不下，偏偏现在下"，第二个人可以说"电话早不响，晚不响，偏偏现在响"。（板书）	通过视频展示构式情景,通过师生问答引导学生初步感知该句式
归纳	老师：同学们，这两个句子有什么相同的地方吗？ 学生：都有"早不……晚不……偏偏现在……"。 老师：非常好，那动词部分前后有什么特点呢？ 学生：前后是一样的，第一个都是"下"，第二个都是"响"。 老师：非常好，所以这个句式可以写成"早不 X，晚不 X，偏偏+现在+X"。	引导学生自主归纳句式特点

教学环节	教学活动	设计说明
讲解	老师：这个句式大概表示什么意思呢？ 学生：时间不对，不应该在现在。 老师：很好，这个句式的意思就是，时间早一点晚一点都可以，就现在不可以，但是偏偏发生在现在。所以说话人的情绪是怎么样的呢？ 学生：不高兴、不满意、批评、责备。 老师：说得很对。那大家再看看 X 部分有什么特点呢？ 学生：都是动词。 老师：没错，X 部分需要是动词，可以是单音节一个字的，也可以是双音节两个字的，但是注意一般不能超过两个音节。那我们现在想一想视频里第三个人可以用这个句式说什么呢？ 学生：朋友早不来，晚不来，偏偏现在来。 老师：回答得很好，那如果朋友不是现在来，而是在他快要睡觉的时候来，他应该怎么说呢？ 学生：朋友早不来，晚不来，偏偏我快要睡觉的时候来。 老师：很棒，我们也可以把"偏偏"替换成它的近义词，"偏偏"的近义词有哪些呢？ 学生：有"偏"。 老师：很好，还有"非""非要""非得"，也可以用在这个句式里。	引导学生了解构式的意义、语用特点和构成要素的语义特征，并补充相关语法点，使表达更多样化。
练习	（1）根据给出的词用构式"早不 X，晚不 X"及后续句说句子。 　①　你　　吃　　偏偏　　　现在 　②　妻子　买菜　非要　　　超市关门的时候 　③　肚子　疼　　偏　　　　考试的时候 （2）根据情景用构式"早不 X，晚不 X"说句子。 ①要交作业的时候，电脑死机了。（电脑早不死机，晚不死机，偏偏在交作业的时候死机） ②今天很忙，小孩子想去游乐场。（早不去，晚不去，非要今天去） ③着急回家的时候，钥匙丢了。（早不丢，晚不丢，偏偏要回家的时候丢了）	多组练习让学生巩固知识点。

教学环节	教学活动	设计说明
作业	说说在生活中哪些情景下可以运用构式"早不 X，晚不 X"并将对话记录下来	将所学知识和实际交流联系起来

五、结语

　　本文主要研究了汉语中的"早不 X，晚不 X"构式，对其进行了句法和语义上的详细分析，认为其构式义为主观负面评价，构式义来源于说话人的主观对比和构件及后续句。在对外汉语教学中，我们也要注意通过这两点启发汉语学习者，即在使用"早不 X，晚不 X"构式时，要把握整体意义，在对比时间的基础上表达责备和不满，同时可以搭配"语气副词+时间副词+X"的后续句使用。将汉语的言语码化为类似公式的构式，并设计相关的情景教学和练习，有利于汉语学习者理解、记忆和运用。

参考文献

［1］ Goldberg A. E. Constructions: *A construction grammar approach to argument structure*[M]. University of Chicago Press, 1995：4.

［2］ 陆俭明. 构式：论元结构的构式语法研究·中文版序二[A]. 吴海波，译（冯奇，审订）//哥德堡. 构式：论元结构的构式语法研究. 北京：北京大学出版社，2007.

［3］ 吕叔湘，主编. 现代汉语八百词[M]. 北京：商务印书馆，1999：428.

［4］ 聂仁发. 否定词"不"与"没有"的语义特征及其时间意义[J]. 汉语学习，2001（1）：21-27.

［5］ 石定栩，周蜜. "偏偏""偏"和近义副词辨析[J]. 华文教学与研究，2019（3）：1-7.

［6］ 石定栩，孙嘉铭. 频率副词与概率副词—从"常常"与"往往"说起[J]. 世

界汉语教学，2016（3）：291-302.

[7] 石定栩，孙嘉铭. 客观副词与主观副词——再论"常常"与"往往"的区别[J].现代外语，2017（1）：14-23+145.

[8] 石定栩，周蜜，姚瑶.评价副词与背景命题——"偏偏"的语义与外语句法特性[J]. 教学与研究，2017（6）：919.

[9] 荀恩东，饶高琦，肖晓悦，娇娇. 大数据背景下 BCC 语料库的研制[J]. 语料库语言学，2016（1）：93-109.

"（X也得X），不X也得X"构式研究与教学*

南开大学汉语言文化学院　　　南开大学汉语言文化学院

王红厂　　　　　　　　王世月

摘　要：本文基于构式语法理论，从句法、语义、语用等角度对"（X也得X），不X也得X"构式进行了分析。研究发现"X"的典型成分为动词和谓词性短语，在构式压制机制的作用下，"X"还可以是形容词、名词或代谓词等，整个构式可以用来充当谓语、定语，句中小句还可以独立成句；其构式义为"无论何种情况都得X，强调X发生的必然性"，可表达命令、无奈、推断等义；从语用上来看，"不X也得X"一般为焦点成分，多数情况下表达言者对听话人的反对。最后，本文采用任务型教学法和思维导图法相结合的方法讲解此构式。

关键词：（X也得X），不X也得X；语义；语用；教学

一、引言

"（X也得X），不X也得X"是汉语中一种颇具特色的表达方式，常常在口语中出现，比如"吃也得吃，不吃也得吃""走也得走，不走也得走""不承认也得承认"等。陆俭明（2005：58-62）曾提及"V也得V，不V也得V"格式，但并没有展开深入研究。后续学者多是从

---

* 本文亦是天津市社科项目"基于日本明治时代汉语教科书的语言研究"（TJYY20-005）的阶段成果之一。

句法、语义和语用三个角度展开分析：在句法层面，黄佩文（2004：81）、熊凤（2017：79-86）等对其句法成分和句法功能进行了考察，但考察不够全面，且未进行量化的数据统计，不能直观呈现各词类在构式中的占比情况；在语义层面，多数学者都认为能进入该结构的动词语义特征为[+自主]，形容词的语义特征为[+述人]，构式整体用来表示命令，但也不够全面；在语用层面，对言者和听者双方的地位和关系还缺乏深入的探讨。所以总体来看，"（X 也得 X），不 X 也得 X"还有待进一步深入考察，另外，正如陆俭明所说，该结构的意义和用法对于汉语学习者来说掌握起来还比较困难，因此还需要在本体研究的基础上，找出适合学习者的教学策略，从而帮助他们更好地掌握该结构的意义和用法。

二、构式定性与分析

该结构前后两项字数相近、结构相同、语义相反相成，属于对举格式，但从前后两项的关系来看，在实际运用中，前后两项并不是缺一不可的：当用在对话语体中时，在对方未明确表明态度之前，说话人可以用"X 也得 X，不 X 也得 X"（下称全式），也可以只用"不 X 也得 X"（下称简式），而如果对方已经明确表示拒绝，说话人一般不用全式，只用简式，如：

（1）李昌达要求退款。他向何阳陈明利害关系，说："这钱还也得还，不还也得还。款不退，这后果你是知道的。"

（2）"不去！决不去！"她固执地往床里躲。

　　"你不去也得去！你非去不可！"

（3）有些地方政府长官或暗示或明令这个厂经营要给予减免，那个厂将扩大规模要给予扶持，不管合法不合法，不减免也得减免。

例（1）中，李昌达在何阳还未明确自己的态度前，使用全式来强烈要求对方退款，例（2）中"她"已经明确表明自己的态度"不去"，所以说话人没有用全式，而是用简式"不去也得去"。当用在叙述语体时，也常常省略前项，使用简式，如例（3）省略了前项"减免也得减免"。这说明后项在实际运用中能够独立，不能省略，前项不能独立，是可以省略的，因此该结构又属于偏倚对举格式。

哥德堡（Goldberg，2007：4）的构式理论指出："当且仅当 C 是一个形式与意义的结合体〈Fi, Si〉，且形式 Fi 或意义 Si 的某些方面不能从 C 的构成成分或其他已有构式中得到完全预测时，C 是一个构式。""X 也得 X，不 X 也得 X"并不是"X 也得 X"和"不 X 也得X"意义的简单相加，"不 X 也得 X"也不是"不 X"和"也得 X"意义的简单相加，还有"言外之意"，意义具有"整体大于部分之和"的特点，整个结构是形式与功能的配对，具有能产性，所以"（X 也得 X），不 X 也得 X"是一个构式，其中"不""也""得"是常项，"X"是变项。

三、"（X 也得 X），不 X 也得 X"的构式成分、句法功能及语义特征分析

笔者在 CCL 语料库及新浪微博等网络语料中共搜集到 277 条语料，其中全式即前项和后项都出现的情况只有 49 条，简式共 229 条，该构式中前后"X"完全不相同的情况，如"不死也得残"不在本文讨论之列，此外也有部分语料由于添加附加成分导致前后"X"不完全相同，后文会详细叙述。

（一）构式变项 X 的构成成分分析

经统计发现，并不是所有的词或短语都能进入"（X 也得 X），不 X 也得 X"构式，"X"只能是动词、形容词、名词、代谓词或谓词性短语，出现的数量和频率如表 1[①]所示：

表 1　"（X 也得 X），不 X 也得 X"中"X"的数量及比例

X 的成分	动词	名词	形容词	代谓词	谓词性短语	总计
数量	210	1	20	3	43	277
比例	75.8%	0.4%	7.2%	1.1%	15.5%	100%

笔者还对该构式的句法功能进行了统计，具体情况如表 2 所示：

---

① 本文中百分数均采取四舍五入的原则保留到小数点后一位。

表2 "（X 也得 X），不 X 也得 X"句法功能的数量及比例

句法功能	作谓语	作定语	作句中小句	独立成句	总计
数量	120	2	130	25	277
比例	43.3%	0.7%	47.0%	9.0%	100%

从表 1 和表 2 可以看出，尽管充当"X"的成分很多，但内部成员之间的地位并不平等，句法功能也有所侧重，其中动词是典型成员，其次是谓词性短语，该构式作句中小句和谓语的情况最为常见，占比总和在 90%左右，为更全面深入地分析，我们每种情况各举一例：

（4）"你不放也得放！别说我娘，就说我自己也绝不允许对不起爹！杀父之仇，不共戴天，遑论共处于同一张屋詹底下！"

（5）窦玉泉严肃地说："这不是开玩笑，这是挽救同志。朱预道同志，我跟你说，你同意也得同意，不同意也得同意。"

（6）葛优总是给我们喜剧的印象，其实他表演最出色的《霸王别姬》倒是个正剧的角色，可到底经不住大量涌现的滑稽形象，加上媒介的推波助澜，他不喜剧也得喜剧了。

（7）要摒弃过去那种站在群众之上或之外，板着冷冰冰的面孔，我讲你听，不通也得通的做法，而要采用平等交流，相互沟通的方法，使思想政治工作入情入理。

（8a）没了叫道："四天了，光吃一些药草、干粮，不瘦也得瘦。"（李谅《公孙小刀下》）

（9）他用遗憾的口气说：这里真好，回去了又要整天做出严肃的样子。旁边有人问：你不会不那样？他说：不那样也得那样！（晓梅、春阳《一路天歌姐妹曲》）

（10）"不能走也得走啊！就是抬，我们也要把你抬走。"

（11）那个松井健茨不用他还能用谁呢？不愿用也得用啊！

（12）"我不想特别去要求他。"

"不想要也得要！"

例（4）、例（5）中的"放""同意"都属于动词，整个结构在句中作谓语，例（6）"喜剧"为名词，例（7）（8a）"通"和"瘦"为形

容词，结构分别作定语和句中小句，这也说明"X"为形容词，既可以是述人的，也可以是非述人的，但必须为性质形容词，且口语色彩较浓，例（9）"那样"为代谓词，整个结构独立成句，例（10）—例（12）说明当"X"为谓词短语时，既可以是动宾短语、状中短语、中补短语，也可以为能愿短语，此时前后"X"不完全相同，前一个"X"常常是由后一个"X"与心理动词"想"、能愿动词"愿""能""敢""肯"等组合而成。

　　前人研究大多认为只有自主动词才能进入该构式，但笔者将马庆株（1988）列举的 144 个单音节非自主动词和 98 个双音节非自主动词分别代入"（X 也得 X），不 X 也得 X"构式中，逐一在微博语料中检索并筛选，再由两名语言学及应用语言学的硕士研究生验证，发现共有 22 个单音节非自主动词和 5 个双音节非自主动词能进入该结构，如"输""变""丢""忘""敢""倒闭""习惯"等，现列举部分例句：

　　（13）秀才遇到兵，<u>不输也得输</u>。（微博）

　　（14）不想变，生活却逼着<u>你不变也得变</u>。（微博）

　　（15）不是所有的风景都很迷人，有些人，<u>不忘也得忘</u>。（微博）

　　（16a）婆婆来了，<u>不习惯也得习惯</u>。（微博）

　　（17）今天这个脸你丢也得丢，<u>不丢也得丢</u>。（微博）

　　为何非自主动词、名词、形容词等能进入该构式呢？本文认为是构式压制作用的结果。"（X 也得 X），不 X 也得 X"常常是要求对方做某事，因此当"X"是自主动词或动词短语时，属于规约成员；而当"X"是体词性成分、非自主动词或形容词时，构式压制会发挥作用，将不符合构式义及功能的词项"自上而下"进行压制，使词项调整所能凸显的"侧面"契合整个构式：当"X"是非自主动词时，活用为自主动词，凸显其[+可控]的语义特征，说话人认为这些动作是行为主体在某种条件下可以通过主观努力控制或避免的，如例（16a）根据人们的常规思维，习惯是多年形成的生活方式，主体无法控制，但是前句"婆婆来了"这种客观条件使她不得不强迫自己习惯，"习惯"就活用为自主动词。例（15）中的"不忘也得忘"同样如此，"忘"一般不能由人主动发出，但在特殊语境下，也可以是说话人迫使自己或他人主动发出并控制的行为；而当"X"是代谓词或形容词时，原有语义也被压制，词项进行调整，不再强调其指称的某个具体形象或状态，而突出其所指动作或特征的变化，具有明显的[+动态性]，比如例（8a）的"瘦"突出由"不瘦"到"瘦"的变化过程，从而与整体的构式相协调，因此本文认为，构式压制是体词性成分、非自主动词和形容词进入该结构且具有合法性的前提条件，也是构式具有能产性的必要条件。

（二）构式常项"也"和"得"的语义特征

构式常项，本文讨论"也"和"得"，表示否定的"不"不予讨论。根据马真（1982）的观点，"也"表示委婉语气，去掉"也"字，语气会显得直率生硬，吴作成（2022：17）和殷小淇（2021：9）等人认为该构式中的"也"就属于这样的用法。但张宝胜（2010：170）认为"也"的委婉义用法是从表示类同的"也"主观化发展而来的，如：

（8b）没了叫道："四天了，光吃一些药草、干粮，不瘦也得瘦。"（欧阳云飞著《公孙小刀 下》）

（16b）婆婆来了，不习惯也得习惯。（2022-6-29）

虽然前文并没有说"瘦也得瘦"和"习惯也得习惯"，但是后文还是用了"也"，表明这里的"也"用在表转折或让步的句子里，实际上是隐含了结果相同的意义，据后文的分析可知，该构式本身具有强制、命令的意味，无须表达委婉语气。

其次是"得"，"得"是情态动词，这里的"得"既可以表达道义情态，表示[+必要][+强制]，这属于《现代汉语八百词》（吕叔湘1999）中关于"得"的第一种用法：用来表示情理或意志上的需要；也可以表认识情态：根据当前形势做出的必然性的推断，主观上认定某事一定会实现，有时是符合言者预期的，有时是不符合预期的：

（18）"这个人肯吗？"

"不肯也得肯，全家申请去香港，一定引起政府的注意，公安局不会批准的。

（19）中国股市：周末 6 大利好 本周 A 股<u>不涨也得涨</u>（凤凰网）^①

（20）全家等着批斗我呢，我这对象<u>不黄也得黄</u>了。（微博）

例（18）"得"为道义情态，表明说话人强制"这个人"的意愿，而例（19）、例（20）的"得"只能被理解为认识情态，说话人从"周末 6 大利好"现象推断出"A 股涨"的趋势，此时符合说话人的预期，以及通过"全家人的表现"推断"对象会黄"，而这是不符合说话人预期的。

变项"X"前文已经分析，当"X"为动词时，多数具有[+自主]的语义特征，也有部分非自主动词可以进入，具备[-自主]性，当"X"为形容词时，语义特征既可以[+述人]，也可以[-述人]，其余成分为极少数情况，暂不赘述。

四、"（X 也得 X），不 X 也得 X"的构式义分析

此构式可以用在对话语料中，也可以用在叙事语料中。整体的构式义为：无论如何都得 X，强调 X 发生的必然性。具体来看，根据构式出现的语境可分为命令类、阐述类和推断类三类。

（一）命令类

命令类的语义在会话中占绝对优势："说话人强制他人（一般是指听话人）必须得 X"，意义相当于"必须 X"，但是比后者语气更强烈，其中当"X"与能愿动词连用时，表达的往往都是强制义：

（21）阿飞道："无论他说不说话，我都不想念他会是卖友求荣的人。"

公孙雨怒吼道："事实俱在，你<u>不信也得信</u>。"

（22）钟离秋："你们不说清楚，我不走。"

另一士兵不客气地："<u>不走也得走</u>。"

例（21）和例（22）都是说话人发出的强制命令，例（21）指说

---

①凤凰网：https://ishare.ifeng.com/c/s/v002GjXSNKTHU3wPwkrKweTNiEziXjjnu DyZowq XJL-_olmM__.

话者公孙雨强制要求阿飞必须相信自己，例（22）是士兵强制听话人钟离秋必须得去。表达此类意义时，说话人认为受某种主客观条件的限制，无论是否符合对方的意愿，都有做某事的必要，因此态度一般较强硬。

（二）阐述类

还有部分用例用在叙述语体中，通常用来阐述某种客观事实：受主客观条件的限制，某人（自己或被描述者）不得不 X，具有评论性：

（23）这是我第一次和胡子叔叔见面的情景。胡子叔叔的命令，<u>不遵也得遵</u>。于是，我就在他们家住了下来。

（24）但顾小梦却给张胖参谋横出了个难题：她说她肚子不饿，不去吃饭。这是个特殊情况，张参谋吃不准能不能同意。不同意只有捆她去，因为顾小梦压在床板上不起身，你有什么办法？没办法，只好同意，<u>不同意也得同意</u>。

例（23）指说话者自己面对胡子叔叔的命令，无奈只能遵守；例（24）是作者描述张胖参谋的无奈，面对顾小梦提出的难题，他别无选择，只能同意。

（三）推断类

该构式还可以表推断义：根据目前的趋势或已有经验推断某事必然会"X"。言者以可得到的证据为基础做出推论，主观上认定某事一定会实现。但经过笔者调查，这种情况只有 20 例，在网络语料中较多，且"X"具有[−自主]的语义特征，说话人常常借此表达自己的某种预判或期待，具有明显的主观性：

（25）被暴雨淋一场，这回<u>不病也得病</u>了。（微博）

（26）这个月还有八天，还差 0.8kg，争取达到本月目标，在卷王们的鼓励下，<u>不掉也得掉</u>了。（微博）

（27）本来大米好好的不涨价，你们这样囤货<u>不涨也得涨</u>了。（微博）

（28）万恶豆腐渣遇到了无良房地产，地板<u>不塌也得塌</u>。（微博）

（29）最近韩语水平突然有了一个小提高,混在韩国人里听 space 聊天,<u>不懂也得懂</u>。（微博）

五、"(X 也得 X)，不 X 也得 X" 的语用价值

从语用功能来看，该构式形式简洁，语用价值丰富，当说话人使用该构式时，往往有强烈的主观性，传达出比较明显的立场表达信息，而且具有焦点凸显功能。

（一）立场表达功能

该构式明显不是对客观事物或对象做客观的描述，而是暗含了言者的立场表达，方梅、乐耀（2017：3）指出，立场表达（Stance-taking）既包含言者对所述命题的态度、评价，也包含言者对听者的态度。在该构式中，言者既可以表达对听者的反对，也可以表达对听者的赞同：

1. 反对

当该构式用在对话场景中，关涉听者时，常常表达对听者的反对：说话人认定听话人不想 "X"，或事实确实如此，而说话人认为对方有必要 "X"，"也得" 用于表达说话人的意愿，这种情况一般是在双方地位和资历悬殊时出现，且常常是违背听话人意愿的：

（30）高秋江的火气又上来了，昏天黑地给了韩秋云一顿臭训："韩秋云你要记住，姑奶奶们是女人也是抗日军人，不是那些狗娘养的兵痞们的玩物。有人敢于犯贱，上打大头下打小头。本队长看得起你，你愿意干得干，<u>不愿意干也得干</u>。违抗命令，我关你的禁闭。"

（31）周芷若道：我受先师之命，接任本派掌门，这铁指环决不能交。……

丁敏君厉声道："这掌门铁指环，你<u>不交也得交</u>！本派门规严戒欺师灭祖，严戒淫邪无耻，你犯了这两条最最首要的大戒，还能掌理峨嵋门户么？"

（32）头家："告诉你，你回家去对你太太说，我要把她娶回来，做我第十四位的太太。"

孝子："这样不成吧？"

头家："<u>不成也得成</u>！如果你们不答应，我就辞掉你……"（《汪梅田《海峡两岸民间故事文库·闽台篇·下》）

在例（30）中高秋江是队长，地位要高于韩秋云，所以强制命令他"不愿意干也得干"，而由于双方地位差距较大，韩秋云只好听她的命令；例（31）虽然灭绝师太已经将铁指环交给周芷若，地位要高于丁敏君，但是由于丁敏君是峨眉派的大师姐，武林中有先入门派为长的习惯，且她资历最高，所以可以对周芷若发号施令；例（32）言者"头家"是当地经济实力最为雄厚的人，并且和"孝子"存在雇佣关系，拥有绝对的权势，可以用解雇作为筹码来要挟对方，双方地位悬殊。

当该构式用于关系较亲密的双方时，也可以用来表关切：

（33）她说："干什么？"

我说："您一看就知道了，不让您说什么话"

大姐说："你们就爱搞这个，我最不愿意过生日了。"

我说：您<u>不过也得过</u>，这是我们大家的心意！您今年 88 岁了，日本人叫"米寿"，吉祥呢，是个好日子。

从上面的对话可以看出，交际双方关系比较亲密，说话人出于对听话人的关切，想要给对方过生日，所以就用了"不过也得过"这样一个看似是强制义，实则热情和关切程度大于命令义的句子。

2. 赞同

该构式还可以用在叙述场景中，也就是上文所述的"阐述类"，说话人认为受某种条件所限，所描述对象"不得不 X"时，该构式可以表赞同：当该构式用于描述自身时，是对自己处境和行为动作合理性的赞同，也隐含自己的无奈，如上例（23）；当其用来描述他人处境时，表达的是被描述者的无奈，往往也隐含着言者对被描述者的同情，此时言者从对方的角度出发考虑问题，认为面对这样的境遇，被描述者只能 X，是对对方的赞同，这也属于"移情"，维护了听话人的消极面子，如下面两例：

（34）只要他让步接受了她的条件，那么今后她的话就成了家里的法律。她要不断地向他要钱，他<u>不给也得给</u>。不然的话，就让他吃不了兜着走。

（35）那段时间宋子文下决心足不出户。可是，如此亦并不能阻止外界的传闻，尤其是报纸上那些对宋子文丑闻的揭露，一天几大张，<u>不看也得看</u>，更令他心烦。

但经过统计，该构式表强制义的占比 70%左右，表无奈义和同情义的合计仅占 30%：

（二）焦点凸显功能

焦点指说话者最希望听话者着重注意的部分，与背景（background）相对应而存在。通过分析"（X 也得 X），不 X 也得 X"构式发现，该构式无论是位于句首、句中还是句末，后一个"X"都一定是焦点所在，是说话人出于对比的目的想要特意强调的部分，该功能是整个构式赋予的，如：

（36）建梅平和了一下说，"你要是真疼你闺女，你就让我参加工作，你要是不让我工作，就别怪你闺女狠心，咱们就……"没等建梅说完，她娘又扯起嗓子吼道："就怎么？就怎么？再说，我撕了你的咀！告诉你，<u>你走也得走，不走也得走</u>！"

（37）娟子：不想吃。不饿。

刘东北：<u>不想吃也得吃</u>，哪怕是为了孩子！你就是为了孩子！

从上述例句可以看出，后面的"走"和"吃"是整句话中最被突出的信息，也是为回应上文而特意强调的内容。这说明，整个构式具有焦点凸显的作用，能够对句子的焦点"X"进行标示。

六、"（X 也得 X），不 X 也得 X"的教学设计

"（X 也得 X），不 X 也得 X"是汉语特有的构式，如果用传统的"主—谓—宾"或"施—受—动"思路讲解，规则过于复杂，学生难以理解。因此本文依据"构式—语块教学法"，从整个结构出发阐释形式和意义的组配关系，并采用情境式教学法，创设典型情境，帮助学生在具体情境中熟练掌握该构式的意义及用法。

本节课的教学对象限定为中级汉语学习者，教学设计如下：

1. 对话导入构式

老师：同学们，如果得了严重的病，不看医生行吗？

学生：不行

老师：为什么呢？

学生：病会越来越严重的。

老师：所以不看医生不行。

学生：是的。

老师：所以，我们可以说"不看也得看"（板书）。

2. 语法讲解

首先向学生说明"X 也得 X，不 X 也得 X"分为"X 也得 X"和"不 X 也得 X"前后两部分，在实际使用时常常省略前项，只说后项，然后在多媒体课件中展示如下图片和例句，创设典型场景，让学生扮演角色，使学生对语境有整体的认知：

场景一（厨房）：

孩子：我今天不饿，可以不吃晚饭吗？

妈妈：你都多久没吃晚饭了？今天你吃也得吃，不吃也得吃。

场景二（卧室）：

孩子：我今天不想去学校了，可以吗？

爸爸：不行，你们今天要考试，你不去也得去。

场景三（公司）：

甲：你工作真的好努力，看来你很喜欢这份工作。

乙：没办法，不喜欢也得喜欢，我每个月都得给我爸妈寄钱。

场景四：（宿舍）

甲：你陪我去医院行不行？

乙：我明天还有个考试。

甲：不行也得行，你是我最好的朋友，你一定要陪我去。

请学生分小组讨论并思考如下问题：1. 场景中的人物关系是什么？会话经常发生在哪些主体间？2. 说话人的情感态度分别是什么？在讲解过程中要特别注重构式的整体意义和功能，强调其构式义为"必须得 X"，使学生体会到构式常常用在谈话双方地位不平等或关系亲密的情况中，多用来表"强制""命令""劝诫""无奈"的语气。

3. 课堂练习

首先展示一些生活化场景的图片帮助学生发散思维，要求学生根据图示造句，然后进行替换练习和选词填空，自行归纳哪些类型的词可以填入"不____也得___"，哪类词语不可以填入，引导学生总结 X 的语义特征。

学生理解该结构后可以让学生自主选择词语和场景设计对话内容，采取教师带练和学生自行练习相结合的方式，反复操练，教师及时对练习过程中出现的偏误进行纠正，帮助学生在语境中掌握该构式的含义和用法。

4. 布置任务

（1）思考生活中哪些场景会用到"不 X 也得 X"，每人搜集 5 个相关例句，下节课请同学分享。

（2）学生以 2 人为一组，根据"不 X 也得 X"进行会话练习，自行设计人物关系、场景和对话内容，下节课以组为单位展演。

七、结语

本文在前人对构式"（X 也得 X），不 X 也得 X"研究的基础上，从句法、语义和语用角度分析该构式：

句法层面，整个构式具有封闭性，前面、中间和后面都无法插入类似的格式，前项可以省略，后项不能省略，从组成成分来看，"X"可以是动词、名词、形容词、代谓词和谓词性短语等，其中动词是典型成员，占比近 76%，谓词短语占比 15.5%，其他成分是边缘成员，形容词、名词和代谓词由于构式压制的作用，也是合法的，符合构式的基本生成要求，但是都为非典型用法；从句法功能来看，该构式可以作谓语、定语、句中小句，也可以独立成句，其中作谓语的比例为43.3%，作句中小句的比例为 47%，所以这二者是其主要的句法功能。

语义层面，本文从构成项和整个构式的语义特征两个角度分别论述："也"的语义特征为[+委婉]，"得"是情态动词，可以表达道义情态和认识情态，语义特征为[+必要][+强制]或[+必然]，该构式对 X 是有语义限制条件的，X 是动词时，语义特征可以为[+自主]，也可以是[-自主]，如果是形容词，一般为性质形容词，语义特征为[+述人]或[-述人]，常常出现在口语语体中。整体的构式义为：无论如何都得"X"，强调"X"发生的必然性，又可以根据构式出现的语用环境分成对话类、阐释类和推断类，类别不同，语义也有细微差别，但强制义是其主要意义，对留学生来说，着重理解并运用前者即可。

语用层面，本文从立场表达和焦点凸显功能两方面分析，挖掘出该构式表达预期功能的新特点，对前人的研究成果做出适当的补充，后又根据立场三角理论分析了构式的立场表达，可以表达对受话人的赞同，也可以表达反对，但该构式无论在什么语境下，都属于句中的焦点成分，是说话人想要强调凸显的内容。

最后结合以上研究成果，笔者建议可以参考构式—语块教学理论，采用讲练结合的方式，让学生明晰常用的搭配、使用限制条件、语义类型和语境等内容，并设置任务让学习者实际运用这一构式，从而帮助他们更好地理解。

参考文献

[1] Goldberg. 构式：论元结构的构式语法研究[M]. 吴海波，译. 北京：北京大学出版社，2007.

[2] 陈一. 对举表达式的再分类及其意义[C].//中国语言学会《中国语言学报》编委会编. 中国语言学报（第 13 期）. 北京：商务印书馆，2008：19-31.

[3] 方梅，乐耀. 规约化与立场表达[M]. 北京：北京大学出版社，2017.

[4] 冯威. "VP 也得 VP，不 VP 也得 VP"句式研究[D]. 沈阳：辽宁大学，2014.

[5] 黄佩文. 句式"V 也得 V，不 V 也得 V"[J]. 汉语学习，2004（1）：81.

[6] 李延波. "为了 X 而 X"构式的生成机制与能产性——兼论图式构式的创新式能产模型[J]. 语言教学与研究，2021（4）：68-78.

[7] 刘丹青，徐烈炯. 焦点与背景、话题及汉语"连"字句[J]. 中国语文，1998（4）：243-252.

[8] 陆俭明. 对外汉语教学与汉语本体研究的关系[J]. 语言文字应用，2005

（1）：58-62.

[9] 罗耀华，孙敏，阮克雄. 现代汉语叠映祈使句考察[J]. 长江学术，2011（2）：96-104.

[10] 吕叔湘主编. 现代汉语八百词[M]. 北京：商务印书馆，1999.

[11] 马庆株. 自主动词和非自主动词[J]. 中国语言学报，1988（3）：157-180.

[12] 马真. 说"也"[J]. 中国语文，1982（4）.

[13] 彭利贞著. 现代汉语情态研究[M]. 北京：中国社会科学出版社，2007.

[14] 吴作成. 现代汉语"不X也得X"构式研究[D]. 上海：上海师范大学，2022.

[15] 熊凤. "不X也得X"的句法分析[J]. 人文论谭，2017（1）：79-86.

[16] 殷小淇. 构式"不X也得X"及其对外汉语教学策略研究[D]. 长春：吉林大学，2021.

[17] 张宝胜. 副词"也"、"又"的主观性和主观化[C].//中国语文杂志社编. 语法研究和探索 15. 北京：商务印书馆，2010：170-173.

[18] 朱皋. "不V也得V"的构式分析[J]. 常州工学院学报（社科版），2017，35（1）：76-80.

[19] 中国语文杂志社编. 语法研究和探索 15[M]. 北京：商务印书馆，2010.05：170-173.

"VP+一 X 是一 X"构式研究与教学*·

南开大学汉语言文化学院　　南开大学汉语言文化学院

王红厂　　　　　　　　　张雪

摘　要：本文采用定性与定量相结合的方式对"VP+一 X 是一 X"构式进行了句法、语义、语用方面的研究，首先指出基本构式义为"存在一个目标，每实现一个小量，就更靠近目标"。目标分为正向目标和负向目标，以正向目标为主。其次就整体构式义与构式要素之间的关系进行探讨，VP 主要由单音节动作动词构成，具有[+可重复性，+自主性]的语义特征；量词主要由个体量词、时量词构成，动量词很少；VP 与量词共现性高的宾语常常省略，该构式的句法功能主要是独立成句。同时，结合"VP+一 X 是一 X"构式的构成要素进行了主观性分析，并针对构式"VP+一 X 是一 X"进行了教学设计。

关键词："VP+一 X 是一 X"构式；构式义；要素分析；主观性

一、引言

"省一分是一分"、"走一步是一步"、"过一天是一天"等为代表的口语构式在汉语表达中大量存在，这类构式具有鲜明的结构和丰富的表达内涵，在不同的语境下能展现出不同的语用功能。目前学术界专门针对"VP+一 X 是一 X"的研究并不多，主要涉及句法形式、构式

＊ 本文亦是天津市社科项目"基于日本明治时代汉语教科书的语言研究"（TJYY20-005）的阶段成果之一。

义、语用功能三个方面。

句法形式方面，李一珠（2011：4-9）、张德岁（2011：87-92）对格式中 VP、量词的构成成分以及整个构式的句法功能做出分析，徐婕（2016：6-18）在此基础上对构式中的变项构成成分进行了频率统计。

构式义方面，张德岁（2011：87-92）将构式的浮现意义归纳为"最大限度（尽可能）地 V"，表达了说话者积极进取而又无可奈何的复杂心态。罗主宾（2012：83-86）将语境义具体分为"不能勉强，最大限度"义、"稳扎稳打"义、"实事求是"义、"随意"义，并将构式义整体归纳为"无论 V 的数量 Num 是多少，Num 都是实实在在的"。董淑慧（2014：59-68）将构式义整体归纳为"对事件 E1 的结果 N 的属性义予以确认或对 E1 事件的功用予以肯定性的评价"。朱军（2019：68-76，96）将"VP 一 X 量是／算一 X 量"的构式义概括为"动尽其量"，即各种动作或行为尽管只关涉比较少或比较小的量，但充分重视、发挥或突出起作用。

语用功能方面，李一珠（2011：4-9）、徐婕（2016：6-18）对构式的篇章位置和语体分布进行考察，张德岁（2012：656-660）、罗主宾（2012：83-86）探究了"V+Num+是+Num"构式的语用功能及其制约因素。

从句法层面看，首先，以上研究大都分析了变项的构成成分，但没有就不同构成成分的分布频率做出数据统计，有的对变项做了定量研究，但没有进一步分析，而且句法研究与语义分析割裂，没有探究表层句法特征后的深层原因。其次，在这个构式中量词的选择与 VP 存在一定的关系，比如在"走一步是一步"中动词与量词的共现关系极为显著，但没有研究成果就二者之间的共现与中心语隐现之间的关系做出探讨。

从语义层面看，不同学者从不同角度对构式义进行了归纳，我们认为以往对构式义的概括并不是很确切，且部分构式义概括较为复杂，不利于转化为二语教学成果。陆俭明（2009：103-107）认为，构式是认知域中的意象图式在语言中的投射，基于构式与意象图式的关系，本文认为"VP+一 X 是一 X"的基本构式义表示不断向目标趋近，具体概括为"存在一个目标，每实现一个小量，就更靠近目标"。

从语用层面看，李一珠（2011：4-9）、徐婕（2016：6-18）主要就构式出现的语体及篇章位置进行考察，没有详细描写构式出现的具体语境，张德岁（2012：656-660）、罗主宾（2012：83-86）进一步考察了构式的语用特点及功能，分析较为全面，本文在其基础上进行了构式语用特点的归纳。

本文在已有研究基础上将重新探讨该构式的构式义，在量化统计的基础上，进一步细化其构成成分和句法功能，结合构成要素对构式的主观性进行分析，并就该构式的教学方案做出设计。

二、"VP+一 X 是一 X"构式义考察

"VP+一 X 是一 X"构式的基本构式义可以概括为"存在一个目标，每实现一个小量，就更靠近目标"。整个构式义上隐含一个目标，"一 X"表示客观存在的小量，"VP 一 X"表示通过"VP"实现"小量"，"是"是判断动词，"是一 X"表示对"VP 一 X"事件的肯定，即说话人希望通过不断实现小量，而更加接近目标。

陆俭明（2009：105）对构式义的来源做过包括六个层面的假设，前三个层面为客观事物首先通过感官感知形成意象，在认知域内进一步抽象形成意象图式，再投射到人类语言，形成该意象图式的语义框架。下面以"走一步是一步"为例进行分析，"走一步是一步"是该构式中使用频率最高的一个，且构成要素符合该构式的典型特征（要素的特征在下一部分讨论），即"VP"是动作动词，具有可重复性与自主性，"X"为借用名量词，"VP"与"X"共现关系显著，因此，"走一步是一步"是该构式的典型成员。我们把典型构式"走一步是一步"在认知域抽象为意象图式，即每走一步，就前进一点，就更加接近目标。

构式义中的目标既可以是正向的目标，也可以是负向的目标。

（1）……但辽宁各级领导干部没有坐以待毙，而是带领人民与洪水搏斗，能保住一段是一段，<u>能保住一点是一点</u>，拉开一个个死拼硬斗的战场。

（2）突出抓好制糖、地煤、纺织 3 个重点行业，哈、齐、牡、佳 4 个重点市，37 个亏损大户企业的扭亏减亏。对扭亏有望的企业要从政策上、资金上给予扶持，<u>活一个是一个</u>。要给政策，为企业扭亏创造宽松的环境。前几天，省政府常务会议讨论决定出台一些扶持企业扭亏减亏的政策措施，很快就下发执行。各地市也要从实际出发制定一些政策措施，尤其是对难度较大、又迫切需要解决的问题可适当放宽政策界限或搞些变通的办法。

例（1）中"目标"为"与洪水搏斗，保住基础设施"，具体的构式义为"每保住一段，就能更接近目标"。例（2）中"目标"为"帮助 37 个亏损大户企业扭亏减亏"，具体的构式义为"每搞活一个亏损企业，就能更接近目标"。通过分析发现，例（1）和例（2）中的目标均为正向目标。

（3）不过，在一些经商者中却错误地认为：市场是"头脑活络"人的天堂，陌路顾客来去匆匆，"<u>宰</u>"<u>到一个是一个</u>，"若要发，众人头上刮"。

（4）"毕业后打算做什么？"南孙所："读了预科再说，<u>拖得一年是一年</u>。"说完觉得自己不能再聪明了，先咭咭地笑起来。锁锁说："我想赚钱，许多许多的钱。"一脸陶醉的样子。

（5）一想到那个老者与小马儿，祥子就把一切的希望都要放下，而想<u>乐一天是一天</u>吧，干吗成天际咬着牙跟自己过不去呢？

例（3）中目标为"以宰顾客的方式赚钱"，具体构式义为"每宰一个顾客，就更能赚钱"；例（4）中目标为"不努力，混日子"，具体构式义为"每拖一年，就更加能实现混日子的目标"；例（5）中目标为"及时行乐"，具体构式义为"每快乐一天，就更加接近及时行乐的目标"。通过分析发现，例（3）—例（5）中的目标均为负向目标。

通过统计语料，正向目标和负向目标的比例如下：

表 1　"VP+一 X 是一 X"构式义目标类型统计

目标类型	正向目标	负向目标
语例数	148	25
占比	85.5%	14.5%

注：1.占比=对应语例数/总语例数（173 条）

通过表 1 发现，正向目标占比较大，负向目标占比较小，通过观察语料进一步发现负向目标主要包括三类：以不正当的方式赚钱、不努力混日子、及时行乐。上述三个例子即代表了三类负向目标。

值得注意的是，"想起一出是一出"归为中华谚语，因此例（6）和例（7）类语例不在本文构式的研究范围内。

（6）决定的事情，说变就变，连商量都不带商量的。行为方式就像个孩子，<u>想起一出是一出</u>，随心所欲！满足于一时之得，满足于表面的虚假繁荣。

（7）"怎么<u>想起一出是一出</u>？"

三、"VP+一 X 是一 X"构式的成素分析及句法功能考察

构式本身虽然具有意义，但是构式的意义并不是其组合成分语义的简单相加，而是由构式作为一个形义匹配体所表达的整体意义。但是，我们在强调这种自上（构式）而下（构式成分）的构式义表达特点时，一定不能忽略自下而上的构式义的形成特点，即构式的组成部分或要素对构式义所做的贡献。因此，要理解构式义，必须把自上而下的整体把握与自下而上的意义解读结合起来，这是构式研究中必须贯彻的一条重要原则（温锁林、张佳玲 2014：23-29）。为了考察构式"VP+一 X 是一 X"的句法特点，本文将分别对构成该构式的变量成分"VP"和"量词"的句法特征进行分析，并在此基础上对构式整体的句法功能进行考察。

（一）VP 的特征

从构成成分上看，"VP+一 X 是一 X"构式中"VP"主要有以下几类。

1. 动词

VP 由动词构成，从音节上来看，分为单音节和双音节，比如：

（8）对扭亏有望的企业要从政策上、资金上给予扶持，<u>活一个是一个</u>。（单音节动词）

（9）这些单词，请把它们单独记录在一个本子上，随时增加，随时复习，<u>解决一个是一个</u>。（双音节动词）

通过对语料中单音节动词和双音节动词出现的频率进行统计，我们发现，进入该构式的单音节动词占绝大多数，双音节动词很少，统计结果见表 2。这保证了构式韵律上的整齐协调，整个构式在韵律上分为两部分，"VP 一 X"与"是 一 X"对仗工整，节奏和谐。

表 2　"VP+一 X 是一 X"构式"VP"中的动词音节数

VP 中的动词音节数	单音节	双音节
语例数	102	17
占比	85.7%	14.3%

注：1.占比=对应语例数/总语例数（119 条）。

从类别上看，进入该构式的动词主要是动作动词，非动作动词占比很小，且仅包括"有、活、过"三个动词，具体数据见表 3。这与词云图显示结果相一致，在图 1 中，动词出现频率较高的有"省、赚、有、走、抓、收、活、过、多"等。通过分析发现，进入该构式的动词往往具有[+可重复][+自主]的语义特征。这与基本构式义密切相关，上文将中心构式义总结为"存在一个目标，每实现一个小量，就更靠近目标"，表示通过小量的不断积累而趋近目标。这就限制了动词[+可重复][自主]的语义特征，而动作动词表示由人自主发出的动作，大部分动作都可重复进行，可以满足上述两个条件。非动作动词"有、活、过"，通过与量词搭配及相应的语境限制，也具备上述语义特征，比如可以说"过一天是一天"，但不能说"过一生是一生"，就是因为"过一生"的搭配不具备可重复性。

图 1　"VP+一 X 是一 X"构式"VP"使用频率词云图

表 3 "VP+一 X 是一 X"构式"VP"中的动词语义类型

VP 中的动词语义类型	动作动词	非动作动词（有、活、过）
语例数	104	15
占比	87.4%	12.6%

注：1.占比=对应语例数/总语例数（119 条）。

2. 形容词

VP 由形容词构成，能进入该构式的形容词很少，语料中出现的只有"多、少、好、近、快、快活、舒服、安生、便宜"等。例如：

（10）救人如救火，<u>快一点是一点</u>的事儿。

（11）虽然注定不能置身事外，至少能<u>安生一时是一时</u>。不是个让人愉快的场面，但也没什么好心虚紧张的。

（12）他们以为人生有限，<u>快活一天是一天</u>。

这类形容词往往都具有[+可控]的语义特征，属于可控形容词。

3. 谓词性短语

VP 由谓词性短语构成。这些短语形式上和双音节动词类似，主要包括动补短语、动宾短语和状中短语，例如：

（13）他写下来批语，签了字盖了章，心中痛快了一些。"管它呢，<u>批完一件是一件</u>!"（动补短语）

（14）我做得不对？我失算？我没听汪化堂的话，<u>杀他一个是一个</u>……啊！我好苦啊……"（动宾短语）

（15）企业则每到年底便拼命跑劳动局要指标、要计划、<u>多争一个是一个</u>，不论争来的是什么。（状中短语）

通过进行数据统计，VP 具体构成成分及其所占比例如下：

表 4 "VP+一 X 是一 X"构式"VP"构成成分类型

VP	动词	形容词	动补短语	动宾短语	状中短语
语例数	119	13	24	2	15
占比	68.7%	7.5%	13.9%	1.1%	8.8%

注：1. 占比=对应语例数/总语例数（173 条）。

通过表 4 可以得知，"VP+一 X 是一 X"中 VP 主要由动词充当，占比超过一半；其次是谓词性短语，主要有动补短语、动宾短语和状中短语，其中动宾短语比例很小；能进入该构式的形容词很少。

（二）"X"的特征

构式"VP+一 X 是一 X"中的量词类型比较多样，依据朱德熙（1982：48-50）的量词分类，主要包括不定量词、动量词、度量词、个体量词、临时量词、时量词等，例子如下：

（16）经营者压力大，只能追求短期效益，"赚一点是一点"。（不定量词）

（17）他睃了毓如一眼，说，打得好，打得好，反正早就看不顺眼，能打一下是一下！（动量词）

（18）医生说，病人经济上都不宽裕，省一元是一元。（度量词）

（19）老师对学习成绩不够理想但学习态度尚佳，想为自己的前途和理想拼搏一把的学生要尽全力给予关心和辅导，帮一位是一位。（个体量词）

（20）只要能蒙住顾客的眼睛，赚一票是一票，将来之事谁可料？（临时量词）

（21）许多被执行人抱着"拖一天是一天的态度"，有钱也不还。（时量词）

通过对量词进行数据统计，不同类型的量词构成情况结果如下：

表 5 "VP+一 X 是一 X"构式"X"构成成分类型

量词	不定量词	动量词	度量词	个体量词	临时量词	时量词
语例数	24	9	15	63	23	39
占比	13.9%	5.2%	8.7%	36.4%	13.3%	22.5%

注：1. 占比=对应语例数/总语例数（173 条）。

通过表 5，可以发现，出现在该构式中的量词频率由高到低依次为个体量词、时量词、不定量词、临时量词、度量词、动量词。通过

图 2 可以直观地看到，量词中出现频率较高的有"个、天、点"，其次是"分、件、次、步"等，进一步印证了表 5 中量词频率的统计结果。

图 2　"VP+一 X 是一 X"构式"X"使用频率词云图

通过分析发现，当"X"为个体量词、时量词、不定量词、临时量词、度量词时，其语义指向量词后隐藏的中心语，"VP 一 X"为动宾短语，如例（16）中"一点"指向隐藏的中心语"钱"；当"X"为动量词时，其语义指向 VP，"VP 一 X"为动补短语，如例（17）中"一下"指向 VP"打"。由此可见，"VP 一 X"既可以是动宾关系也可以是动补关系，结合量词类型的统计数据发现，动宾关系的比例远远大于动补关系。

（三）VP 与量词的共现及量词后宾语的隐现

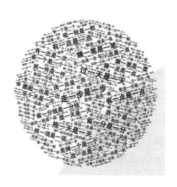

图 3　"VP+一 X 是一 X"构式整体使用频率词云图

通过图 3 可以直观地看到，构式整体出现频率较高的有"走一步是一步""过一天是一天"，其次是"省一点是一点""省一分是一分"
"赚一笔是一笔"等，所以动词"走"和量词"步"，动词"过"和量
词"天"，动词"省"和量词"点/分"，动词"赚"和量词"笔"，共
现频率都比较高。共现频率高表明"VP"与"量词"关系比较紧密，
通常情况下，汉语母语者可以根据"VP"直接推断出相应的量词，比
如提及"省"后面的量词则很容易让人想到度量词。这种共现频率比
较高的构式一般量词后的宾语是省略的，并不出现，因为有共现关系
作为背景知识，即使在语言表达中不出现宾语中心语，语义也很明确，
考虑到语言的经济原则以及韵律的和谐性，宾语常常处于省略状态。

通过语料统计，全部语料中仅有 7 例语料中心语没有省略，列举
如下：

（22）郑敦秀说了一句大实话："为了生存，能守着一分钱是一分
钱。"

（23）陈：也好，去就去吧。多一把手是一把手嘛。

（24）车主省一分钱是一分钱，旅客乘一趟车沾一身灰。

（25）个体运输是一人吃饱全家不饿，挣一块利润是一块利润，因
此成本低，可以压价竞争。

（26）总应当脚踏实地、好好的去实练明察，必须看着现实的生活，
做一件事是一件事。

（27）她总觉得为我省一分钱是一分钱，她省一分，我可不就少挣
一分、少累一分吗？

（28）比您家多一口儿人，七口儿。有这么句话呀！愣添一斗，不
添一口。多一口儿人是一口儿人的事。

上述例子中"守"和"分"、"多"和"把"、"挣"和"块"、"做"
和"件"、"多"和"口"共现关系十分不明确，为了使语义明确，宾
语不能被省略。例（24）和例（27）"省"和"分"语义已经明确，仍
然保留宾语是由于具体语境的制约，前者为了与后半句对应，后者语
境中出现了多个"分"，需要明确语义。需要注意的是，一些构式中"VP"
与"量词"的共现关系也没有十分显著，但宾语仍可省略，这是因为
结合具体的语境，宾语在上下文中可以得到。

（四）构式"VP+一 X 是一 X"的句法功能

构式"VP+一 X 是一 X"的句法功能主要是充当句法成分和独立成句，其充当的句法成分包括主语、谓语、宾语、定语、补语。如：

(29) 只有他们得益了，永利中心才能长存下去。宰一刀是一刀绝不是我们的做法。（主语）

(30) 流失的资金务必一笔一笔地追回来，投资者损失的钱款能挽回一分是一分。（谓语）

(31) 定了的每一项工作，都要落实到人，限期完成，切实做到抓一项是一项，抓一项成一项。（宾语）

(32) 救人如救火，快一点是一点的事儿。（定语）

(33) 人人恨不得能分配得多一份是一份，杜青云一定见猎心起，希望能分一杯羹。（补语）

(34) 对扭亏有望的企业要从政策上、资金上给予扶持，活一个是一个。（独立成句）

表 6 构式"VP+一 X 是一 X"的句法功能分布情况

句法功能	主语	谓语	宾语	定语	补语	独立成句
语例数	2	58	10	7	1	95
占比	1.1%	33.5%	5.7%	4.0%	0.5%	54.9%

注：1. 占比=对应语例数/总语例数（173 条）。

通过表 6，可以发现构式"VP+一 X 是一 X"主要的句法功能是独立成句，占比超过一半。在充当的句法成分方面主要是谓语，其他句法成分比例均较小。

四、"VP+一 X 是一 X"构式的主观性分析

"VP+一 X 是一 X"构式具有强烈的主观性，表达时能体现出说话者的立场、态度和感情，因此，本文将结合构式的构成要素对构式的主观性进行分析。

（一）"是"的主观性

"VP+一X是一X"构式中带有判断动词"是"，因此要受到判断句句型的制约，表示判断和肯定，但"VP+一X是一X"构式并不是一种客观的判断，因为"是"前后项成分相同，后项简单重复前项，在客观判断上没有意义。"是"在具体语境中可以替换为其他动词，语义保持不变，比如"吃一个是一个"，也可以说成"吃一个少一个"只不过后者更注重客观事实的叙述，前者主观性更强。因此，"VP+一X是一X"构式中的判断动词"是"能够体现主观色彩，在具体语境中具有解释和申辩功能，如：

（35）乌盟、伊盟和包头等病区，许多人已积病成残，问他们"为何不吃官盐吃私盐，不就便宜几分钱？"他们却振振有词："<u>便宜一分是一分</u>""祖祖辈辈吃土盐，不也照样到今天！"

（36）伯父瞪圆眼睛，换一副我从没见过的面孔，"执照？执照得花钱买，还必须照章纳税，街上的贩儿谁不会拨这个算盘。我小本生意，交了税，赚个屁钱。再说，<u>罚一次是一次</u>，十天半月又捞回来。"

例（35）针对"为何不吃官盐吃私盐"的问题说话人给出了"便宜"的解释，同时对问句中"不就便宜几分钱"流露的质疑进行了申辩；例（36），办执照本是应该的，但说话人却为自己不办执照给出了合理的解释，原因在于"办执照要花很多钱还要纳税，而不办执照只需要承担挨罚的钱，相比而言，后者花钱更少"，表现出说话者对罚钱的不屑。

（二）"一X"的主观性

语言的主观性表现在量范畴上，就形成了"主观量"这一概念（李善熙，2003：10），主观量与客观量相对而言，一般有主观大量与主观小量之分（陈小荷，1994：18-24）。"VP+一X是一X"构式中出现了两次"一X"，笔者认为这两次都表主观量。前者表主观小量，后者表主观大量。

（37）定了的每一项工作，都要落实到人，限期完成，切实做到<u>抓</u>

一项是一项，抓一项成一项。

例（31）中前一个 "一项" 指的并不是 "一项工作"，不是实际客观量，而是指 "每一项工作"，是语境中的全部量，把全部量看成 "一项"，因此是一个主观小量；第二个 "一项" 是对前面的肯定评价，即使前面的实际数目很小，在说话人心中也是一个大量，值得肯定。因此后者是一个 "主观大量"。例（35）中前一个 "一分" 并不是只有一分钱，而是认为这部分钱很少，用 "一分" 来表示，是主观小量；后一个 "一分" 同样是对省钱的肯定，即使省的钱很少在说话者心中也是一个大量。

（三）构式整体的主观性

"VP+一 X 是一 X" 构式义为 "存在一个目标，每实现一个小量，就更靠近目标"。通过小量的不断实现可以不断趋近目标，但言者明白，目标与现实之间存在很大的差距，小量的实现并不能使目标迅速达成，因而言者呈现复杂的心态，既满足于小量的实现，希望通过小量的积累不断靠近目标，又对目标与现实小量的差距感到无可奈何，因此呈现出一种既满足又无可奈何的复杂心态。但在不同的语境下，两种心态的凸显度不同，带有一定的主观性，例如：

（38）基于家用电脑市场 "温而不热" 的认识，许多电脑公司特别是位于中关村的公司采取的营销策略是，等客上门，向家庭卖一台是一台，不指望它赚钱。

例（24）中车主目标是省钱，一分钱对于省钱这个目标贡献很小，但车主依旧感到满足；例（37）对每一项工作都落到实处给予积极充分肯定，说话人满足于落实工作的成效。因此上述两例无可奈何的心态凸显度很弱。例（38）面对电脑市场不景气的现实，这些电脑公司没有抱怨嫌弃，尽管卖出很少，他们也感到满足，不指望它赚钱，与此同时，电脑公司明白现实中家用电脑市场 "温而不热"，与他们理想中赚钱的目标相差很大，因此也流露出了无可奈何的心态。

同时，"VP+一 X 是一 X" 构式可以用于对自己或他人行为的评价，包括肯定评价与否定评价，但两类评价都传达出言者积极的价值判断，具有主观色彩。如：

（39）他知道严志发是纱厂工人，对纱厂内行，<u>讲话一句是一句</u>，一点儿不含糊，也不讲情面。

（40）一个市民社会里面，大部分人是怎么生活的呢？那就是妥协、敷衍、能<u>混一天是一天</u>，鬼混。

例（39）中"讲话一句是一句"是对严志发"讲话"的肯定评价，说明他讲话清楚不含糊、不讲情面的特点。例（40）中评价市民社会里大部分人生活态度不够积极，"混一天是一天"与"妥协、敷衍"并列，是否定评价。

五、"VP+一 X 是一 X"构式的教学设计

按照《国际中文教育中文水平等级标准》，构式"VP+一 X 是一 X"是四级语法点，教学对象定为中级水平的留学生，他们已经掌握一定的词汇，有一定的表达能力。前文归纳构式义为"每实现一个小量，就更靠近目标"，统计发现语料数量正向目标比例远大于负向目标，因此教学时选取构式义为正向目标的例子进行教学，运用"构式——语块"教学法将构式拆解成语块，帮助学生对构式的构成要素有明确的认识，并能够在日常生活中正确地输出该构式。以下为构式"VP+一 X 是一 X"的教学设计示例：

表 7　构式"VP+一 X 是一 X"的教学设计示例

教学环节	教学活动	设计说明
对话导入	老师：同学们，你们今天一共有多少节课？ 学生：我们有五节课。 老师：这节课上完了还有几节课？ 学生：还有四节。 老师：上完这节课，我们离今天所有课上完是不是又近了一点？ 学生：是的。 老师：所以，我们可以说"上完一节是一	通过师生实际生活问答让学生初步感知该句式

	节"（板书）。	
	（展示走路去学校的动图）	
	老师：学校是我们要去的目标，每走一步就离学校怎么样了？	
	学生：离学校更近。	
	老师：我们可以说"走一步是一步"，每走一步（板书），就更靠近目标。	
	（展示女孩存钱的图片）	
归纳构式，展示例句	老师：这个女孩的目标是什么？	让学生在情境中学习该构式，并归纳语块链
	学生：存钱。	
	老师：她每周存一点，她的钱会怎么样？	
	学生：变多。	
	老师：会更靠近目标，我们可以说"存一点是一点"（板书）。	
	老师：我们观察一下这三句，可以归纳出一个语块链，是"V-一 X-是-一 X"。	
	（板书：V-一 X-是-一 X）	
系统讲解，增强理解。	老师：它表示什么意思呢？	帮助学生了解该构式的意义和构成要素的语义特征
	学生：表示"每实现一个小量，就更靠近目标"的含义（板书）。	
	老师：那大家看看 V 有什么特点呢？	
	学生：是动词。	
	老师：没错，有什么具体特点吗？	
	学生：动作是我可以主动做的。	
	学生：可以重复做。	
	老师：对，动作是我们可以主动进行并且可以重复做的。	
设计练习，反复操练	（1）根据给出的词用构式"VP+一 X 是一 X"说句子。	多组练习让学生巩固所学知识，由

	便宜　分	易到难。
	写　　篇	
	卖　　台	

（2）根据图片用构式"VP+一 X 是一 X"
说句子。

（3）创造情景

大卫起床起晚了，他没吃早饭赶紧去学校。

（快一点是一点）

平时他经常坐公交去（省一元是一元）

但是今天他乘出租去的。（早一分钟是一分
钟）

总结	对构式的意义及构成要素等进行总结	深化学生对所学内容的印象
布置作业	说说在生活中哪些情景下可以运用构式"VP+一 X 是一 X"并将对话记录下来	将所学知识和实际交流联系起来

参考文献

[1] 陈小荷. 主观量问题初探——兼谈副词"就""才""都"[J]. 世界汉语教学，
　　1994，4：18-24.

[2] 董淑慧. "V/Adj+数量（N）+是+数量（N）"构式的语义功能及其教学[J].
　　汉语应用语言学研究. 2014，59-68.

[3] 蒋遐. "A 一量 B 一量"格式研究[D]. 延边大学硕士学位论文，2007.

[4] 李一珠. 现代汉语中"VP+X+是/算+X"格式研究[D]. 武汉：华中师范大学，
　　2011.

[5] 李善熙. 汉语"主观量"的表达研究[D]. 北京：中国社会科学院研究生院，
　　2003.

[6] 陆俭明. 构式语法理论的价值与局限[J]. 南京师范大学文学院学报. 2009，
　　46（3）：103-107.

［7］罗主宾. "V+Num+是+Num"构式的主观性分析［J］. 文史天地（理论月刊），2012，1：83-86.

［8］苏丹洁. 试析"构式—语块"教学法——以存现句教学实验为例［J］. 汉语学习，2010（2）；83-90.

［9］王凤兰. "V 一量'是'一量"格式的语义类型及相关格式研究［J］. 语言与翻译. 2014，3：19-22.

［10］温锁林. 当代新兴构式"我 A，我 B"研究［J］. 当代修辞学. 2018，1：82-91.

［11］温锁林，张佳玲. 新兴构式"A 并 B 着"研究［J］. 语文研究，2014（1）：23-29.

［12］徐婕. 汉语"Vp 一 X 量是/算一 X 量"构式研究［D］. 湘潭大学. 2016.

［13］张德岁. "V+Num+是+Num"构式初探［J］. 安徽大学学报. 2011，2：87-92.

［14］张德岁. "V+Num+是+Num"构式的语用功能及其制约因素［J］. 安徽师范大学学报. 2012，40（5）：656-660.

［15］赵艳. "V+Num+是+Num"构式新探［J］. 昭通学院学报. 2016，38（1）：82-85.

［16］朱德熙. 语法讲义［M］. 北京：商务印书馆，1982：48-50.

［17］朱军. 说"ＶＰ一 X 量是／算一 X 量"［J］. 汉语学报. 2019，4：68-76+96.

"好你个 X" 构式研究与教学

南开大学汉语言文化学院

张雪

摘　要：本文对"好你个 X"的构式义和语用功能进行初步探讨。首先将构式义总结为表达说话人对 X 的负面评价，并根据 X 的构成描写出负面评价等级序列。其次探讨构式"好你个 X"出现的语境，即归纳为说话者认为 X 所发生的事件与自己的预期存在差值，并结合"好你个 X"构成要素分析构式的主观性。最后基于以上分析对该构式进行教学设计。

关键词："好你个 X"；负面评价；称谓语；预期；主观性

一、引言

"好你个 X"格式是现代汉语中很常见的一个口语构式，具有鲜明的组成结构和语义内涵，根据哥德堡（Goldberg，1995：4）[①]的构式语法理论，某些句式有独立的意义，并不能只根据组成句子的词语的意义、词语之间的结构关系或另外的先前已有的句式来推知。也就是说，构式的整体意义具有不可预测性，无法通过构式组成成分的简单相加得到。单独从构成成分分析，"好你个 X"构式由构成要素"好""你""个""X"组成，"好"通常表示赞叹，但"好你个 X"的整体意义却不是表赞叹，而是表示一种负面评价。

---

① Goldberg A, *Constructions: A Construction Grammar Approach to Argument Structure*(Chicago: The University of Chicago Press, 1995).

　　在句法方面，申晶晶（2011：9-15）[①]、黎秀花"（2012：15-27）[②]对"X"的音节、词性等性质以及构式整体的句法功能进行考察。

　　语义方面的研究主要集中在对构式义的总结：董淑慧、周青（2011：369-371）将"好你个+NP"构式整体意义归纳为"说话人主观认定 NP 所具有的某方面性质程度高，同时传达出说话人对该性质的贬责或褒扬的情绪"。[③]黎秀花（2012）认为构式义为：说话人对"X"某种高程度性质或预期差值的感叹性评价。李小军（2014：64-68）从组成要素入手，探讨了构式"好你个+X"的负面评价功能并依据"X"对其负面评价程度进行划分。[④]

　　在语用功能方面，董淑慧、周青（2011：369-371）、黎秀花（2011：75-77）[⑤]、尹海良（2014：264-269）[⑥]、刘梦丹（2017：14-27）[⑦]等学者在焦点结构、语气类型、主观性等方面进行了探讨。

　　综上，虽然学界对该构式进行了较为全面、深入的研究，但是仍有进一步完善、挖掘的空间。比如在句法方面没有厘清 X 是否为单音节时分属不同的构式。通过梳理发现 X 的音节数分为单音节和非单音节，其中单音节语料 26 例，进一步分析认为，"好你个 X"（X 为单音节）与"好你个 X"（X 为非单音节）不是一个构式，因为二者在词汇构成、具体语义、语用环境、焦点和篇章位置等方面都存在差异。

　　（1）"以为我们爱得难舍难分、如胶似漆？那不是很好吗？""<u>好你个鬼</u>。"

　　（2）今天喊儿子吃饭，说："宝宝来吃饭，好么？"他非常认真地说："<u>好你个头</u>。"

　　① 申晶晶：《口语习语"好你个 X"格式考察》，硕士学位论文，河南大学，2011。
　　② 黎秀花：《"好你个 X"的构式分析》，硕士学位论文，华中师范大学，2012。
　　③ 董淑慧、周青：《贬责感叹和褒扬感叹的语义结构和语用功能——以"好你个+NP"为例》，《天津大学学报》（社会科学版），2011 年第 13 卷第 4 期。
　　④ 李小军：《构式"好你个+X"的负面评价功能及成因》，《北方论丛》2014 年第 2 期。
　　⑤ 黎秀花：《"好你这/个 NP"结构考察》，《华中人文论丛》2011 年第 2 卷第 2 期。
　　⑥ 尹海良：《现代汉语"好(你/一)个 X"构式分析》，《中南南大学学报》（社会科学版）2014 年第 20 卷第 4 期。
　　⑦ 刘梦丹：《"好你个 X"Y 句和"好（一）个 X"Y 句比较分析》，硕士学位论文，吉林大学，2017。

（3）宋世平夸："<u>好你个余雄</u>，你没醉啊，我真是崇拜死你了。你手不痛？"

（4）<u>好你个老顾啊</u>，原来还当过反动派的官儿！

例（1）和例（2）中 X 为单音节，例（3）和例（4）中 X 为非单音节，通过语料考察，即可发现，第一，单音节 X 的构成词通常是"头、屁、鬼、球"等个别词，能进入的词很少；而非单音节 X 的构成成分通常是对人的称呼语，比如姓名、老/小+姓或者名、"的"字短语、定中短语等。第二，从语义方面来看，单音节 X 组成的"好你个 X"整体意义是针对对方的话语表示反驳或否定。（邵敬敏 2012：38）①如例（1）、例（2）中上句通过一个带有"好"字的问句表示询问，回答中使用"好你个 X"（X 为单音节）表示对问句的否定，是一种否定判断，可以用"不好"进行替换，但是在例（3）、例（4）中，"好你个 X"（X 为非单音节）就不能使用"不好"进行替换，整体意义表示的是"说话人对 X 的负面评价"。第三，从语用角度分析，单音节 X 的"好你个 X"主要表示对上文观点的反驳，而非单音节的"好你个 X"还含有一种讽刺、指责的主观态度。第四，单音节 X 构式与非单音节 X 构式的焦点也不同，这可以从具体的重音位置得以验证，非单音节 X 构式的焦点是"好"和"X"，而单音节 X 构式焦点是"好"，"X"不是焦点，且进入的意义都经历了虚化，比如进入该构式的"头、屁、鬼、球"等都不表示具体意义。第五，从篇章位置进行考察，单音节 X 构式作为后续句出现，位于对话中的答句，这与其语义表示对上文观点的反驳密切相关，非单音节 X 构式就没有这样的局限，位置比较灵活。因此，本文认为"好你个 X"（X 为单音节）与"好你个 X"（X 为非单音节）不是一个构式，本文研究对象为"好你个 X"（X 为非单音节），"好你个 X"（X 为单音节）不在本文的研究范围内。这一点在前人研究中并未界定。

语义方面前人对构式义的研究存在差异，且具体分类描写不够细致，本文在前人研究的基础上将构式义总结为"表达说话人对 X 的负

---

① 邵敬敏：《新兴框式结构"X 你个头"及其构式义的固化》，《汉语学报》2012 年第 3 期。

面评价"。根据 X 构成成分的不同，对负面评价进行分类和细致的描写，并对相关分类进行数据统计以及排出由高到低的负面评价层级序列。

语用层面的研究主要集中在主观性，但已有研究大都泛泛而谈，没有对主观性的来源和体现进行细致的分析，本文从构式的构成要素的角度对构式的主观性进行分析。此外，研究语用方面最关键的是构式使用的语境，已有研究对此基本没有涉及，故本文对语境方面也进行了探索。

最后，关于"好你个 X"构式研究主要集中于本体研究层面，没有研究对第二语言教学设计方面进行探索，笔者在对"好你个 X"构式进行充分研究的基础上对其进行了教学设计，希望能够推动构式的二语教学。

二、"好你个 X"构式义分析

通过对语料进行考察分析，本文认为，构式"好你个 X"的情感均为消极负面的，因此本文将其总体构式义归纳为表达说话人对 X 的负面评价。如：

（5）"上你家吃饭？"我正有些感动，她接着说："我家是开餐馆的，就在前头第二间，二层的新楼，什么菜都有，还有野味呢！"我的脑袋"嗡"地响了一下，顿时大彻大悟。我双眼盯牢了姑娘，好你个土家妹子，原来你一直跟着我们的最终目的是随时准备请君入瓮啊！看来，打我们上岸踏进王村，便被人家计划好了。

（6）"一千块了，总该够了吧！"他觉得自己要站不住了，扑在门边连敲带喊……这时，门"砰"的一声开了，潘大庆醉眼朦胧地就冲了进去。还没等他站稳，脑袋上就挨了一拳。打得他就地转了三个圈，一头栽倒在沙发上。定睛一看，眼前站着一个男子，正对他怒目而视。潘大庆顿时来了火，好你个阿娇，怪不得你不开门，原来是背着我偷养小白脸。

例（5）"土家妹子"为了让我们去她家的餐馆吃饭，一直跟着我们进王村，本以为她是好心，后发现原来是有目的的，所以"好你个土家妹子"表达了说话者"我"对"土家妹子"算计我们的不满；例（6）说话者潘大庆醉酒敲门却挨了陌生男子一拳，"好你个阿娇"表达的是他对阿娇偷养小白脸的愤怒。由此可见，以上均属于负面评价。

（7）"1994 年下半年国际市场石化产品的价格不是上扬的么？你怕什么？""嗨！好你个刘老总！"高金生皱紧的眉头缓缓地舒展开来。刘树林认真起来："成立股份公司，在境外上市股票，目的是转变机制，与国际市场接轨，这个决心不能动摇，要积极准备，待机而动！"语调不高，却掷地有声。

（8）可这天晚上，他正对着油灯着急，突然李家来了一个伙计，通知他马上到李家去商量事情。他一阵惊喜，好你个老喜，又让我当副村长。几天的忧愁烟消云散。跟伙计出了家门，看着满天星星，不再考虑许多，不像第一次改嫁那么别扭，既不想对得起对不起死去的村长孙殿元，也不想见了新任村长李老喜该不该不好意思，只是想：好，好，我老路又当了副村长。

董淑慧、周青（2011：369-371）认为构式义也包括正面评价，如例（7）、例（8），笔者赞同李小军（2014：64-68）的观点，认为这类语例表面看起来表示正面评价，但全面考虑更大的语境，包含的内容比较复杂，其基本功能仍为负面评价。①

根据 X 构成成分的不同，负面评价可以呈现出一个由高到低的层级序列。

（一）"X"为称谓语

1. X 为负面称谓

A. X 为骂称、蔑称、贬称，如：

（9）大概过了一个时辰，我的身后响起了沉重的脚步声，接着便是连长那吓人的嗓门："好你个王八蛋，竟不知死活跑到这儿撒野！你这软骨头，怕死鬼，想撂挑子，明天你就打背包滚下阵地！"（X 为骂称）

---

① 参看李小军：《构式"好你个+X"的负面评价功能及成因》，《北方论丛》2014 第 2 期。

（10）"<u>好你个花花公子</u>！"柳摇金喷着酒气，醉眼朦胧，"想勾引我的女儿吗？"（X 为蔑称）

（11）神志稍微清醒，他狠歹歹地说："<u>好你个黄毛丫头</u>，王八吃秤铊，你真铁了心啦！"（X 为贬称）

B. X 的定语为贬义，如：

（12）颜愁渊蓦地惊觉，登时收回掌力，一阵怒骂声随即响起："<u>好你个不要脸的臭小子</u>，竟然敢作弄我，老子差点上你的大当。"

C. X 为"的"字短语，如：姓陈的、姓张的，等。

（13）<u>好你个姓詹的</u>，还敢用这个法子来逼俺们。

负面称谓包括骂称、蔑称、贬称[①]等，这类"好你个 X"的负面评价等级在所有 X 成分中最高，从内部看，骂称、蔑称、贬称负面评价等级依次降低。

2. X 为名字称谓，即全名（连名带姓），如：

（14）<u>好你个柳鹤亭</u>，非打死你不可！

（15）谭于也笑起来："<u>好你个蒋寒</u>，分明是将我的军嘛！"

由于 X 分类的不同，这类负面评价等级明显低于上一类，原因主要在于 X 的负面色彩弱于上一类。崔希亮（1996：43）划分名字称谓时包括全名（连名带姓）和纯名（不含姓）[②]，通过考察"好你个 X"语料发现"X"的名字称谓只有全名（连名带姓）类，没有纯名（不含姓）类，这体现了构式对其构成成分的制约，总体构式义表达负面评价，纯名亲密色彩较浓厚，因此不能进入构式。

3. X 为亲昵称呼，如：老胡、小王、杨妈、年轻人，等。

（16）他一阵惊喜，<u>好你个老喜</u>，又让我当副村长。

（17）那人也认出了他，疼得龇着牙："<u>好你个阿华</u>，真狠啊，快放手，胳膊都断了！"

4. X 为职衔称谓，即姓+职位，如：

（18）卢婷不甘心地继续翻着，在放磁带的地方翻出一张纸条，展

---

① 李桂芝、张志：《描述性称谓及其翻译》，《石家庄铁道学院学报》2008 年第 2 卷第 3 期。

② 崔希亮：《现代汉语称谓系统与对外汉语教学》，《语言教学与研究》1996 年第 2 期。

开一看，不禁乐了：<u>好你个蒋处长</u>，我总算摸到你的一点秘密了。

（19）"<u>好你个老师</u>！吃我们的饭，不放我们的学，等我告诉我妈，以后永远不给你作饭！"

亲昵称谓和职衔称谓本身不含负面评价，亲昵称谓含有亲昵色彩，职衔称谓甚至含有尊敬色彩，虽然职衔称谓不是敬称，但当称呼使用职衔时本身就含有对称呼者的敬意。因此，以上两类 X 能够进入该构式且并未改变构式整体的意义，属于构式压制现象。同时这两类"好你个 X"的负面评价等级弱于前面几类，这与 X 的性质密切相关。

（二）"X"为事物名词

（20）<u>好你个妖风</u>，人都"吹"起来了。

（21）<u>好你个 28 路</u>，又让我在电视塔等了二十分钟的车。

这类语料相对较少，是扩展的构式用法，体现了"X"的指称对象由人到物的泛化，主要表示某一具体事物给说话者造成了不便，因而对其产生了负面评价。

（三）"X"为动词性结构

（22）擦完的碟子走出来。"今天的菜好不好？""好！就是有些酸！""<u>好你个——发酸</u>？可省酱油！酱油比醋贵得多！"老夫妇哈哈地笑起来。

通过梳理语料数据发现，X 主要由名词构成，谓词性成分仅有 1 例。通过对上述 X 为谓词性成分的例句进行分析发现，例（22）中"发酸"重复上文的"有些酸"，因此，谓词性的 X 主要是对上文话语的重复，具有引述性和指称性，已经不再对动作性进行强调，笔者认为，按照其实际的语法功能，上例谓词性 X 在构式"好你个 X"中已经可以算作体词性成分了。综上，"好你个 X"中"X"的词性功能整体表现为体词性，表达的是对上文中某一具体行为的不满等负面评价。

将语料按上述分类进行统计，具体比例如下：

表 1　构式中"X"的构成成分统计

	称谓语	事物名词	动词性结构
语料数量（207）	201	5	1
所占比例	97.1%	2.4%	0.5%

通过数据统计，X 为称谓语的比例最大已经超过 97%。

表 2　构式中"X"为称谓语时类型统计

	负面称谓	名字称谓	亲昵称谓	职衔称谓
语料数量（201）	110	56	29	6
所占比例	54.7%	27.9%	14.4%	3.0%

将这四类称谓语进行数据统计发现，X 为负面称谓语占比最大，接近 55%，其次是名字称谓，亲昵称谓和职衔称谓占比很小。比例统计由大到小的顺序和负面评价等级由高到低的次序一致，也就是构式整体负面评价等级最高的占比也最大，职衔称谓负面评价等级最低，语料中占比也最低。

三、"好你个 X"构式语用功能

（一）构式"好你个 X"使用语境

首先，构式"好你个 X"使用的语境是：说话者认为 X 所作所为在自己的预期之外，与自己的预期存在差值，甚至是与自己的预期相反，由此产生负面感叹或评价。具体的原因往往在下文中得以解释。如：

（23）小冯说："好小子，敢背后骂我！"小得说："好你个小冯，还说呢，你这一当兵，家里什么活都落到我身上，我不骂你骂谁？"

（24）等劫匪又跑了十几步，李大麻子这才提起王八盒子，……只听得"砰"地一声，子弹落在了劫匪的脚边，击起一串灰尘。士兵们还以为李大麻子在玩猫捉老鼠的游戏呢……俞汉谋在一旁气得脸上的青筋直蹦，喝道："好你个李大麻子，竟敢放走劫匪！军饷分明就是你派人劫的！来呀，把他给我拉下去毙了！"一声令下，左右将李大麻子五花大绑拉下去了。

　　例（23）说话者小得并没有想到小冯会就自己骂他这一事件进行反驳，从下句"你这一当兵，家里什么活都落到我身上"可以明白说话者小得的原本预期是"小冯由于去当兵家里的活都没干应该被骂，小冯不会反驳"。例（24）前文提到"士兵们还以为李大麻子在玩猫捉老鼠的游戏呢"，由此可以看出说话者俞汉谋并没有想到李大麻子会放走劫匪，直到劫匪逃跑他才反应过来，可见实际情况与其预期相反。

　　其次，构式"好你个X"经常用于口语对话中，说话者和"X"的心理距离很近，这里的"心理距离近"包括客观"X"真的在现场，也包括客观上"X"不在现场，此时"X"是说话者的虚拟听话人，因此也可以用"你"来指代。一般交际模式由三个要素组成，即"说话人—信息—听话人"，"你"一般指代"真实听话人"[①]，如例（25）中"你"指代"苟得利"，例（7）中"你"指代"刘老总"，均为对话中的真实听话人。但也有的情况下"X"不在现场，这时一般是说话者的心理活动，说话者构建了一个虚拟交际模式，设定了一个"虚拟听话人X"，虚拟听话人距离说话者位置很近或者两者很熟悉心理距离很近，因此也可以用"你"进行指代，如例（26）中"你"指代"姓柯的"，说话者产生心理活动时"姓柯的"并不在现场，但距离说话者很近，心理活动还未结束"姓柯的"就出现在对话中了。例（8）中"你"指代"老喜"，说话者产生心理活动时"老喜"同样不在现场，但说话者对其很熟悉，心理距离很近，这在下文"不想见了新任村长李老喜该不该不好意思"句中得到验证。

　　（25）"不！在下苟得利，在此恭候大王多时了。这里是个穿山洞，俺只是拨开堵住洞北口的灌木，让山雾从此穿过。""喔！原来如此。你就是苟隐士！好你个苟得利！你可苦煞本王喽！"

　　（26）柯镇华果然在，而且也是一个人。顺子心中暗喜：好你个姓柯的，今天不给我跪下叫爷爷，你就别想活着下去。想着，他大声说：

---

① 王红梅：《第二人称代词"你"的临时指代功能》，《汉语学习》2008年第4期。

"老柯，我来了！"柯镇华从包里拿出合同，一步一步走过来："怎么郁青青和戴崴没来？"顺子轻蔑地一笑："他们有事，委托我来谈。"

综上，构式"好你个 X"使用的具体语境为说话者认为 X 所作所为与自己的预期存在差值，由此产生的负面感叹或评价，其中，说话者和"X"的心理距离很近，这里的"心理距离近"既包括客观"X"真的在现场，也包括客观上"X"不在现场，此时"X"是说话者的虚拟听话人。

（二）构式"好你个 X"的主观性

主观性是指语言的这样一种特性，即在话语中多多少少含有说话人"自我"的表现成分，说话人在说出一段话的同时也表明自己对这段话的立场、态度和感情，从而在话语中留下自我的印记（沈家煊2001：268）。[①]下面将结合构式"好你个 X"的构成要素对其主观性进行分析。

1. 好

在构式"好你个 X"中，"好"有程度义，因此，我们认为"好"不是形容词，而是副词，由于"好"能够表达说话人对"X"的主观认识，我们进一步认为"好"是评注性副词。相较于"好"作为一般副词，评注性副词还能够表达说话人的一种主观认识。例如：

（27）妻子感到非常委屈，说："<u>好你个鹿道有</u>，怎么一点亲情也没有呢！"

（28）一个造反派指着我的鼻子，气急败坏地吼叫："<u>好你个反革命分子</u>，你竟敢把咱们最最敬爱的伟大旗手气得向你鞠躬作揖，你罪该万死！"

例（27）中"好你个鹿道有"中"你个鹿道有"是下半句的主语，是直接指称，不含明确的感情色彩，加上"好"后，不仅表达了程度的加强，同时表达了说话者对"鹿道有"的强烈谴责；例28中"好你个反革命分子"中"你个反革命分子"是直接陈述，断言被陈述对象

---

① 沈家煊：《语言的"主观性"和"主观化"》，《外语教学与研究》，2001。

是"反革命分子",加上"好"加强了说话者对被陈述对象恶劣性质的主观认定。由此,进一步印证了"好"作为评注副词的用法。

2. 你

第二人称代词包括"你"和"您",二者实指用法的最大功能是凸显人际关系(郭风岚,2008:52)①。在一般的会话中,说话人会根据对方的年龄、地位、文化程度等条件选择对应的人称代词。上述条件高时我们一般选择"您",反之选"你"。这与对构式要素 X 的考察情况并不一致。前文我们考察了 X 的构成中有负面称谓、姓名称谓、亲昵称谓、职衔称谓四类。基于上述条件判断,前两类使用"你"是有合理性的,但后两类现象则与常理相悖,比如"好你个刘老总""好你个蒋处长"中,X 以职位进行称呼,表示对方地位比较高,基于会话原则中的礼貌原则,应以"您"称呼表示尊敬,但在该构式中,人称代词"你"是不变成分,这表面看体现了构式形式固定的特点,深层原因与基本构式义密切相关。基本构式义表示"说话人对 X 的负面感叹与评价"。尽管"刘老总""蒋处长"单看是表示尊称,但构式整体上是负面评价,流露的是否定态度,因此用"你"不用"您"正体现了构式义整体的感情色彩。

3. 个

"个"是汉语中大量使用的名量词,最常见的句法功能是与数词结合形成数量短语修饰名词,但在"好你个 X"构式中"个"用于人称代词后,修饰 X。本文认为"你个 X"最初由"你这个 X"发展而来,后来进一步简略形成"你个 X"。"个"跟在人称代词"你""他"之后能用来表达强烈的感情色彩,具有很强的主观性。比如"你个王八蛋、他个臭不要脸的"等,"个"后面的词语通常都是贬义词,整体表达的意义也多为生气、愤怒。同时将修饰人的量词"个"与"位"进行对比,这一点会体现得更加明确,"位"一般用于尊称,而"个"则不具备这样的用法。例(27)中"X"是人名,不具有贬义,但没有选用"位"作为量词,而是统一使用"个",这一方面是由于构式形式的固

---

① 郭风岚:《当代北京口语第二人称代词的用法与功能》,《语言教学与研究》2008 年第 3 期。

定性，另一方面也体现出一定的贬义色彩。例（28）"X"为"反革命分子"，也印证了"个"的用法。因此，本文认为，"好你个 X"中的"个"的作用为用于人称代词后，具有贬义、否定的主观性，起加强语势的作用。

4. X

称谓语指的是人们称呼亲属和非亲属之间的关系名称，能够反映出人们在交际过程中形成的复杂的人际关系，不同的社会地位、亲属关系和情感好恶使用的称谓语都是不一致的，这些都是主观性的体现。如：

（27）妻子感到非常委屈，说："好你个鹿道有，怎么一点亲情也没有呢！"

（27a）妻子感到非常委屈，说："好你个王八蛋，怎么一点亲情也没有呢！"（自拟）

（27b）妻子感到非常委屈，说："好你个老鹿，怎么一点亲情也没有呢！"（自拟）

（27c）妻子感到非常委屈，说："好你个鹿科长，怎么一点亲情也没有呢！"（自拟）

在同一种情境下，说话者可以根据具体情况选择不同的称谓语，如上例中都是表达妻子对丈夫没有亲情的不满，例（27）中"X"是名字，例（27a）、例（27b）、例（27c）称谓语的选择分别是骂称、昵称、尊称，在构式"好你个 X"中表达了不同等级的负面评价，例（27a）中是愤怒谴责，例（27）中是埋怨质问，例（27b）中是不满委屈，例（27c）是丈夫嘲讽疏远。"好你个 X"带有说话者较强的主观性，通常用于表达说话者对人或事物的一种贬义看法和态度，评价义明显，是说话者情感的宣泄，具有明显的主观性。

四、"好你个 X"构式教学设计

前文研究构式"好你个 X"的使用语境为说话者认为 X 所作所为与自己的预期存在差值，由此产生的负面评价"，本课教学重点是让学生理解并掌握构式的构式义，为了帮助学生在对应的语境中正确输出该构式，课堂讲解选取日常使用频率高的两类构式，即"X 为姓名称谓和负面称谓"的构式进行讲解，采用"构式——语块"教学法，帮助学生学会使用该构式。以下为针对中级学习者对构式"好你个 X"进行的教学设计示例。

构式"好你个 X"教学设计示例

教学环节	教学活动	设计说明
视频导入	（播放视频 1）通过视频引导学生产生预期"小王不会迟到"。 老师：同学们，每天谁来得最早？ 学生：小王。 老师：今天有一位同学迟到了，大家猜猜是谁？ 学生：小李，小张…… （播放视频：小王迟到了） 老师：今天谁迟到了？ 学生：小王迟到了。 老师：和你们猜的一样吗？ 学生：不一样。 老师：视频里老师说的是"好你个小王，竟然迟到了"。（板书） 老师：大家看这个句子，猜猜我们今天要学的语法点是什么？ 学生：好你个…… 老师：对，是"好你个 X"。	通过生活情境导入正课学习，使学生对构式"好你个 X"形成初步的感知。
展示语法	好　　你　　个　　X	让学生对构式语块有初步的了解
语法点讲解	语块讲解 老师：大家看一共包括几个语块？是哪几个？ 学生：4 个，分别是好、你、个、X。 老师：那大家看看 X 有什么特点呢？ PPT： 好你个小王，竟然迟到了！	帮助学生了解该构式的构成要素类型

好你个大卫，竟然把我的水果也吃了！

学生：是名字。

老师：没错，姓名称呼。

> **PPT：**
> 好你个王八蛋，竟不知死活跑到这儿！
> 好你个狗东西，竟敢骂我！

老师：PPT 上还展现了另一类 "X"，有什么特点？

学生：是骂人的称呼。

老师：我们总结一下，X 可以是名字，也可以是骂人的称呼。

构式义讲解

老师：大家看 PPT，"好你个 X" 表达什么意思，正面还是负面的？

学生：负面的。

老师：表达说话者的一种负面评价。同学们看看后半句什么时候我们要表达这种负面评价呀？ | 帮助学生了解该构式的构式义

学生：竟然、竟等表示说话者没想到。

老师：说得太棒啦！当表示说话者认为 X 所发生的事件跟自己想的不一致，产生的负面评价时我们使用 "好你个 X" 构式。

设计练习，反复操练	1. 创造情景说句子 抱怨李杰明去化工厂搞鬼。（好你个李杰明，去找化工厂搞什么鬼！） 抱怨庄顺出卖我（好你个庄顺，居然这样卖我） 2. 比较下列句子的负面评价等级 妻子感到非常委屈，说："好你个王八蛋，怎么一点亲情也没有呢！" 妻子感到非常委屈，说："好你个鹿道有，怎么一点亲情也没有呢！"	多组练习让学生巩固缩写知识，由易到难。
总结	对构式的意义及语块构成等各进行总结	深化学生对所学内容的印象
布置作业	1. 结合具体情景比比 X 的负面评价等级 2. 说说在生活中哪些情景下可以运用构式 "好你个 X" 并将对话记录下来	将所学知识和实际交流联系起来

参考文献

［1］ Goldberg, A. *Constructions: A Construction Grammar Approach to Argument Structure*[M]. Chicago: The University ofChicago Press, 1995: 50.

［2］ 崔希亮. 现代汉语称谓系统与对外汉语教学[J]. 语言教学与研究，1996，2：34-47.

［3］ 董淑慧，周青. 贬责感叹和褒扬感叹的语义结构和语用功能——以 "好你个+NP" 为例[J]. 天津大学学报（社会科学版），2011，13（4）：369-371.

［4］ 董燕萍，梁君英. 走近构式语法 [J]. 现代外语，2002，2：143-152，142.

［5］ 郭风岚. 当代北京口语第二人称代词的用法与功能[J]. 语言教学与研究，2008，3：50-56.

［6］ 洪嘉毓. 基于 "构式—语块" 理论的 "连" 字句构式对外汉语教学研究[D]. 南昌：南昌大学，2017.

［7］ 江雪清. 称谓语的态度意义[J]. 牡丹江教育学院学报，2011，2：42-43.

［8］ 黎秀花. "好你这/个 NP" 结构考察[J]. 华中人文论丛，2011，2（2）：75-77.

［9］ 黎秀花. "好你个 X" 的构式分析[D]. 武汉：华中师范大学，2012.

［10］ 李小军. 构式 "好你个+X"，的负面评价功能及成因[J]. 北方论丛，2014. 2：64-68.

［11］ 李桂芝，张志. 描述性称谓及其翻译[J]. 石家庄铁道学院学报，2008，3：63-66.

［12］ 刘永厚. 称呼语变异与态度评价[J]. 北京科技大学学报（社会科学版），2013，29（3）：21-26.

［13］ 刘梦丹. "好你个 X" Y 句和 "好（一）个 X" Y 句比较分析[D]. 长春：吉林大学，2017.

［14］ 邵敬敏. 新兴框式结构 "X 你个头" 及其构式义的固化[J]，汉语学报. 2012（3）：33-41+95-96

［15］ 申晶晶. 口语习语 "好你个 X" 格式考察[D]. 开封：河南大学，2011.

［16］ 沈家煊. 语言的 "主观性" 和 "主观化"[J]. 外语教学与研究，2001，33（4）：268-276.

[17] 唐奇彦. 基于"构式—语块"理论的双宾构式教学分析[D]. 江西师范大学，2015.

[18] 王红梅. 第二人称代词"你"的临时指代功能[J]. 汉语学习，2008，4：56-62.

[19] 杨露. 基于"构式—语块"理论的对外汉语"比"字句教学[D]. 长春：吉林大学，2012.

[20] 尹海良. 现代汉语"好（你/一）个 X"构式分析[J]，中南南大学学报（社会科学版），2014，20（4）：264-269.

[21] 张丽. 称呼语与对外汉语教学[D]. 西安：西北大学，2010.

[22] 张谊生. 现代汉语副词研究[M]. 上海：学林出版社，2000：10.

[23] 张谊生. 试论主观量标记没、不、好[J]. 中国语文，2006，2：127-134，191-192.

"V 什么（就）是什么"构式研究与教学

南开大学汉语言文化学院

吴佳琳

　　摘　要：本文从结构、语义和语用三个方面对构式"V什么（就）是什么"的特征进行分析，在结构上主要针对变项V、"什么"的指代以及句法功能进行阐述，再从构式义和逻辑语义两个方面总结该构式的语义特征，并用立场表达的相关理论解释该构式在语用上的功能。最后就该构式的教学给出教学思路和教学设计。

　　关键词：构式；构成成分；立场表达

一、引言

（一）疑问代词"什么"的非疑问用法

　　关于疑问代词"什么"非疑问用法的讨论可以追溯到 20 世纪中叶。吕叔湘在《中国文法要略》中提出疑问代词可以不作疑问用，此时的疑问代词可称为无定指称词，表示不知或不论的某人事物。①其中表不论的可称为任指，表不知的可称为虚指。而任指指称词常常前后叠用，造成一种连锁句。

　　朱德熙在《语法讲义》中将疑问代词的非疑问用法总结为两种情形：一种是表周遍性，即表示在所涉及的范围之内没有例外，常与"也"

---

① 吕叔湘：《中国文法要略》，商务印书馆，2014 年。

"都""不管""无论"等词呼应，这类疑问代词只能重读。①有时同一个疑问代词前后配合使用，所指相同，也可以表示周遍性。另一种则是用疑问代词指称不知道或说不出来的人、事物、处所、时间等，这类疑问代词只能轻读。

邵敬敏（1989）将"什么"的非疑问用法按语法意义分成全指类、例指类、承指类和借指类。他认为承指性"什么"指前后两个"什么"，所指相同且形成一种倚变关系，即后一个"什么"由前一个"什么"所决定，前一个"什么"表示任指，而后一个"什么"表示承指。②李宇明（1997）提出了呼应同指式，即某些特指疑问词语标记可以同词前后连用，或是与"的"这一指代词连用的句法现象，这种呼应同指式的疑问标记丧失了疑问功能，或表任指或表定指，如"谁不爱听谁退场""用多少就取多少""想说什么就说什么"等。③胡松柏（1998）提出了疑问代词叠用式，他认为这种格式由 A、B 两段构成，包含叠用、空档和连接三种结构成分，叠用的疑问代词前一个表示虚指，后一个所指与前一个相同，整个结构表示任指。④

根据已有的研究可以看出，目前学界关于疑问代词"什么"的非疑问用法，尤其是关于两个"什么"前后呼应使用时前后所指的判断并没有一个统一的标准。本文在构式"V 什么（就）是什么"中前后两个"什么"所指的问题上，将结合前人的研究，根据具体实例的情况进行分析。

（二）构式"V₁什么，（就）V₂什么"的相关研究

田永焕（2015）对"V₁什么，（就）V₂什么"的构式身份进行了鉴定，分别讨论了该构式的构件，即主语、"就"、常项"什么"以及变项 V 的形式和特点，分析了该构式的构式义以及前后段的逻辑语义

---

① 朱德熙：《语法讲义》商务印书馆，1982 年。
② 邵敬敏，赵秀凤：《"什么"非疑问用法研究》，《语言教学与研究》1989 年第 1 期：26-40 页。
③ 李宇明：《疑问标记的复用及标记功能的衰变》，《中国语文》1997 年第 2 期：97-103 页。
④ 胡松柏.《现代汉语疑问代词叠用式》，《厦门大学学报》（哲学社会科学版）1998 年第 1 期：107-113 页。

关系，最后总结了它在句法、语义以及语用上的功能。他将该构式的前后段逻辑主语分为三类：相同、不同、不言自明，并对前后段主语的隐现情况做了讨论。关于常项"什么"的用法，田文认为构式中的前一个"什么"是虚指，后一个"什么"是相对有定的任指，两个"什么"用法不一致，指代的内容却是重合的。关于该构式的逻辑语义关系，田文将其归纳为四种：假设条件关系、充足条件关系、必要条件关系、周遍条件关系。①

　　于琪（2022）从句法、语义、语用三个方面对构式"V1 什么 V2什么"进行研究，她在句法和语义部分的观点基本与田文一致。在语用方面，她从客观化和主观化两方面进行分析，认为该构式表示主观肯定，体现出一种主观大量，具有周遍认同和主观许可的语用功能。②

　　本文将在构式"V1 什么 V2 什么"的研究基础上，结合实际语料，对构式"V 什么（就）是什么"进行分析，主要从句法、语义和语用三个方面讨论该构式的特征和功能。

二、构式"V 什么（就）是什么"的构成分析

　　在 CCL 语料库和 BCC 语料库中对构式"V 什么（就）是什么"进行检索，共搜集到 197 条语料，其中 CCL 中搜集到 66 条该构式的语料，BCC 中搜集到 131 条语料。鉴于该构式的语料中变项 V 多有重复，对语料进行二次筛选，将包含相同变项 V 的语料做合并处理，最终得到 42 条有效语料，本文将基于这 42 条语料进行统计分析，从实证角度探讨构式"V 什么（就）是什么"的特征。

图 1　"V 什么（就）是什么"词云图

---

① 田永焕：《"V₁ 什么，（就）V₂ 什么"构式研究》，南京师范大学，2014 年。
② 于琪：《表条件关系的"V₁ 什么 V₂ 什么"结构研究》，辽宁大学，2022 年。

以语料为基础，汇总语料中出现的可进入该构式作为变项 V 的具体词汇，将其绘制成词云图如图 1 所示。从词云图上可以看出，在实际语料中，变项 V 为"说""碰到"的情况居多。下面将根据语料统计结果，对构式"V 什么（就）是什么"的构成成分以及句法功能进行分析。

（一）变项 V

首先从 V 的单位上看，有短语和词两种，当 V 为动词性短语时，如例（1）、例（2）所示，当 V 为光杆动词时，如例（3）—例（5）所示。

（1）小时百不如人，认识几个字之后，就爱看书，起初看唱本，随即看《聊斋》，以后是三国、水浒、西游、封神……碰到什么是什么，无不津津有味。

（2）由于文化背景和价值取向的差异，加上文化交流中的某些机缘，一个民族借鉴另一个民族的文化，往往情有独钟，甚或如瞎子摸象，摸到什么就是什么。

（3）反正他看什么是什么。

（4）宝庆一边唱，一边做。他的鼓槌子是根会变化的魔棍，演什么就是什么。（

（5）许多一齐拉着线也拉不住它。"琴子说着一眼看尽了他们。"姐姐说扎什么就是什么。""我替你们扎一个蝴蝶。

在 42 条有效语料中，有 19 条语料中的 V 为光杆动词，约占总语料数的 42.86%；另外 23 条语料中的 V 为动词性短语，约占总语料数的 54.76%。另外，从 V 的语义特征上说，有 19 条语料中的 V 具有[+自主]的语义特征，占总语料数的 42.86%，如例（6）、例（7）；另外 23 条语料的 V 具有[-自主]的语义特征，占总语料数的 54.76%，如例（8）、例（9）。V 在光杆动词和动词性短语中的自主和非自主情况见表 1。

（6）可当导演就好了，想当什么就是什么，太刺激了。

（7）又在无理取闹了，冯云亲无奈地摇摇头，不理会敖儿儿的话，他决定什么就是什么。

（8）有一个汉子走上粗重的梯架，抄起长过扁担的大竹钎，往看不见的锅里去戳，<u>戳到什么就是什么</u>，再分发给男女老幼。

（9）相反，他们大概知道，科学的探索不是可以预定方向的，<u>得到什么就是什么</u>，只要科学家尽心了，便不去深究。

表 1   不同单位下的 V 的语义特征

语义特征	单个动词	动词性短语
自主	14	5
非自主	5	18

当 V 为光杆动词时，我们从动词的意义类型对其进行分析，将 V 为光杆动词时的不同意义类型的语料进行统计，并计算不同意义类型的语料数量在 V 为光杆动词的语料中的占比情况，结果见表 2。

表 2   动词 V 的意义类型

动词类型	数量	占比
行为动词	12	63.17%
心理动词	3	15.79%
趋向动词	1	5.26%
能愿动词	1	5.26%
存现动词	1	5.26%
判断动词	1	5.26%

可以看出构式"V 什么（就）是什么"中的 V 为光杆动词时，以行为动词为主，如例（10）、例（11）中的"说""开"。有时心理动词也可进入构式"V 什么（就）是什么"，如例（12）中的"爱"。除此之外还有少数趋向动词、能愿动词、存现动词和判断动词，如例（13）—例（16）。

（10）前些年乡里也不大开会，中央有什么精神咱都说不清，像计划生育啦、交统筹提留啦，都是村干部<u>说什么是什么</u>，村里人常常为这个闹意见，到处告状。

（11）很多群众反映药店里的药比医院里的药便宜，而且顾客可择优、择廉而购，不像到医院，<u>医生开什么是什么</u>。

（12）所以我们平时教育孩子也在讲，不要急功近利，<u>爱什么是什么</u>，要真正从心里面喜欢它，而并非指着它发家致富，如果那样的话，你去别的行当可能来得更快。

（13）就像那些工人和赌徒，他们不会犯难，<u>手上来什么就是什么</u>，对随便什么东西，他们都可以说：行，这就行。

（14）"<u>我要什么就是什么</u>，我欢喜谁就是谁"，他完全没有现代社会意识和自我意识。

（15）有一家才几十个平方米的海鲜店，据说也别有特色。一网下去，<u>有什么是什么</u>。浪大浪小也要看运气，出了海，半条命就交给了海龙王。

（16）对"文化大革命"，我们也不说是路线错误，按它的实质分析就是了，<u>是什么就是什么</u>。

综上所述，进入构式"V 什么（就）是什么"的 V 多数为动词性短语，少部分为光杆动词。当 V 为光杆动词时，大多具有[+自主]的语义特征，而当 V 为动词性短语时，则多有[-自主]的语义特征，这主要受动词性短语中的结果补语影响，如"赶上""抓到"等。从动词意义类型看，变项 V 多为行为动词。

（二）常项"什么"的所指

在构式"V 什么（就）是什么"中有两个常项"什么"，前一个"什么"所指的对象具有周遍性的特征，表示"无论"什么，属于不定指中的任指，如例（17）、例（18）。例（17）中"碰见什么"是指无论碰到什么，而例（18）中的"愿意说什么"也是指无论愿意说什么。但当 V 为判断动词时，构式的前段失去周遍性特征，此时前一个"什么"则表示虚指，如例（19）、例（20）。构式"V 什么（就）是什么"后项中的"什么"所指的对象与前一个"什么"所指的对象保持一致，范围由构式前段限制，属于承指用法。

（17）性质有变，以前是有重心，略有计划，而今变为阮步兵的乘车式，走到哪里算哪里，<u>碰见什么是什么</u>。

（18）不像电视访谈里面完全是自己做主的，<u>愿意说什么就是什么</u>。

（19）既然世界实际上<u>是什么就是什么</u>，可见从牢靠的原理出发，进行妥当的推论，不会推出错误来；但是一条原理尽可以十分近乎正确，在理论方面值得尊重，然而仍可能产生我们感觉荒谬的实际结论。

（20）一个项<u>是什么就是什么</u>，设想其中有什么变化必是损坏其同一性，使之成为另一项。

（三）"就"的隐现

"就"作为关联副词，在构式 V 什么（就）是什么起到关联作用，表示承接关系，承接构式的前段"V 什么"。"V 什么是什么"和"V 什么就是什么"所表示的的意义基本一致，因此可归于同一个构式进行讨论。在搜集到的 42 条有效语料中，以"V 什么是什么"的形式出现的有 18 条，以"V 什么就是什么"的形式出现的有 24 条。在实际使用中"就"通常可以省略，变成"V 什么是什么"的紧缩结构，如例（21）、例（22）。例（21）中"碰上什么就是什么"可以改写为"碰上什么是什么"，意思不发生改变，例（22）同理。但当变项 V 为判断动词时，构式中的"就"无法省略如例（23）、例（24）。例（23）中的"是什么就是什么"如果把"就"去掉成为"是什么是什么"则句子不成立。

（21）书籍如何处理的事。所以也不再买书了。但每天晚上，还是读一些，<u>碰上什么就是什么</u>，多是旧书。

（22）就该让人们通过自己的阅读认识鲁迅，能理解多少就是多少，<u>留下什么就是什么</u>。这才是那个真正的鲁迅，这才是对鲁迅真正的尊重。

（23）鸭蛋、鸡蛋猜不出来，有的小孩说猜它干啥，把这个蛋抱回家，放在孵化箱里面孵化、加温，孵出来<u>是什么就是什么</u>。

（24）我以为个别事件<u>是什么就是什么</u>，不因为纳入整体而变得不同。

（四）构式的句法功能

根据搜集到的语料对构式的句法功能做了统计，结果见表 3。

表 3　句法功能统计

构式的句法功能	数量	在总语料中的占比
作为小句	24	57.14%
充当句子成分	18	42.86%

当构式"V 什么（就）是什么"作为小句时，如例（25）—例（26），当"V 什么（就）是什么"充当句子成分时，如例（27）—例（28）。

（25）人早期的时候就像碰碰车，碰到什么就是什么，欠缺理性的判断力，但却不会意识到要调整。

（26）李莹从小被父母宠惯了，想到什么就是什么，"不准！还有，别再在我面前提小日本，更不要再学什么日语！"

（27）是的，这说明在慌乱之间他们抓到什么就是什么。我希望他们为所得到的东西高兴。

（28）我们当时穿什么就是什么地逃了出来……这才抢出这么点东西……神像和陪嫁的床，其余的一切都丢了。

统计结果显示，构式"V 什么（就）是什么"在句法上常常作为句子成分出现，作为小句的情况相对较少。

三、构式"V 什么（就）是什么"的语义考察

（一）构式义

构式"V 什么（就）是什么"的构式义可归纳为周遍认同，即无条件下的认同。如句（10）中的"村干部说什么是什么"，意为无论村干部说什么，都对村干部的发言表示认同。该构式的后段为"（就）是什么"，"就"表示承接，"是"表示断定，由此组成了该构式肯定和认

同的意义。而周遍性体现在该构式的前段，正如前文所说，"V 什么"中的"什么"为任指，表示"无论 V 什么"，也就是对条件不进行限制，在任意条件下都对某人、事、物表示认同，这正是其周遍性的体现。

需要注意的是，当 V 为判断动词"是"的情况下，构式"V 什么（就）是什么"会失去周遍性，仅仅表示对某事物的客观肯定，具有实事求是的意思。这与判断动词"是"本身意义的特殊性有关，"是"的宾语通常是唯一的，不具有任意性，所以当 V 为"是"时，构式也无法再表示周遍性的认同，只能表示对某事物原本属性的确定。如前文例（16）中的"是什么就是什么"意为要实事求是地对待"文化大革命"的实质，此时构式不再具有周遍认同的涵义。

（二）逻辑语义

构式"V 什么（就）是什么"的前后段存在一定的逻辑关系，可归纳为周遍条件关系。周遍条件关系指"无论……都"的逻辑关系，即在任意条件下都可引发某结果。构式"V 什么（就）是什么"与周遍条件关系的逻辑相吻合，其在逻辑上的语义为"无论 V 什么，都对其表达肯定和认同"。如例（29），"转到什么是什么"表示无论转到什么都可以，例（30）中的"排除什么就是什么"也是在说无论排除什么法院都不能受理。

（29）小孩们花一毛钱、五分钱给你转，<u>转到什么是什么</u>。

（30）排除法院管辖权的，法院不能受理。但是，法院不能作扩大性解释，<u>排除什么就是什么</u>，排除哪一条就是哪一条。

四、构式"V 什么（就）是什么"的语用功能

关于构式"V 什么（就）是什么"在语用上的功能，本文将从篇章功能、人际功能和立场表达三个方面来讨论。

（一）篇章功能

根据搜集到的语料来看，构式"V 什么（就）是什么"在篇章中常常发挥着解释说明的功能，即对前文所述观点的进一步说明。如例

（11）用"医生开什么是什么"来解释药店和医院的不同。例（31）中作者先提出一个民族对另一个民族文化的借鉴有时像瞎子摸象的观点，再用"摸到什么是什么"对前文所述的文化借鉴为何如"瞎子摸象"做进一步说明，即民族文化借鉴具有一定的随意性。

（31）由于文化背景和价值取向的差异，加上文化交流中的某些机缘，一个民族借鉴另一个民族的文化，往往情有独钟，甚或如瞎子摸象，<u>摸到什么就是什么</u>。

（二）人际功能

从构式"V什么（就）是什么"的构式义就可以看出，该构式在人际上具有周遍认同的功能，这种周遍认同又可以细分为主观肯定和被动接受两个小类。

1. 主观肯定

该构式可以用于表示对构式前段逻辑主语的主观性肯定，如例（6），"想当什么是什么"是对做导演的自由性主观上的肯定。例（18）也是一样，通过前文可以判断，"愿意说什么就是什么"前段的逻辑主语为说话人自己，通过构式表达的意思为说话人有意愿说什么就说什么，即对说话人本身意愿的主观肯定。在表示主观肯定时，构式中的变项 V 常常具有[+自主]的语义特征。

2. 被动接受

该构式还可以用于表示对构式前段内容的被动妥协，如例（27）中"抓到什么是什么"表达的也是"他们"在慌乱的情况下对于抓到什么东西的被动接受。在表示被动接受时，构式中的变项 V 常常具有[-自主]的语义特征。例（32）通过后文"全凭各人造化"可以判断出在该情境中孩子们对于赶上什么课没有自主选择的余地，而"赶上什么是什么"正说明了对于赶上什么课的被动接受，即一种妥协性的认同。

（32）有时下雨，不能出去玩，我们大二班的孩子也跟着蹭听几节大一班的课，<u>赶上什么是什么</u>，这就全凭各人造化了，有心的孩子可以由此早熟。

综上所述，构式"V什么（就）是什么"在人际上具有主观肯定和被动接受的功能，而无论是主观肯定还是被动接受都属于对某种情况的无条件认同，即周遍认同。因此，总的来说该构式的人际功能可直接总结为周遍认同，在这个范围之内，又可以把这种周遍认同细分为主观肯定和被动接受两种。

（三）从立场表达看构式"V什么（就）是什么"

根据杜波依斯（Du Bois，2007）的立场三角理论，在立场三角模型中涉及的三个立场实体分别是第一主体、第二主体和客体，在这三个立场实体之间发生的立场行为有三种，即评价客体、设置主体以及调节自己与另一主体之间的认同程度。本文将基于实际语料及其情景对构式"V什么（就）是什么"的立场表达情况进行分析。

1. 评价客体

构式"V什么（就）是什么"可用于评价客体。例（33）中第一主体为说话人，第二主体为听话人，客体为关于让孩子自己挑选的建议。"他挑上什么就是什么"意为要以孩子挑的东西为准，让孩子自己挑选，这是说话人作为主体对于孩子在挑选物品上的自主权的肯定和认同。例（22）对人们该如何认识鲁迅作出的评价，"留下什么是什么"反映了作者对于人们自己应该阅读来认识鲁迅的认同。

（33）那么我给家长提的建议就是你把你希望孩子看的东西买下来摆在那儿，摆在那里不说话，让孩子自己去挑，<u>他挑上什么是什么</u>。

2. 设置主体

构式"V什么（就）是什么"还可用于设置主体。例（14）中第一主体为说话人，即"我"，"我要什么就是什么"体现了主体给自己的定位很高，有"以我为主"的意味，这也显示出了主体对自己地位的认同。例（18）中的"愿意说什么就是什么"则是设置了"自己"的自主性这一主体地位。

3. 主体间的一致性

构式"V什么（就）是什么"还可用于调节主体间的一致性。如例（5）"姐姐说扎什么就是什么"是说话人对"姐姐"这个第二主体的认同，提升了两个主体之间的一致性。

例（34），第一主体为说话人"我"，第二主体为听话人"你"，"你猜什么就是什么"意为无论你猜什么都可以，你猜什么这件事就是什么，表达的是第一主体对第二主体想法的认同，从而提高主体间的一致性。

（34）多年以后，在我的英语培训现场，一个女学员用英语问：刘先生，你的名字到底是什么意思？我猜是克服亚洲，做亚洲的口语之王，是吗？我微笑着用英语告诉她："你<u>猜什么就是什么</u>。"

综上，可以看出构式"V 什么（就）是什么"，在立场表达上倾向于表现出一种认同的态度，这种认同在对自己设置、与另一主体的关系以及对客体的评价中都有所体现。该构式在不同的语境中，表达认同的对象有所不同，主要受该构式前段逻辑主语的影响，它在立场和态度上呈现的认同倾向与其构式义是一脉相承的。

五、构式"V 什么（就）是什么"的对外汉语教学设计

（一）构式"V 什么（就）是什么"的对外汉语教学思路

构式"V 什么（就）是什么"在语义上表示的是对某行为、状态或结果的周遍性认同，且该周遍性立足于构式前段的"V 什么"，因此在结构上练习的重点可以放在构式前段。作为构式，"V 什么（就）是什么"的教学应重视构式整体的语义和语用特征，为了更好地让学生理解该构式含义和使用场合，采取情景法的教学方法更为合适。

情景法作为一种经典的教学法，以培养口语能力为基础，强调通过情景对目的语的基本结构进行操练，这种方法主张新的语言点要以情景来介绍，并在情景中操练。在构式"V 什么（就）是什么"的教学中，我们可以将情景法贯穿在整个教学过程中，用合适的情景导入构式，再通过情景进行课堂上的操练，最后引导学生在生活情景中使用该构式，以巩固学习成果。

（二）构式"V 什么（就）是什么"的教学设计示例

本文以针对中高级学习者的课堂教学为例,进行构式"V 什么（就）是什么"的教学设计。

1. 导入构式

通过视频对话导入构式"V 什么（就）是什么",以去朋友家做客为对话情景,具体内容如下:

小李:小王,到晚饭时间了,我来做饭,你想吃什么。

小王:都可以,<u>你做什么就是什么</u>。

（吃完晚饭后）

小李:我们现在可以玩会游戏或者看看电视,你想干点什么?

小王:听你的,<u>你说什么就是什么</u>。

播放视频之后,请几位同学讲述视频的大意,在此期间引导同学说出"做什么就是什么"及"说什么就是什么"。待同学们讲述完毕后总结视频的内容,并提出对话中反复出现的结构"V 什么（就）是什么"。

2. 讲解构式的含义与使用

首先以板书的方式展示"V 什么就是什么"的结构,告诉同学们 V 可以替换,"就"可以省略。然后讲解该构式的意义,即表示说话人对某个行为或者事件的无条件的认同,指出这种认同既可以是自愿的肯定,也可以是被迫的接受,在讲解时分别配上一些例句和情景帮助大家理解。

3. 课堂操练

（1）补全句子

通过补全句子的形式让同学们加深对该构式结构的记忆,提供包含"V 什么（就）是什么"的句子,先将"V 什么"的部分删去,同时提示使用的 V 是具体哪个动词,引导学生补全句子中的"V 什么（就）是什么"结构。之后再将"V 什么（就）是什么"整个从句子中删去,提示 V 具体是哪个动词,让学生完整说出该结构。

（2）看图说话

提供与周遍认同相关的情景图片，让学生用"V 什么（就）是什么"结构对图片内容进行描述。如提供一张老师布置作业，学生做记录的图片，引导学生理解图片内容，并说出"老师说什么就是什么"。

（3）有主题对话

两人一组在指定主题下进行对话，在对话过程中使用"V 什么（就）是什么"结构，主题要包含主动肯定和被动接受的两种情况。

4. 课后交际练习

以课后作业的方式布置交际任务，每位学生至少列出可以用到"V 什么（就）是什么"的两个情景，并选择其中一个作为主题与同学进行对话，并将对话内容写成书面记录。

六、结语

本文从结构、语义和语用三个方面对构式"V 什么（就）是什么"的特点进行分析，并为该构式的对外汉语教学提供了思路和具体的教学设计。"V 什么（就）是什么"中的 V 可以是单个动词或动词性短语，当 V 为动词性短语时，常常具有[-自主]的语义特征，而当 V 是光杆动词时，则多有[+自主]的语义特征。"V 什么（就）是什么"中的前一个"什么"是任指，而后一个"什么"则是承指，构式中的"就"可以省略，省略后句子意义不变。

本文将"V 什么（就）是什么"的构式义总结为周遍认同，即无条件的认同，构式前后段在逻辑语义上构成周遍条件关系。在语用方面，构式"V 什么（就）是什么"的功能可以从语篇和人际两个方面总结，语篇功能以解释说明为主，人际功能即周遍认同。这种认同可以分为主动肯定和被动接受两类，主动肯定指说话人主动、自愿地对某事件表示肯定，而被动接受指说话人限于一些特定条件，被迫地、妥协性地接受某事件。从立场表达上来看，根据立场三角理论，构式"V 什么（就）是什么"的周遍认同体现在了三个立场行为过程中，即评价客体、设置主体和调节主体间的一致性。

在对外汉语教学方面，本文主要采用情景法的教学方法，对构式

"V 什么（就）是什么"做出对外汉语教学设计。首先从情景对话导入构式"V 什么（就）是什么"，在学生熟悉构式使用环境的情况下对构式的结构和构式义进行讲解，再配合静态和动态的练习，让学生熟知该构式的结构以及使用方式，最后以作业的形式引导学生探索该构式使用的更多情景并鼓励学生在生活中练习构式"V 什么（就）是什么"。

参考文献

［1］DuBois John W. 2007 The Stance Triangle In Englebretson, Robert(ed.). Stancetaking in Discourse:Subjectivity. Evaluation. Interaction. 139-182.

［2］方梅，乐耀. 规约化与立场表达[M]. 北京：北京大学出版社，2017.

［3］胡松柏. 现代汉语疑问代词叠用式[J]. 厦门大学学报（哲学社会科学版），1998（1）：107-113.

［4］李宇明. 疑问标记的复用及标记功能的衰变[J]. 中国语文，1997（2）：97-103.

［5］吕叔湘. 中国文法要略[M]. 北京：商务印书馆，2014.

［6］邵敬敏，赵秀凤. "什么"非疑问用法研究[J]. 语言教学与研究，1989（1）：26-40.

［7］田永焕. "V₁ 什么，（就）V₂ 什么"构式研究[D]. 南京：南京师范大学，2014.

［8］于琪. 表条件关系的"V₁ 什么 V₂ 什么"结构研究[D]. 沈阳：辽宁大学，2022.

［9］朱德熙. 语法讲义[M]. 北京：商务印书馆，1982.

"X是X，Y是Y"构式研究与教学*

南开大学汉语言文化学院　　南开大学汉语言文化学院

王红厂　　　　　　　　　吴佳琳

摘　要：本文从结构、语义和语用三个方面探讨"X是X，Y是Y"构式的特征和功能，并针对其进行了教学设计。该构式与否定副词"不"具有显著的共现关系，作为对举构式具有非熟语性、依存性以及直陈性的特征。本文将该构式的构式义总结为"突出并强调人或事物的某些特征"，它常通过对举表示区分，或通过列举表示到位，篇章功能以解释说明为主，人际功能主要是驳斥和评价。

关键词：对举格式；构式义；人际功能；教学设计

一　引言

针对构式"X是X，Y是Y"的研究源于"X是X"形式，早期的研究将"X是X，Y是Y"格式作为"X是X"形式的一个分支来看待，最早提到"X是X"这类句式的是吕叔湘，他在《中国文法要略》中指出，"X是X"中的"是"有"虽然"之意。①除此之外，他还在《现代汉语八百词》中对"X是X"的结构特点和语义功能进行了分析，将这类结构分为六种格式，并区分了"X是X"用于对举和连用的情况。②张弓（1963）将形如"X是X"这种主宾同形的格式命名为"同语式"，论述了其在修辞方面的作用，并将其分为单提式同语

---

　* 本文亦是天津市社科项目《基于日本明治时代汉语教科书的语言研究》（TJYY20-005）的阶段成果之一。

① 吕叔湘：《中国文法要略》商务印书馆，2014年。
② 吕叔湘，李临定：《现代汉语八百词》商务印书馆，1980年。

和对举式同语两类，把形如"X 是 X，Y 是 Y"的结构称为对举式同语。①蔺璜（1985）对主宾同形的概念进行了解释和分类，他认为主宾同形指主宾完全相同或者主宾中心语相同，将不同的主宾同形情况归纳为四类，把"X 是 X，Y 是 Y"单独划为一个小类，并从语义的角度进行分析，把该格式分为两种情况，一种是双项对举，意在区分，另一种则是列举概括。②吴硕官（1985）提出"N 是 N"格式的概念，将其解释为由体词构成的"是"字前后词语相同，或词组的中心成分相同的格式。他同样将"X 是 X，Y 是 Y"归纳为"N 是 N"格式中的一个小类，并指出该格式两种语义功能的联系，他认为这种形式从表示事物界限分明，引申出"恰到好处"的意义，并指出进入"N 是 N"对举形式的体词一般都具有相对性，有对立关系。除此之外，他还提到了该格式的否定形式，即"N 不是 N"，认为它用于贬义，表示 N 既具有 N 的某些属性但又不完全符合 N 的属性。③周荐（1991）对汉语中的对称结构进行分析，认为对称结构的内容或为列举或为分说，并具体阐述了"A 是 A，B 是 B"格式的分类，一类表示毫厘不爽，让人称心满意，另一类表示各归各类，不易搞混。他还总结了该格式在结构上的特点，以及它的一些变换形式，他的相关研究从对举格式的角度关注到了"X 是 X，Y 是 Y"结构的特点。④

从 20 世纪 90 年代开始，渐渐有学者开始专门对"X 是 X，Y 是 Y"格式进行研究，研究的内容大多集中在语义功能上。郑丽雅（1994）归纳了"A 是 A，B 是 B"格式的特点：（1）形式上主宾相同，对举后表示两事物界限分明；（2）体词 A、B 具有相对性；（3）有一定的结构义和强调意味。她还总结了该格式在语流中出现的环境：（1）充当句子结构成分，包括分句；（2）单独充当句子；（3）处在上面两种情形交接的语流中。⑤黄理兵（2005）提出"A 是 A，B 是 B"句联的概念，将其解释为两个以上"X 是 X"小句连接而成的语法结构体。

① 张弓：《现代汉语修辞学》天津人民出版社，1963 年，第 169 页。
② 蔺璜：《主宾同形的"是"字句》，《语文研究》1985 年第 1 期：第 54-56 页。
③ 吴硕官：《试谈"N 是 N"格式》，《汉语学习》1985 年第 3 期：第 7-12 页。
④ 周荐：《论对称结构》，《语文研究》1991 年第 3 期：第 22-29 页。
⑤ 郑丽雅：《对举格式"A 是 A，B 是 B"所反映的规律》，《华南师范大学学报》（社会科学版），1994 年第 3 期：第 79-83 页。

在该文中他还对该格式的语义类型做了细致的划分，将表示 A 和 B 不是一回事，不容混淆的这类定义为区别型，将 A、B、C 属于某一事物的各方面，或同一范畴内并列的几项事物的这种情况定义为 "列举型"，并进一步将区别型分为 "偏别式" 和 "平别式" 两种小类，将 "列举型" 分为遍举和例举两种小类。①

孟晓慧（2007）归纳了 "A 是 A，B 是 B" 的语义特点、词语选择和变换方式。②董淑慧（2018）将 "A 是 A，B 是 B" 的语义功能总结为区分式、例举式和评价式三种，从评判对象和重音两个角度对该格式不同的语义功能进行比较，并针对这类格式提出了教学建议。③

由上可见，早期相关研究把 "X 是 X，Y 是 Y" 格式归为 "N 是 N" 格式中的一种，也称主宾同形句。随着研究的深入，逐渐出现专门研究 "X 是 X，Y 是 Y" 格式的文章，且大多根据表达语义的不同将其分为两类，一类是对举表示区别的，另一类是列举表示地道、恰到好处的。以往的研究内容集中在语义功能、X、Y 的特性以及语用功能上，且观点不一，对于该构式的构式义也见仁见智。本文以构式 "X 是 X，Y 是 Y" 为研究对象，基于 CCL 语料库的 89 条语料实例，从结构、语义、语用几个方面对构式 "X 是 X，Y 是 Y" 的特征和功能进行归纳总结，提炼出具有概括性的构式义，分析其在构成成分及语用上的特点，同时，从对外汉语教学的角度对该构式进行教学设计。

二、构式 "X 是 X，Y 是 Y" 的语义考察

关于构式的构式义，学界看法不一，但大多通过两到三种语义功能对其构式义进行归纳，而缺乏一个统一的总领性的构式义。本文提取该构式不同语义功能的共性，将其构式义总结为 "强调某事物独有的特征"，如例（1）—例（3），例（1）中 "树是树，石是石" 表示黄

① 黄理兵：《"A 是 A，B 是 B" 句联的语义考察》，《辽东学院学报》2005 年第 6 期：第 70-76 页。

② 孟晓慧：《"A 是 A" 和 "A 是 A，B 是 B"》，《泰安教育学院学报岱宗学刊》2007 年第 3 期：第 30-31 页。

③ 董淑慧：《"A/是 A，B/是 B" 的语义功能及教学》，《现代中国语研究》2018 年第 3 期：第 172-182 页。

山上的树和石分别显露，树和石的特征分明，即直白、袒露。例（2）中"宗教是宗教，邪教是邪教"同样表达了宗教和邪教各自具有各自的特点，是不同的概念，不容混淆。而例（3）中"名人是名人，产品是产品"也是在说名人和产品是不能一概而论，它们在本质上是不同的，这个意思也由名人和产品具有不同的区别性特征间接地体现出来。

（1）一个裸露在阳光之下的黄山，<u>树是树，石是石</u>，有的是一种直白、坦露，缺的是一种蕴藉和情致。

（2）"法轮功"是邪教，不是宗教。<u>宗教是宗教，邪教是邪教</u>，这是两回事。

（3）但是，话说回来，<u>名人是名人；产品是产品</u>。如果不问产品的质量如何，不把企业办好，或为了蝇头小利而出卖或转让自己的名字，其结果，不仅损害了消费者的利益，也有辱于自己的名声。

在这个总的构式义之下，"X 是 X，Y 是 Y"表示的语义功能可具体分为两种，一种是通过对举表示区分，另一种是通过列举表示到位，现对该构式表达的两种不同语义功能进行讨论。

（一）对举表示区分

该构式通过对举表示区分的情况居多，在 89 条语料中有 66 条都是表示区分的对举格式，占了 74.16%。这一类的构式义可以总结为区分两不同事物，表示两事物不容混淆，如例（4）—例（6），例（4）中"孩子是孩子，我是我"意在区分孩子和我，强调两者的区别，句例（5）、例（6）同理。根据黄理兵（2005），对举表区分的构式又可细分为"偏别式"和"平别式"。

（4）所以说，<u>孩子是孩子，我是我</u>。

（5）朱家臣不留情面："<u>功是功，过是过</u>"。责令做出检查，通报全县。

（6）亚洲电子商务步入了一个误区。<u>亚洲是亚洲，美国是美国</u>，现在的电子商务全是美国模式，亚洲应该有自己独特的模式。

"偏别"指在对举中突出强调其中的一项，如上文的例（5），"功是功，过是过"，由语境中的"做出检查""通报"，可以看出该句强调的是"过"，而非"功"。例（6）中"亚洲是亚洲，美国是美国"，强调的也是亚洲模式，而不是美国模式。在搜集到的 89 条语料中，语义类型属于"偏别"的有 21 条，占 23.60%。

"平别"指在对举中并不突出强调其中的一项，只是平等地区分两个对举项，如例（7）"花是花，叶是叶"并没有突出强调花或者叶，只是平等地叙述二者是不同的。例（8）中，"色是色，空是空"同样是在说色与空是不同的两个事物，而没有强调其中的某一个。在搜集到的 89 条语料中，语义类型属于平别的有 45 条，占 50.55%。

（7）假定一朵花和一片叶都是气之聚，那么，为什么<u>花是花，叶是叶</u>？我们还是感到茫然。

（8）他们认为<u>色是色，空是空</u>，色和空是两回事。

根据数据统计可以看出"X 是 X，Y 是 Y"构式在对举表示区分的情况下，常常是平等地区分两个对举项，少数情况突出强调其中的某一对举项。

（二）列举表示到位

构式"X 是 X，Y 是 Y"还可以通过列举事物的细节表示事物在某些特征上非常到位，恰如其分，如例（9）—例（12），这些句子中的"X 是 X，Y 是 Y"都通过列举某事物的一些方面或部分以表示在某些特征上很到位，如"竹节是竹节，竹叶是竹叶，竹干是竹干"分别列举了竹节、竹叶、竹干，体现竹子写实的特点。相较于前一种语义类型，这一类的使用频次较少。"X 是 X，Y 是 Y"在列举表示到位时既有遍举，也有例举。

（9）那竹粗看是写实的，<u>竹竿是竹竿，竹节是竹节，竹叶是竹叶</u>，特写一般；但特写如不是精挑精选细筛细择出来的便难见其魂。

（10）他们说："花几十元钱请'洋马'割亩稻，比起请人割要爽快合算得多，且<u>谷是谷，草是草</u>，浪费少，特别是确保了农事。

（11）这姑娘长得<u>鼻子是鼻子，眼睛是眼睛</u>。

（12）厨房收拾得干干净净，<u>盆是盆，碗是碗</u>。

遍举指将所有情况尽数列举，例句（9），竹竿、竹节和竹叶已构成竹子的全部。在搜集到的 89 条语料中，表示的语义类型属于遍举的有 2 条，占语料总数的 2.25%。

例举指只列举了某事物几个具有代表性的方面，并没有将事物的特点全部列举，例句（11），姑娘除了鼻子和眼睛还有其他的面部特征，但没有尽数列举，而是以鼻子和眼睛为例，体现姑娘的容貌端正，例（12）同理。在搜集到的 89 条语料中，表示的语义类型属于例举的有 21 条，占 23.60%。

表 1　语义功能及其小类统计情况

语义功能	语义功能小类	数量	占比
对举表示区分	偏别	21	23.60%
	平别	45	50.55%
列举表示到位	例举	21	23.60%
	遍举	2	2.25%

关于"X 是 X，Y 是 Y"构式语义功能的统计结果如表 1 所示。在具体使用中，"X 是 X，Y 是 Y"构式通过对举来区分两事物的情况居多，而在对举中占大部分的是平别式对举，由此可说明该构式的主要语义功能是表达两事物界限分明，不容混淆。另有小部分情况用于列举某事物的不同方面，表示该事物在某些特质上恰如其分，很到位。

三、"X 是 X，Y 是 Y"构式的构成与定位

本文根据在 CCL 语料库中检索到的含有构式"X 是 X，Y 是 Y"的 89 条有效语料，对该构式的构成进行分析与讨论。

（一）X、Y 的构成成分

在构式"X 是 X，Y 是 Y"中，构成 X、Y 的单位基本上都是词，词性可以是名词、动词、形容词、代词、数词。在绝大部分的"X 是 X，Y 是 Y"构式中，X、Y 的词性是一致的，如例（13）、例（14），也有少数构式中的 X 和 Y 词性不同，如例（15）、例（16），从现有语

料来看，当 X 和 Y 词性不一致时，X、Y 分别为名词和代词。

（13）这套刊物有着一种其他同类刊物不具备的优点，这就是对人、对事、对史高度负责的精神，也就是<u>一是一、二是二</u>的求实精神。

（14）毛泽东一直深信，<u>中国是中国，俄国是俄国</u>。俄国十月革命胜利固然是成功的，可中国再走俄国革命的道路，未必行得通。

（15）<u>男人是男人，我是我</u>！"黑眼罩的声音充满了威严，不允许你违抗。

（16）所以说，<u>孩子是孩子，我是我</u>。

根据前文所述，"X 是 X，Y 是 Y" 构式在语义类型上可以分为对举表示区分和列举表示到位两种，下面针对 X、Y 的词性特征以及不同词性特征的构式的语义类型对搜集到的 89 条语料进行讨论，不同语义类型的 X、Y 在不同词性下的使用频率如表 2 所示。

在 X、Y 词性一致的语料中，X、Y 多数情况为名词，占总数的 61.80%，其中通过对举表示区分的占总数的 50.56%，如例（17）、例（18），通过列举表示到位的占总数的 11.24%，如例（19）、例（20）。

（17）这规定咱没听说过，我们这里是交两份的，<u>提留是提留，承包费是承包费</u>，从 1989 年有了经济田以来就这样。

（18）在宋代，<u>欧是欧，苏是苏，王是王，曾是曾</u>，泾渭分明，也决不会混淆。

（19）这姑娘长得<u>鼻子是鼻子，眼睛是眼睛</u>。

（20）厨房收拾得干干净净，<u>盆是盆，碗是碗</u>。

X、Y 为动词的情况仅占了 3.37%，在语义上均是通过对举表示区分，如例（21）、例（22）。

（21）他认为这很正常，"<u>工作是工作，玩是玩</u>，不能在公务时间去搞公费旅游。"

（22）嫂子们却跑到板房里查看，她们对丈夫多日不回家心里总是有些怨气："你就拿家当客店呗，甩手一走图清闲去了。"不过<u>埋怨是埋怨，惦记还是惦记</u>。

X、Y 为形容词的占 2.25%，语义上同样都是通过对举表示区分，如例（23）。

（23）江西是共产党集中的所在，但那里<u>红是红，白是白</u>，红白分明，工作比较好办。

X、Y 为代词的占了 7.86%，均是通过对举表示区分，如例（24）、例（25）。

（24）儿子不理解，对爸爸说："你也太认真了，你看人家……""<u>人家是人家，我是我！</u>"

（25）但是毕竟还保留了你的中央执行委员和政治委员会委员，还有全国经济委员会常委职务呢……<u>他是他，我是我</u>，我能做到的眼下也只能是这些了……

X、Y 为数词的情况占了 19.10%，其中通过对举表示区分的占 4.49%，如例（26）、例（27），通过列举表示到位的占 14.61%，如例（28）、例（29）。

（26）<u>一是一，二是二</u>，一不能变成二，二也不能变成一。然而大千世界无奇不有，一些人还真有把一变二、二变一的本事。

（27）点名批评好，好就好在领导部门坚持实事求是的思想作风，<u>一是一，二是二</u>，既报喜，又报忧。

（28）为了实现自己的理想，他一头扎进深航干起了运营这个行当；办事干净利落，<u>一是一，二是二</u>，绝不拖泥带水，充满着年轻人的活力。

（29）你文化基础差，看不下去，我不怪你，可你不该骗人呀！做人也是这个道理，<u>一是一，二是二</u>，要做一个诚实正直的人。

表2　X、Y 不同词性使用频率

X、Y 词性是否相同	X、Y 词性	构式语义类型	出现频次	出现频率
X、Y 词性相同	名词	对举	45	50.56%
		列举	10	11.24%
	动词	对举	3	3.37%
	形容词	对举	2	2.25%
	代词	对举	7	7.86%
	数词	对举	4	4.49%
		列举	13	14.61%
X、Y 词性不同	X 为名词，Y 为代词	对举	5	5.62%

从构式义上说，该构式多用于说明两事物界限分明，不容混淆，X、Y 常常分别代表说话人要区分的两种事物，因此 X、Y 为名词的情况居多，当 X、Y 为动词时，则是说明某两种行为界限分明。可以看出在收集到的语料中，X、Y 为数词的频率仅次于名词，但由数词构成的例证实际上仅有 "一是一，二是二" 这一种，这是 "一是一，二是二" 作为熟语，逐渐固定化使用的结果。

（二）构式 "X 是 X，Y 是 Y" 的句法功能

从句法上来看，构式 "X 是 X，Y 是 Y" 呈现的形式有三种，分别是单独成句、充当小句以及充当句法成分。

1. 单独成句

该构式有时单独作为独立的句子出现在语篇中，如例（30）—例（31）。

（30）餐桌上有人建议梁凤仪写一部香港的《子夜》，她坦率地回答："茅盾是茅盾，梁凤仪就是梁凤仪。"

（31）干部回答："那是假的，不可能。中央是中央，地方是地方。"

2. 充当小句

该构式大部分情况下作为小句出现在句子中，如例（32）—（34）。

（32）以镜子为例，他们误认为镜子和影子是不同的两回事，镜子是镜子，影子是影子。

（33）因为五脏六腑各司其职，此部分不同彼部分，心是心，肝是肝，不是一个，各不相同，故身体为多个器官聚合而成。

（34）那一天，风是风，雨是雨，还响着雷。

3. 充当句法成分

该构式还会作为句法成分出现在句子中，如例（35）中，"朋友是朋友，钱财是钱财" 作谓语，而例（36）中的 "丁是丁，卯是卯" 做定语。

（35）咱们朋友是朋友，钱财是钱财，办事情应该清清楚楚，过两天，我拟一个合同，双方订几条协议，再经过律师公证，就算把事儿订下来了。"

（36）小杨向政治处主任表态时，<u>那丁是丁，卯是卯</u>的态度是绝对的军人做派。

对于该构式的不同句法形式出现的频次，本文做了统计，结果如表 3 所示。

表 3　句法功能统计

句法功能	频次	频率
单独成句	16	17.98%
作为小句	57	64.04%
作为句法成分	16	17.98%

从统计结果上可以看出"X 是 X，Y 是 Y"充当小句出现的占比最大。从语用上来看，该构式多用于解释说明，前后常常会连接解释性的语句，因此作小句的情况居多是合理的。

（三）X、Y 的音节特征

根据语料对"X 是 X，Y 是 Y"构式中 X 和 Y 的音节特征进行了统计，结果如表 4，大部分情况下 X 和 Y 的音节数是相等的，但也有 X 与 Y 音节数不相等的例子，如例（37）。X、Y 音节数不一样包括：X 为单音节词，Y 为双音节词；X 为双音节词，Y 为单音节词；X 为双音节词，Y 为多音节词等多种情况。

（37）<u>俄罗斯是俄罗斯，中国是中国</u>，两国情况不同，我们为什么要走它走的路呢？

当 X、Y 音节数一致时，X、Y 可以是单音节、双音节或多音节，其中 X、Y 为单音节占总数的 51.69%，如例（38）、例（39）。X、Y 为双音节占总数的 31.46%，如例（40），而 X、Y 为多音节的例子较为稀少，仅占 1.12%，如例（41）。

（38）取名"太阳"，是因为<u>肉是肉，蛋是蛋</u>，界限分明，形如太阳。

（39）在计划经济体制下，人们特别看重经营范围，<u>盆是盆，碗是碗</u>，剃头的不能卖豆腐。

（40）一次，王洁纯的一个老朋友，带着一份厚礼来求他办事，王洁纯坚辞后正颜道："<u>交情是交情，事情是事情</u>，按政策允许办的不托关系也能办，不符合政策规定的，托什么关系也不能办！"

（41）赵戈说："<u>奥运会是奥运会，选拔赛是选拔赛</u>。选拔赛中运动员们的成绩都很靠近，没有理由给自己背包袱。

表4　X、Y的音节特征统计

X、Y音节数是否相同	音节数	出现频次	出现频率
X、Y音节数相同	单音节	46	51.69%
	双音节	28	31.46%
	多音节	1	1.12%
X、Y音节数不同		14	15.73%

四、构式"X是X，Y是Y"的语用功能考察

（一）篇章功能

"X是X，Y是Y"在语篇上的功能以解释说明为主，如例（42），作者先提出了"私法"的观点，再用"感情是感情，财产是财产"进一步解释婚姻关系不影响财产归属这一观点。例（43）中说话人用"你是你，我是我"来解释前面"一国两制"的概念。

（42）但这只是一个方面，最重要的，是在婚姻关系中引入了"私法"的观念：任何人没有占有对方利益的天然权利，<u>感情是感情，财产是财产</u>，不能因夫妻关系，就改变财产归属。

（43）邓小平不是说得很清楚吗？什么是一国两制呀？五十年双方不变，<u>你是你，我是我</u>，而台湾可以保留军队，保留司法，甚至可以保留特务。

（二）人际功能

"X是X，Y是Y"的人际功能在两个不同的语义类型下有所不同，当"X是X，Y是Y"是对举表示区分时，它主要发挥驳斥的人际功能，而当"X是X，Y是Y"用作列举表示到位时，则主要发挥评价人际功能，下面对两种情况分别进行讨论。

1. 驳斥功能

首先是构式"X 是 X，Y 是 Y"的反驳、驳斥功能，如例（44），从语境中可以看出是作者先将自己作品或意见送到编辑部，而后老舍用"云是云，雾是雾"来进行批驳，表达反对意见。例（45）中由"那是假的，不可能"可以推测出这位干部是用"中央是中央，地方是地方"反驳了他人的观点。该构式用于反驳、驳斥的语料有 23 条，占总语料的 25.84%。

（44）交给编辑部后，老舍先生批了几个字拿回给我，上边说："<u>云是云，雾是雾，露是露</u>，你别瞎搅和。"

（45）干部回答："那是假的，不可能。<u>中央是中央，地方是地方</u>。"

在实际的使用中我们发现，"X 是 X，Y 是 Y"常常与否定副词"不"共现，如例（46）—例（48）。在搜集到的 89 条语料中，该构式与"不"共现的有 37 条，占 41.57%，可见这种共现关系是显著的。

（46）大乘初门的菩萨则认为，<u>镜子是镜子，影子是影子</u>。他们不晓得镜子和影子是不能分的，镜就是影，影就是镜。

（47）开展批评还需要找准问题，抓住要害，<u>一是一，二是二，丁是丁，卯是卯</u>，切不可添油加醋，夸大其词，盲目指责。

（48）所以，<u>村主任是村主任，村长是村长</u>，两者的职责并不一样。

构式"X 是 X，Y 是 Y"与"不"的共现关系和"X 是 X，Y 是 Y"用于驳斥的功能有关，由于该构式常常用于辩驳的情况，说明某两种事物的界限分明，不容混淆，因此前后句中就总会出现否定副词"不"，使用"不"与使用该构式在语用上的目的是一致的，起到相辅相成的作用。

2. 评价功能

其次是构式"X 是 X，Y 是 Y"用作列举表示到位时发挥的评价功能，如前文所述的例（9）—例（12）。例（9）是用"竹竿是竹竿，竹叶是竹节，竹叶是竹叶"对竹子写实性的评价，而例（10）是用"谷是谷，草是草"对割稻子做出浪费少的评价，例（12）则是用"盆是盆，碗是碗"对厨房的卫生情况进行评价。该构式用于评价某人或某事物的语料有 11 条，占总语料的 12.36%。

五、构式 "X 是 X，Y 是 Y" 的对外汉语教学设计

（一）"构式-语块" 教学法

苏丹洁（2009）提出 "构式-语块" 教学法，这种教学法建立在 "构式-语块" 分析法的基础上，为第二语言语法教学提供了一种新的方式。"构式-语块" 分析法是构式语法理论和组块理论的结合，主张将构式的形式和意义看作一个整体，通过这个整体的使用来完成不同的交际任务，在具体教学时通常借助具体的、典型的语境帮助学习者更好地理解构式使用的情景。语块指构式中以一定句法形式相对独立地承载该构式的一个语义单元的句法语义聚合体，将构式以语块为单位进行拆分，一定程度上淡化了句法结构以及语法规则的处理，更易于学习者对构式整体功能和形式的把握。

本文对构式 "X 是 X，Y 是 Y" 的教学将以 "构式-语块" 教学法为基础，从构式整体的意义和功能出发，通过情景对话的设置，引导学习者熟悉构式 "X 是 X，Y 是 Y" 的使用场景和语境，并以组块的方式拆解构式，帮助学生掌握构式的组成。

（二）基于 "构式-语块" 教学法的 "X 是 X，Y 是 Y" 构式的教学设计

以中级汉语学习者为对象，选取构式 "X 是 X，Y 是 Y" 对举表示区分的语义功能为例，进行教学设计：

1. 通过情景引入构式

选择在服装店购买衣服的情景，以视频的形式展示如下对话：

老板：今天全场裤子半价。

顾客：这件上衣也可以半价吗？

老板：不可以，裤子是裤子，上衣是上衣，裤子半价，上衣不半价。

通过对话的语境引导学生理解 "X 是 X，Y 是 Y" 构式用于通过对举表示区分的语义，以及该构式用于驳斥的语用功能。

2. 划分语块，再将语块组合说明构式义及使用语境

向学生说明 "X 是 X，Y 是 Y" 可以划分为 "X 是 X" 和 "Y 是

Y"两部分，前者和后者分别代表两个不同的事物，此时可以通过多组图片引导学生练习用"X 是 X"和"Y 是 Y"表达的不同事物，在练习的过程中反复说明每组图片的两个事物是不同的，而"X 是 X，Y 是 Y"可以用来表示对两者的区分。例如展示水果和蔬菜的图片，先让学生说出"水果是水果""蔬菜是蔬菜"，再告诉学生可以用"水果是水果，蔬菜是蔬菜"表达水果和蔬菜是两种不同的东西。

在学生掌握该构式对举表示区分的意义之后补充说明其使用的语境，如驳斥他人，并通过对话练习让学生熟悉该构式的使用情景。可在之前看图说话练习的基础上，故意将两种物品混淆，再引导学生用"X 是 X，Y 是 Y"的结构进行反驳。

3. 进行操练

通过静态和动态的练习带学生对刚刚掌握的构式进行反复的操练，形式上包括但不限于看图说句子、分组进行有主题的对话等。例如可以设置一些易混淆但不同的物品，让学生每两人为一组，以一问一答的形式区分这些物品，用"X 是 X，Y 是 Y"完成对话。

4. 设置交际任务

课后设置交际任务，让学生在生活场景中反复运用"X 是 X，Y 是 Y"构式，如让不同国家地区学生们互相交流彼此故乡文化、饮食、服饰等地域特征，对于对方的国家不了解或容易混淆的事物或概念可以进行询问，对方再运用"X 是 X，Y 是 Y"的格式进行纠正或解释。

六、结语

本文从语义、结构和语用三个方面对构式"X 是 X，Y 是 Y"的特征和功能进行了讨论，并对该构式的对外汉语教学提出了建议和示例。本文将"X 是 X，Y 是 Y"的构式义概括为"强调某事物独有的特征"，在此基础上其语义功能可归纳为两种，即通过对举表示区分，以及通过列举表示到位，其中表区分的情况可以细分为平别和偏别，平别平等地区分两个对举项，不突出强调其中任何一项，而偏别突出强调两个对举项中的一个。表并列的情况可以细分为遍举和例举两类，遍举尽数列举全部情况，例举则只列举几个体现特征的方面。对

CCL 语料库中搜集的相关语料进行整理后发现，该构式通过对举表示区分的情况居多，其中平别对举居多。

在结构上，构式 "X 是 X，Y 是 Y" 中的变项 X 和 Y 在单位上基本都是词，多数情况下 X 和 Y 词性一致，少数情况下 X、Y 的词性不一致，当 X、Y 词性一致时，以名词为主。在音节特征方面，X、Y 多为单音节词，也有双音节、多音节的情况，且 X、Y 有时音节数并不相同。在句法功能上，该构式可以单独成句，也可以作小句或是充当句子成分，在搜集到的语料中，该构式作小句的情况居多。

在语用功能方面，本文从篇章功能和人际功能两个角度对构式 "X 是 X，Y 是 Y" 进行探讨。在篇章功能上该构式以解释说明为主，而在人际功能上构式 "X 是 X，Y 是 Y" 则主要发挥驳斥和评价的功能。当该构式用于驳斥时，其模式为听话人先提出观点，说话人再使用该构式进行反驳，在实际语料中，构式 "X 是 X，Y 是 Y" 多与否定词"不"共现，具有显著的共现关系，这也证明该构式发挥着驳斥功能。

针对构式 "X 是 X，Y 是 Y" 的对外汉语教学，本文建议按照 "构式-语块" 教学法的思路进行教学设计，从构式的整体意义和功能出发，通过具体的构式使用情景引导学生理解构式的含义以及使用场景，并配合大量的静态和动态操练，让学生在练习中巩固对该构式的理解和运用。

参考文献

[1] 陈一. 偏依性对举结构与语法单位的对称不对称[J]. 世界汉语教学，2008（3）：28-42+2.

[2] 董淑慧. "A/是 A，B/是 B" 的语义功能及教学[J]. 现代中国语研究，2018（3）：172-182.

[3] 黄理兵. "A 是 A，B 是 B" 句联的语义考察[J]. 辽东学院学报，2005（6）：70-76.

[4] 蔺璜. 主宾同形的 "是" 字句[J]. 语文研究，1985（1）：54-56.

[5] 吕叔湘，李临定. 现代汉语八百词[M]. 北京：商务印书馆，1980.

[6] 吕叔湘. 中国文法要略[M]. 北京：商务印书馆，2014.

[7] 孟晓慧."A 是 A"和"A 是 A，B 是 B"[J]. 泰安教育学院学报岱宗学刊，2007（3）：30-31.

[8] 邵敬敏."同语"式探讨[J]. 语文研究，1986（1）：13-19.

[9] 苏丹洁 陆俭明."构式—语块"句法分析法和教学法[J]. 世界汉语教学，2010，24（4）：557-567.

[10] 吴硕官. 试谈"N 是 N"格式[J]. 汉语学习，1985（3）：7-12.

[11] 张弓. 现代汉语修辞学[M]. 天津：天津人民出版社，1963. 169.

[12] 郑丽雅. 对举格式"A 是 A，B 是 B"所反映的规律[J]. 华南师范大学学报（社会科学版），1994（3）：79-83.

[13] 周荐. 论对称结构[J]. 语文研究，1991（3）：22-29.

[14] 周明强."X 是 X"和"X 归 X"格式的比较探析[J]. 汉语学习，2007（5）：18-24.

"X也不是，Y也不是"构式研究与教学*

南开大学汉语言文化学院　　南开大学汉语言文化学院

王红厂　　　　　　郑婷月

摘要："X也不是，Y也不是"是现代汉语中常用的口语句式，表示说话人面对尴尬情况时左右为难、无所适从的窘迫境遇。本文根据构式语法理论，综合前人研究成果分析了该构式的句式、语义、语用及语篇特点，并针对其特点提出适合对外汉语课堂的教学设计。

关键词：构式语法；对举格式；语义；语用；教学设计

一、引言

"X也不是，Y也不是"是现代汉语中常用的口语句式，也是《国际中文教育中文水平等级标准》语法部分五级语法点的口语构式，该构式结构对称，简单灵活，比如说"走也不是，留也不是""哭也不是，笑也不是"。前人对于"X也不是，Y也不是"构式的研究涉及众多方面，比如句法、语义、语用等。本文将对前人的研究情况进行分类整理，按照共时和历时相结合的角度分析该构式的研究现状。

黄佩文（2001：36）认为"A也不是，B也不是"构式中"A"和"B"两项由单音节动作动词或性状形容词充当，且两项通常为反义对举关系，"B"有时也会以"不A"形式出现。该构式表示因非主观因

* 本文亦是天津市社科项目"基于日本明治时代汉语教科书的语言研究"（TJYY20-005）的阶段成果之一。

素导致尴尬局面，使得说话者处于左右为难、手足无措的状态，含有不虞之义。①覃聪（2003：7-8）对两可式及两难式复句进行深入研究，指出该句式可以在句中作谓语、补语及状语，其中，充当谓语的数量最多，基本不存在充当主语、定语和宾语的情况，并根据"A""B"两个列举项之间语义关系的不同分为平列并举和反义并举两种，反义并举又可以分为"B"以"不 A"形式出现和"A""B"两项是反义词两种情况。此外，覃文认为该句式通常是用在宏观注解背景之下，对前后两句进行解释和说明或被前后两句解释说明，在语篇中起衔接作用，基本不存在单独使用情况②。刘板、景梅叶（2011：102-104）指出，"……也不是，……也不是"从逻辑学角度分析，属于假言选言推理简单构成式，按照并列项数可分为两项并列、多项并列和准项并列三种。该句式只表达二难推理，是二难推理的"专用语言标志"。③汪小漱（2013：33-38）认为，该构式是主观性极强的语言表达方式，一要将话语主体的动作行为向听话者描述，二要将情感信息传达清楚。从语用及篇章角度指出该句式是说话人突出的焦点，其语篇衔接功能主要通过意义替代、部分省略及成分重复等手段实现，并从历时角度将该句式的发展分为萌芽期、变化期、稳定期及微调期四个阶段。④石慧敏、汪小漱（2015：：146-151，172）认为，"A 也不是，B 也不是"构式中动词、形容词、名词以及代词均可出现在"A""B"两项，其中单音节动词、性质形容词以及方位名词出现频率最高，且"A"和"B"两项的语义通常是互补或是相对，二者属于反义聚合关系。该构式的前后两项为对举格式，且对举的关联项可以重叠。该文从历时角度将该构式的演变发展，精简了汪小漱（2013）的四阶段论。⑤

① 黄佩文：《"A 也不是，B 也不是"句式》，《汉语学习》2001 年第 4 期。

② 覃聪：《两可式及两难式并列复句研究》，硕士学位论文，广西师范大学，2006。

③ 刘板、景梅叶：《"……也不是，……也不是"的逻辑意义分析》，《黄山学院学报》2011 年第 13 期。

④ 汪小漱：《"A 也不是，B 也不是"句式研究》，硕士学位论文，上海师范大学，2013。

⑤ 石慧敏、汪小漱：《"A 也不是，B 也不是"构式及其认知动因》，华东师范大学学报（哲学社会科学版）2015 年第 47 期。

纵观前人对"X也不是，Y也不是"的研究，我们可以看到对该构式的研究主要涉及句法、语义、语用以及该构式的历时演变等方面，该构式的"X"和"Y"两项主要由单音节动词以及性质形容词充当，构式主要在句中充当谓语、状语、补语等成分，语义上表达说话人左右为难、无所适从的窘迫境遇。在语用上，该构式主要起承上启下的衔接作用，使得上下文过渡自然，衔接恰当。

本文将在总结前人研究成果的基础上，对"X也不是，Y也不是"构式进行鉴定与分析，对其语义、语用功能进行进一步的考察，根据研究成果，设计出能广泛应用于国际中文教育的教学设计，来促进该口语构式的教学。

二、"X也不是，Y也不是"构式的成分及特点

（一）X和Y所属的词类及特点

通过搜集、鉴定、分析CCL、BBC语料库语料可以发现，在构式"X也不是，Y也不是"中，X和Y通常由动词、形容词、名词以及代词充当，其中大多数出现的是单音节动词、性质形容词和方位名词，且当x为动词时，部分Y以不X的形式出现。

1. X和Y为动词

X和Y为单音节动词。例如：

（1）果然，海喜喜比我半小时前突然见到队长时还要狼狈，<u>进也不是，退也不是</u>。

（2）她<u>坐也不是，站也不是</u>，把两条小辫一会儿拉到胸前，一会儿又甩到背后。

有时还要不顾孙媳的回避，把枯硬的手伸进孙媳的衣襟去摸那隆起的肚皮，猜测胎是男是女，弄得孙媳面红耳赤，<u>哭也不是,笑也不是</u>。

（3）说到看电视，战友们常常是乘兴而来，败兴而去。大家对电视剧，<u>恨也不是爱也不是</u>，其中的原因是精短之作太少。

在上述例句（1）（2）（3）中，"进""退""坐""站""哭""笑"等动词都具有[+动作]的语义特征，表示的均为动词的基本义。例句

（4）中的动词"爱""恨"具有[＋心理]、[+评价]的语义特征，属于动词中的心理动词，表示的是当事人对于某种情况的主观看法。

X 和 Y 为双音节动词。例如：

（4）崔过二人见他武功如此高强，而神态却又谦和之极，都觉<u>翻脸也不是，不翻脸也不是</u>。

（5）而报告文学是最难写的，<u>批评也不是，表扬也不是</u>，总会遭到"违反真实"的指责。

（6）苏阑这样表现法，沈醉<u>热络也不是，冷淡也不是</u>，一时进退两难，只能安静的保持着微笑。

在上述例句中，例句（4）"翻脸""不翻脸"两个词是 Y=不 X 的情况，这是因为"翻脸"这一动词没有相对应的双音节反义词，因而用否定副词"不"表示反义。例句（5）和（6）中"批评""表扬""热络"、"冷淡"等词语具有[+心理]、[+态度]等语义特征，且该类动词的主语均为人，表示某人对某种情况、事物、群体等的主观态度。

2. x 和 y 为形容词。例如：

（7）"前无去路，后有追兵，<u>正也不是，邪也不是</u>，那可难也！"

（8）住一起十多年，我整天跟受气包一样。那是他们的亲儿子，话说<u>重也不是，轻也不是</u>。偏他还特别上脸，好当他父母面使唤我干这干那，

（9）这道菜的味道没办法和它的名字成正比，<u>咸也不是，淡也不是</u>，怪怪的味道，只有那蘑菇还能一吃，给一星吧。

在上述例句中，"正""邪""重""轻""咸""淡"六个词都是性质形容词，表示的是事物的性质。状态形容词在"X 也不是，Y 也不是"构式中是不能出现的。根据陆俭明（2014：29-46+360-361）这是因为性质形容词是总括扫描的结果，在程度上是属于"无界"的，因而通常可以较大空间的延展；而状态形容词则是次第扫描的产物，是"有界"的，[①]因而不能进入该构式中。

3. x 和 y 为名词。例如：

---

① 陆俭明：《关于"有界/无界"理论及其应用》，《语言学论丛》2014 年第 2 期。

（10）张家三分地已经熟透，李家五分地还有点泛青，两家地又都分成六七个小块，使得大型收割机<u>左也不是右也不是</u>。

（11）这不又在发牢骚说怪话，<u>这也不是那也不是</u>，找着犯错误？

从上述例子中我们可以看到，进入"X也不是，Y也不是"构式中的名词可以为方位名词或代词，"左""右"属于方位名词，"这""那"属于代词，也会有极少数的普通名词进入该构式中。方位名词如：上、下、前、后、东、西、南、北、内、外等，都是表示方向和位置的，具有黏着性，既可以表示空间，也可以表示时间。如例（10）中，"左""右"二字正可以表示大型收割机面对分散土地的时的左右为难。代词"这""那"则表示对于某件事或者是某种情形的。

（二）构式的对称性特点及并列项数

1. 构式的对称性

对举格式指的是由两个字数相等或者相近、结构相同、语义相反或相同的两部分组成的句式，前后两个分句不能单独使用。"X也不是，Y也不是"构式属于对举格式的一种，符合对举格式的特点。首先，"X"和"Y"的词类、字数要一致，比如"X"为动词，那么相应的"Y"也应为动词，保持一致。此外，"X也不是"和"Y也不是"均不能单独成句，必须合用才能表示出构式的意义。例如上文例句（15），"活也不是死也不是"，不能分开单独成句，只能合用表示两难的窘迫境遇。

2. 构式的并列项数

根据刘板、景梅叶（2011）对"……也不是，……也不是"逻辑意义的分析以及对语料的研究整理，我们发现"X也不是，Y也不是"构式，根据项数分类可以分为两项并列、多项并列、准项并列三种，意义有一定的不同①。

两项并列。例如：

---

① 刘板、景梅叶：《"……也不是，……也不是"的逻辑意义分析》，《黄山学院学报》2011年第13期。

（11）我不知是训练中出了问题还是她身体有病，急得我<u>劝也不是，不劝也不是</u>，好为难。

（12）孩子们惊叫一声作鸟兽散，只留下足球的主人，<u>走也不是，不走也不是</u>，急得像是热锅上的一只小蚂蚁，十分好笑。

（13）秀丽<u>进也不是，退也不是</u>，尴尬得要哭了。

两项并列的"X也不是，Y也不是"构式中，"X"和"Y"处于互补反义关系，当事人要么"X"要么"Y"，两者不相容。"劝"和"不劝""走"和"不走""进"和"退"三组行为动作互不相容，相互矛盾，属于互补反义关系。

多项并列。例如：

（16）一些不断地对新时期的文学进行惊人的反思、发出严正的警告、声称要给文艺这个重灾区救灾的自以为是掌舵掌盘的人士面对小小的火火的王朔，<u>夸也不是批也不是，轻也不是重也不是，盯着他不是闭上眼也不是</u>，颇显出了几分尴尬。

（17）肖科平站在台上<u>走也不是，不走也不是；笑也不是，不笑也不是</u>。

在上述例句中，并列项不止两个，但是都是成对存在的，因为"X也不是，Y也不是"构式表示的是两难关系，前后应为矛盾的两项。如例（17）中，通过"走"和"不走"、"笑"和"不笑"两组矛盾关系，表现出肖科平左右为难的窘迫境遇。

准项并列。例如：

（18）这斑俗称褥疮，一磨便破，流出血水，肉贴席褥，疼痛难忍，<u>仰也不是，俯也不是</u>，任何姿势也坚持不了三分钟。

两项并列和多项并列中，构式的前后两项之间是相互矛盾的，属于互补反义关系。当前后项是极性反义关系时，除了"X"和"Y"两种情况之外，还存在其他的情况。如例（18）中"仰"和"俯"属于极性反义词，但"任何姿势也坚持不了三分钟"，就说明除了这两种情况之外存在的其他情况。

三、"X 也不是，Y 也不是"的语义考察

（一）X 和 Y 的语义分析

黄佩文（2001）指出，X 和 Y 常常通过反义对举，有时也是相关的词对举，来组成"X 也不是，Y 也不是"构式。[1]通过搜集、分析语料，我们发现 X 和 Y 之间的关系可以分为 2 种：X 和 Y 为反义对举、X 和 Y 为相关对举。

1. X 和 Y 为反义对举。可以分为两种情况：

X 和 Y 是极性反义词。例如：

（19）书元嫂子被他逗得<u>哭也不是笑也不是</u>，她说：你说得轻巧！现在乡下就是女人金贵。

（20）他的身子紧贴着李四爷，像求老人保护他似的，<u>快也不是，慢也不是</u>地往前走。

极性反义词隶属于极性反义义场，在该语义场中的两个词，肯定 X 就是否定 Y，肯定 Y 就是否定 X，但是否定 X 并不代表肯定 Y，否定 Y 同样不表示肯定 X。因为除了 X 和 Y 两种可能之外，还存在很多其他的情况。在上述例句中我们可以看出，"哭"和"笑"、"快"和"慢"都属于极性反义词。比如例句（19）中，不"哭"不代表"笑"，不"笑"同样不代表"哭"，还可能存在其他的情况。

X 和 Y 是互补反义词。例如：

（21）卡拉德林看见妻子突然出现，觉得<u>活也不是死也不是</u>，由她摆布，不敢抗拒。

（22）拉拉尴尬地坐在那里，<u>走也不是留也不是</u>，大气都不好出一个。

（23）拉拉一席话说得张东昱哑口无言，<u>承认也不是否认也不是</u>，他默然了。

互补反义词隶属于互补反义义场，在该语义场中的两个词，肯定 X 就是否定 Y，肯定 Y 就是否定 X，否定 X 也就代表肯定 Y，否定 Y

---

[1] 黄佩文：《A 也不是，B 也不是"句式》，《汉语学习》2001 年第 4 期。

同样表示肯定 X。因为除了 X 和 Y 两种可能之外，不存在其他的任何情况。例如上文中的例（21），卡拉德林要么"生"，要么"死"，不存在其他状态。

Y=不 X。例如：

（24）荣高棠<u>接也不是，不接也不是</u>，一腔热潮，双眼盈泪

（25）我不知是训练中出了问题还是她身体有病，急得我<u>劝也不是，不劝也不是</u>，好为难。

（26）武六一讪讪地愣在那里，<u>说也不是，不说也不是</u>，只听见他一个劲咽口水。

在上述例句中，"接"和"不接"、"劝"和"不劝"、"说"和"不说"这三组 Y 均是以"不 X"的形式出现，这是因为 X 并没有合适的反义词来充当 Y，因此用否定副词"不"来表示相反的意义。如例句（26），我们并不能找到"说"的反义词，反义词是词和词之间的关系，而不是词和短语之间的关系，因而"说"和"不说"虽然有反义关系，但是却不是反义词，因为"不说"是一个短语。

2. X 和 Y 为相关（平列）对举。例如：

（27）驹子不知说什么好，擎着酒盅<u>喝也不是放也不是</u>。其实他也不甚明白饱汉子不饱汉子这番话。

例句（27）中"喝"和"放"并不是一对反义词，不具有反义关系，但都是驹子会发出的动作，具有相关性，因而属于相关对举。

表1　构式"X 也不是，Y 也不是"中 X 和 Y 的关系出现频次及占比（单位：次）

关系	频次	出现频率
反义对举	158	92.94%
平列对举	12	7.06%

注：1.关系：X 和 Y 的关系。2.出现频率=对应词语频次/语料总条数（170条）。

通过对搜集的语料进行汇总、分析，我们发现"X"和"Y"之间大部分为反义对举，大概占 92.94%，其中 X 和 Y 是极性反义词的占

比大约是 57.65%，是互补反义词的比例大约为 8.82%，Y=不 X 的出现的概率大概为 26.47%；而"X"和"Y"之间是相关对举关系的大概占总数的 7.06%。总的来说，X 和 Y 大部分是反义对举关系，且二者常常互为极性反义词。

（二）"X 也不是，Y 也不是"构式的语义分析

"X 也不是，Y 也不是"构式表示因面对某种非主观性因素形成的尴尬局面，而表现出的左右为难、无所适从的境况，认为无论作何种选择都是不合适的。比如例（27）中，通过"喝也不是，放也不是"这一构式，"喝"和"放"都不能选择，来表示驹子的无所适从的情况，表现出当时的窘迫情境。刘板（2011）指出，从逻辑学的角度分析，"X 也不是，Y 也不是"构式在反义对举两项并列中一旦出现就无条件表示二难推理，同时也只表示二难推理，是它的专用语言标志。在多项并列中也可以表达三难、四难推理等情况。

四、构式"X 也不是，Y 也不是"的句法功能

句法功能指的是在句中充当句法成分的能力，通过上文对构式"X 也不是，Y 也不是"研究，我们了解了该构式的构成成分以及语义特征，这些特点对其句法功能有很大影响。通过分析所收集的语料，我们发现构式"X 也不是，Y 也不是"主要在句子中充当谓语、状语、定语、宾语、补语及小句等成分。

（一）构式在句中充当谓语

（28）她坐也不是，站也不是，把两条小辫一会儿拉到胸前，一会儿又甩到背后。

（29）苏阑这样表现法，沈醉热络也不是，冷淡也不是，一时进退两难，只能安静的保持着微笑。

（30）小林走也不是，不走也不是，最后看了女老乔一眼，嘴里边说"敢看敢看"还是跟女小彭走了。

谓语在通常情况下由谓词性词语充当，它的作用是对主语进行陈

述、描写或者判断，来回答主语"是什么"和"怎么样"的问题。当构式"X也不是，Y也不是"在句中充当谓语时，它的作用是对主语进行陈述说明，比如例句（28）中主语是"她"，"坐也不是，站也不是"作句子的谓语，主要来描述"她"的状态是"坐也不是，站也不是"，此外，上述例句中"坐"和"站"、"热络"和"冷淡"、"走"和"不走"等不同词性的词语均可出现在构式中，因而当该构式充当谓语时，能进入构式中的"X"和"Y"可以是动词、形容词、等。

（二）构式在句中充当状语

（31）大夫停止了说话，眼看着那一对只有钢盔与刺刀发着点光的敌兵，他的身子紧贴着李四爷，像求老人保护他似的，<u>快也不是，慢也不是</u>地往前走。

（32）驹子头一遭嫖妓，没有见识，心里发虚，走到门前两脚<u>进也不是退也不是</u>地打着绊子。

状语一般放在主语之后，一些表示时间、处所、范围、情态、条件等的状语可能会出现在主语之前，主要起限制和描写作用。其中，助词"地"是状语的标志。当构式"X也不是，Y也不是"在句子中充当状语的时候，前边一定要出现助词"地"，如例（31）、例（32）中构式前均出现了"地"。当构式在句中作状语时，"X"和"Y"主要由形容词和动词充当，表示对后文中的谓语成分的限制或者描写。

（三）构式在句中充当定语

（33）就在中国足协<u>辞也不是留也不是</u>的两难决断中，社会各界尤其是新闻媒介对续聘施拉普纳的问题议论纷纷，一时搅得满城风雨。

（34）而看电影，连那种把观众当傻瓜让你<u>哭也不是笑也不是</u>的片子，票价竟也要六元人民币！

（35）管秀芬看谭招弟那副<u>坐也不是走也不是</u>的尴尬相，便对汤阿英说："人家嫌我们桌上的菜不好。"

大多数的实词和短语都可以充当定语，从表义作用可以将之分为限制性定语和描写性定语两种。限制性定语主要的作用是给事物分类，增强语言的准确性和严谨性；描写性定语则主要是对句中的中心语进行描写、说明，主要作用是描绘出中心的性质、状态等。例句（34）中"哭也不是笑也不是"指的是"片子"，起限制作用，为限制性定语；而例句（35）中，"坐也不是走也不是"作定语修饰"尴尬相"，主要是描写"谭招弟"的尴尬状态，表现出他当时的窘迫，属于描写性定语。此外，当构式"X也不是，Y也不是"在句中充当定语时，"X"和"Y"主要是由动词和形容词充当，且后边一定要带定语的标志词"的"。

（四）构式在句中充当宾语

（36）卡拉德林看见妻子突然出现，觉得<u>活也不是死也不是</u>，由她摆布，不敢抗拒。

（37）可到了第二天吃茶点的时候，他只觉得<u>站也不是，坐也不是</u>。他尽量去想别的事情，可就是控制不了自己的思绪

（38）一座南京长江大桥就让人感到<u>炸也不是，不炸也不是</u>。

构式"X也不是，Y也不是"作宾语时，前边经常会出现"觉得""感到"等谓语动词，来表示某种状态。如例（38）"炸也不是，不炸也不是"作宾语，表示的是"人"对于大桥的态度。

（五）构式在句中充当补语

（39）我盯着他用力瞧时，他竟局促得好像<u>坐也不是站也不是</u>了，两只手一忽儿捋捋头发，一忽儿抓抓衣角，没得地方放了似的

（40）那几天，王海英急得<u>坐也不是，站也不是</u>，考虑再三，他找到了尚未见过面的王凤阁。

（41）我不知是训练中出了问题还是她身体有病，急得我<u>劝也不是，不劝也不是</u>，好为难。

补语主要由谓词性词语充当，来表示动作行为的结果、趋势、数量、时间处所、人或物的情态等等。当构式"X也不是，Y也不是"作补语时，主要表示人的情态，如上述例句（40）中"坐也不是站也不是"表示"他"局促的样子；例（41）中"劝也不是，不劝也不是"

则表示的是"我"焦急的样子。与此同时，该构式之前一定要出现补语的标志"得"。

（六）构式在句中作小句成分

（42）傅崇碧一行觉得眼前这一幕简直就象一出闹剧一样，<u>哭也不是、笑也不是</u>。

（43）老万研究地图似的研究菜谱，迟迟没有决策，害得女侍拿着笔和本干笑着，<u>等也不是走也不是。</u>

（44）上校一见这般情景，两腿如绑上千斤沙袋迈不开步。心想，除了在我老婆面前还没穿过这么少衣服。扭身想走却又怕人说不懂礼数，<u>进也不是退也不是</u>，稀里糊涂被带入按摩室。

构式"X 也不是，Y 也不是"除了可以单独做谓语、状语、定语、宾语及补语之外，还可以在长句中单独作小句。

五、构式"X 也不是，Y 也不是"的语用及语篇功能

（一）构式"X 也不是，Y 也不是"的主观性特点

"X 也不是，Y 也不是"的构式义是表示因面对某种非主观性因素形成的尴尬局面，而表现出左右为难、无所适从的样子，认为无论作何种选择都是不合适的。因此，当说话人描述该情景时，不可避免地表现出自身主观的想法和态度，表明其立场和观点因时因地都会发生变化。因此，构式"X 也不是，Y 也不是"具有很强的主观性。此外，因为该构式主要表示当事人左右为难、无所适从的窘迫境遇，因而传达出的大多是消极的感情色彩。例如：

（45）孩子们惊叫一声作鸟兽散，只留下足球的主人，<u>走也不是，不走也不是</u>，急得像是热锅上的一只小蚂蚁，十分好笑。

（46）基层干部对这些不合实际情况的"高见"、"指示"，<u>听也不是，不听也不是</u>，无可奈何。

（47）有的主持人干脆专拣对方的"痛处"发问，让人<u>答也不是，不答也不是</u>。

　　"X也不是，Y也不是"构式的主观性特点主要通过"也不是，也不是"表示出来，表示说话人对于X和Y都不能选择，难以决策，因而导致了窘迫的状态。①如例（45）中，"走也不是，不走也不是"表示出"足球的主人"在"走""留"之间左右为难的消极情感，表现出他本人内心的焦急，带有很强的主观性。例（46）中"听也不是，不听也不是"则表现出基层干部在面对"高见"时的尴尬情况，听取意见还是不听取意见，是很难决断的。例（47）中"答也不是，不答也不是"表现出嘉宾在面对主持人刻意刁难的发问时的窘迫状态，表现出他们内心的难堪。

（二）构式"X也不是，Y也不是"的注释作用

　　覃聪（2006）中指出，"X也不是，Y也不是"构式常常用于宏观注解背景之下，对上下文的句子进行解释说明，或者是对上下文进行补充。②例如：

　　（48）杨晖的喜色也不见了，<u>坐也不是，站也不是</u>，显得很不自在。

　　（49）顾凤莲见他这般行状，竟然不顾自己的丈夫和闻讯赶来看热闹的众人站在眼前，扑倒在二呆身上大哭起来。还"心肝、宝贝"地叫着，弄得我和高凡<u>哭也不是，笑也不是</u>，只好跑到院子里站着，不知如何是好。

　　（50）程先生冷不防被她点穿了心思，<u>笑也不是，恼也不是</u>，只好不做声

　　构式"X也不是，Y也不是"通常是不会单独出现的，其前后各有其他的句子，前边的句子为先行句，后边的句子为后续句，该构式主要是对先行句和后续句起注释作用。如例（48）中，"坐也不是，站也不是"表现的是杨晖此时的状态，是后续句"显得很不自在"的补充说明，表示的是"不自在"的具体表现。例（49）"哭也不是，笑也

　　① 李怡祺：《互动视角下"也不是"的语义和语用功能考察》，《河北北方学院学报》（社会科学版），2021年第37期。
　　② 覃聪：《两可式及两难式并列复句研究》，硕士学位论文，广西师范大学文学系，2006，第7—8页。

不是"是对后文中"只好跑到院子里站着"的解释说明，点出"跑到院子里"的原因是面对屋内情况"哭也不是，笑也不是"。例（50）中"笑也不是，恼也不是"则是程先生被点破心思之后的内心活动，是对前文的说明补充，同时也解释了后文"只好不做声"的原因。总之，构式"X 也不是，Y 也不是"几乎不单独使用，对前后两个句子起解释、说明、补充的作用。

（三）构式"X 也不是，Y 也不是"的焦点

语言学上焦点一般分为自然焦点和对比焦点，二者是不同的信息呈现方式。自然焦点也称为"静态焦点"，它不具有对比的特点，一般是新信息，处于句尾的位置，并且是该句中自然重音所在的地方。而对比焦点则称之为"动态焦点"，它的位置并不固定，指的是在句子中说话人出于对比的目的，有意强调的部分。因而对比焦点句子中，除了所要突出的焦点之外，其他的都为背景。

"X 也不是，Y 也不是"属于对举格式，前后项句式相同、部分成分相同，只有"X"和"Y"是相异的，因而这两部分就是该构式的焦点所在。例如：

（51）夏雪见<u>洗也不是，不洗也不是</u>，一赌气甩手回了房间，鼓着腮帮子跟受气的青蛙似的。

（52）到后来两个叔健的影子混合起来，模糊起来，融成一片，她<u>恨也不是，爱也不是</u>了。

（53）秀丽<u>进也不是，退也不是</u>，尴尬得要哭了。

（四）构式"X 也不是，Y 也不是"的语篇功能

构式"X 也不是，Y 也不是"的语篇功能主要是体现在和先行句及后续句之间的关系上。[1]该构式和先行句和后续句之间有两种关系，分别是结构关系和意义关系。首先在结构关系上，包含完整结构和省略结构两种。完整结构是指"X 也不是，Y 也不是"构式同时存在先

---

① 汪小淑：《"A 也不是，B 也不是"句式研究》，硕士学位论文，上海师范大学，2013。

行句和后续句，二者不可缺其一；而省略结构则是指该构式在语篇当中缺少先行句或者是后续句。

（54）孩子们惊叫一声作鸟兽散，只留下足球的主人，<u>走也不是，不走也不是</u>，急得像是热锅上的一只小蚂蚁，十分好笑。

（55）我不知是训练中出了问题还是她身体有病，急得我<u>劝也不是，不劝也不是</u>，好为难。

（56）连基本常识也分不清，一见面就想发表一通"高见"，弄得你<u>不听也不是，听也不是</u>。

在上述例句中，例（54）和例（55）中的构式"X 也不是，Y 也不是"既存在先行句也存在后续句，是一个完整结构。例（54）中，先行句为"孩子们惊叫一声作鸟兽散，只留下足球的主人"，后续句是"急得像是热锅上的一只小蚂蚁，十分好笑"；例（55）中，先行句是"我不知是训练中出了问题还是她身体有病"，后续句为"好为难"而例（56）则缺少了后续句，仅存在先行句"连基本常识也分不清，一见面就想发表一通'高见'"。

其次，构式"X 也不是，Y 也不是"和先行句及后续句之间存在着意义关系，主要包括因果关系和总分关系两种。

因果关系是一个事件（即"因"）和第二个事件（即"果"）之间的作用关系，其中后一事件被认为是前一事件的结果。在语篇当中，"X 也不是，Y 也不是"之前的先行句通常是产生该构式的结果的原因，后续句则是对该构式产生结果的进一步描述。例如：

（57）然后全身上下又会长出同样的红点来，让他<u>坐也不是，站也不是</u>。

（58）一般一家证券商一个月所付的线路租金就得几十万元，叫你<u>签约也不是，不签也不是</u>。

（59）玉菡闻言，惊喜交加，<u>搀也不是，不搀也不是</u>，只得含泪道："二爷这是怎么说的，快快请起！"

例（57）中，先行句"然后全身上下又会长出同样的红点来"正是产生"坐也不是，站也不是"的原因，是因果关系；例（58）的先行句"一般一家证券商一个月所付的线路租金就得几十万元"，是导致

"签约也不是，不签也不是"这一结果的原因，也是因果关系。例（59）中，我们可以看出"搀也不是，不搀也不是"是由于"惊喜交加"产生的情况，上下为因果关系。

总分关系则是指自然段中有一句话是对全段内容的总结说明，其他几句分别从不同方面展开。在构式和先行句及后续句的关系中同样也是适应的，构式"X也不是，Y也不是"既可以是先行句或者后续句的总结，也可以是对它们的解释说明。例如：

（60）武六一讪讪地愣在那里，<u>说也不是，不说也不是</u>，只听见他一个劲咽口水，还随着书记的牌势假装高兴或沮丧。

而例（60）中的"说也不是，不说也不是"则是表现武六一的紧张情绪，不知道说还是不说，是具有描写性的，对先行句做了解释和补充说明。

在语篇中，构式"X也不是，Y也不是"和先行句及后续句关系密切，先行句通常是引起该构式动作行为的原因，构式"X也不是，Y也不是"也可以对先行句进行总结和概括，或者对先行句和后续句进行解释和说明。

六、构式"X也不是，Y也不是"的教学设计

《国际中文教育中文水平等级标准》将构式"X也不是，Y也不是"归为五级语法点的口语构式。通过语料搜集与分析，我们发现该构式使用频率高，能够准确表达说话人左右为难的心情。但该构式虽属于口语句式，难度却高，而对外汉语教学中针对该构式的系统教学并不科学完善。本文基于前文对"X也不是，Y也不是"构式的分析，结合从易到难、精讲多练的教学原则，针对对外汉语教学课堂做出初步教学设计。

（一）教学设计说明

表2   "X 也不是，Y 也不是" 教学设计

教学设计大纲	教学设计具体分析
课型	口语课 "X 也不是，Y 也不是"构式在口语中使用频率较高，说话人也通常在当面交流时用该构式来表达感情，故而本文将这一构式置于口语课中进行教学设计。
教学对象	中级汉语学习者 学习"X 也不是，Y 也不是"构式要求学习者已掌握连词"也"、否定副词"不"以及对举结构等相关知识点，难度等级较高，结合《国际中文教育中文水平等级标准》对该构式的中等五级语法点的定位，从而确定本文的教学对象为中级水平的汉语学习者。
教学目标	（1）教师根据构式的结构特点讲解语法点，使学生系统掌握"X 也不是，Y 也不是"构式的句法、语义、语用及语篇功能。 （2）学生学会根据语境运用"X 也不是，Y 也不是"构式来表情达意。
教学内容	（1）"X 也不是，Y 也不是"构式的构成成分及结构特点。 （2）"X 也不是，Y 也不是"构式表达两难情况的构式义。
教学重难点	（1）学生明确构式中变量"X"和"Y"的构成成分及特点。 （2）理解"X 也不是，Y 也不是"的构式义并在语境中使用。
教学方法	（1）任务型教学法 （2）听说法 （3）视听法

（二）教学步骤设计

表3　"X也不是，Y也不是"教学步骤

教学步骤	教学环节具体设计
情境导入，认识构式	（1）播放视频，引出构式实例。 视频内容概况：小红高考结束，在家等待成绩。到了成绩发布当天，小红十分紧张，在电脑跟前来回走动，站也不是，坐也不是。当查询时间一到，小红颤抖着手输入自己的信息查询成绩。（视频可自行拍摄或运用动画剪辑并配音） 教师：同学们，大家考完试等待成绩的时候，是不是很紧张呀？（同学们可能会回答"是的"）那我们来看一个视频，看看视频中的小红在等待成绩的时候是什么样的心情呢？ （视频结束后） 教师：哪位同学能说一下小红在查成绩之前是什么样的？ （假设"A"同学回答：小红在电脑前来回走动，一会儿坐着，一会儿又站起来。） 教师："A"同学回答得很好，"一会儿坐着，一会儿又站起来，非常紧张"这句话的意思，也可以说"小红坐也不是，站也不是，她非常紧张。"
展示例句，讲解构式	（1）展示视频导入中的提到的"站也不是，坐也不是"例句，并以之为例进行讲解，最后归纳构式序列。 教师：同学们，我们刚刚在视频中看到，小红"站也不是，坐也不是"，表达的是小红在查询成绩之前的紧张心情。那么这个句式表达的是小红既不能站着，也不能坐着，处于一种两难的情况。那我们要是想表达不能前进，也不能后退，应该怎么说呢？ （假设同学们会回答："前进也不是，后退也不是"等等） 老师：同学们说得很好，那我们可以发现，想要表达"不能X，也不能Y"，我们可以说"X也不是，Y也不是"。 （板书）

教学步骤	教学环节具体设计
展示例句，讲解构式	X＋也＋不是，Y＋也＋不是 教师：同学们一定要记住这个结构的顺序哦！我们看这个结构，什么是不变的？ （假设同学们回答："也不是"） 教师：是的，前后两个"也不是"是不变的，变化的只有"X"和"Y"，而且 X 和 Y 之间为反义对举或者相关对举关系。 （2）展示例句，系统讲解。 构式"X 也不是，Y 也不是"表达的是说话人的主观感受，通过下列例句，引导学生说出它们表达的意义。 （教师播放 PPT 的例句如下：） 走也不是，留也不是→在走和留之间两难 进也不是，退也不是→在进和退之间两难 上也不是，下也不是→在上和下之间两难 这也不是，那也不是→在这和那之间两难 承认也不是，否认也不是→在承认和否认之间两难 买也不是，不买也不是→在买和不买之间两难 听也不是，不听也不是→在听和不听之间两难
设计练习，反复操练	（1）以上述例句为例，逐一讲解，并给定情景，让学生练习使用该句式。 例： 教师："走也不是，留也不是"表达的意思是选择"走"不行，选择"留"也不行，表达说话人在"走"和"留"之间难以选择，表现出说话人的左右为难。 教师：请同学们看视频回答问题。（给定的情景是：小红和同学在咖啡馆吵架，但此时外边正在下雨，小红不想继续留在咖啡馆，但又无法离开，只能躲进厕所。） （假设同学们回答：小红和同学在咖啡馆吵架了，但外边在下雨，小红走也不是，留也不是，只能躲进了厕所。） 教师：很好，这里用"走也不是，留也不是"表达出小红内心的左右为难。

续表

教学步骤	教学环节具体设计
设计练习，反复操练	（2）根据给出的词，用"X 也不是，Y 也不是"说句子 吉米　走　跑 玛丽　笑　哭 妈妈　动　不动 林华　承认　不承认 （3）情景练习。 小组合作，设置情景并造句，最后进行表演，教师总结点评。（教师可给定 2 个情景供学生选择，学生也可自行创设情境，故事及造句合理即可。） 情景一：晚上 9 点小明还没回家，爸爸妈妈坐在饭桌面前非常着急，到处打电话。这时小明打开了家门，看到爸爸妈妈非常生气，他想进家门，但是又害怕爸爸妈妈骂他，所以又不敢进家门，此时他？（进也不是，不进也不是） 情景二：妈妈做了一桌子饭菜，非常好吃，小明吃得很撑，已经吃不下了，但是这时妈妈端了一个大蛋糕来，小明又想吃大蛋糕，但是已经吃不下了，此时他？（吃也不是，不吃也不是）
复习巩固，布置作业	（1）复习本节课所学构式"X 也不是，Y 也不是"的结构、语义及语用特点。 （2）布置作业 学生两人一组，用上"X 也不是，Y 也不是"这一构式进行对话，并录一段视频上传至老师邮箱。

（三）教学设计反思

本文主要设计口语课堂中针对"X 也不是，Y 也不是"构式的教学，该教学设计从导入—讲解—操练—复习四个步骤入手，但该教学设计对学生的回答做出初步预判，但教学过程中并不会按照笔者设想的进行，存在各种不确定因素，需要在实践后进一步完善本设计。

首先，该设计预设学生的水平为中级汉语学习者，在课堂中对于教师的问题可能并不能完全听懂并回答，需要预设一些突发情况，如学生难以理解、难以回答等情况。

其次，学生可能会产生偏误，对于"X"和"Y"的关系把握不准，造成目的语负迁移，从而产生偏误，应根据学生出现的错误集中强化训练。

参考文献

[1] Goldberg, A. *Constructions:A Construction Grammar Approach to Argument Structure*[M]. Chicago: The University of Chicago Press, 1995: 50.

[2] 黄佩文. "A 也不是，B 也不是"句式[J]. 汉语学习，2001（4）：36.

[3] 覃聪. 两可式及两难式并列复句研究[D]. 桂林：广西师范大学，2006：7-8.

[4] 刘板，景梅叶. "……也不是，……也不是"的逻辑意义分析[J]. 黄山学院学报，2011，13（1）：102-104.

[5] 汪小淑. "A 也不是，B 也不是"句式研究[D]. 上海：上海师范大学，2013：33-38.

[6] 石慧敏，汪小淑. "A 也不是，B 也不是"构式及其认知动因[J]. 华东师范大学学报（哲学社会科学版），2015，47（3）：146-151+172.

[7] 陆俭明. 关于"有界/无界"理论及其应用[J]. 语言学论丛，2014（2）：29-46+360-361.

[8] 甘莅豪，范之. 对举空间中"非法句"的合法化[J]. 华东师范大学学报（哲学社会科学版），2010，42（2）：107-113.

[9] 李怡祺. 互动视角下"也不是"的语义和语用功能考察[J]. 河北北方学院学报（社会科学版），2021，37（6）：47-50.

[10] 宋振芹. 反义词分类的语义学研究[J]. 南京邮电学院学报（社会科学版），2003（1）：39-43.

[11] 芦晓莉，刘宇红. 构式语境下反义词共现构式的交互主观性研究[J]. 新疆大学学报（哲学·人文社会科学版），2021，49（2）：145-150.

[12] 资中勇. 现代汉语中的对举结构[J]. 湖南人文科技学院学报，2005（1）：85-88.

[13] 张国宪. 论对举格式的句法、语义和语用功能[J]. 淮北煤师院学报（社会科学版），1993（1）：96-100.

"什么 X 不 X（的）" 构式研究与教学

南开大学汉语言文化学院

郑婷月

　　摘　要："什么 X 不 X（的）"构式表示说话人对话题"X"的不满，并希望听话人不要再提及该话题。该构式有三种语法功能：作句法成分；作分句；独立成句。构式主要出现在对话、描述人物心理活动的句子、评述性话语等三种语境中，表示当事人的主观否定。本文主要就"什么 X 不 X（的）"构式的句法、语义、语用等功能进行研究，并据此制作适合对外汉语课堂的教学设计。

　　关键词：构式语法；句法结构；构式义；语用功能；教学设计

一、引言

　　"什么 X 不 X（的）"构式是现代汉语常用的口语句式，《国际中文教育中文水平等级标准》将其定位为五级语法点的口语构式。该构式由两部分组成：疑问副词"什么"和正反问结构"X 不 X（的）"，在语境中表达说话人对话题"X"的不满，并希望听话人不要再提及该话题。本文拟从构式语法理论的角度对"什么 X 不 X（的）"构式进行系统分析，研究其结构、语义、功能，并对之进行教学设计。

　　最早对"什么 X 不 X（的）"构式进行专门研究的是叶川（2005：59-62+80），他认为"什么 x 不 x（的）"通常被看作 "什么"粘附在"x 不 x"上边，"什么"是虚化用法，"X"代表相关话题的肯定方面，"不 X"则代表该话题的否定方面，从句法、语义、语用三个方面对构式"什么 x 不 x（的）"进行分析研究，介绍了语言交际的时空性对该构式的影响以及在交际中所体现的经济原则和凸显原则。①丁雪欢（2007：69-72）则详细介绍了构式"什么 x 不 x（的）"的否定意义，将之分为不是或算不上某事物、不需要/在乎/顾忌某种情况以及不能做某事三种情况。此外，文章认为该构式在语用上表达说话人的主观态度和评价，具有突出焦点的作用；在语篇上该构式具有衔接上下文、承前启后的作用。②左娜娜（2011：15-17）在前人基础上，从历时的角度探究"什么 X 不 X（的）"构式的形成机制并将之与其变式"什么 XY（的）""什么 XX（的）"进行对比分析，研究其表达特点。③姚婷（2014：12-20）对构式在语境中表达的否定义进行深入研究，认为可将否定义分为"真值性否定"和"适宜性否定"两种。此外，作者指出该构式具有陈述、指令、表情三种语用功能，且从认知领域研究发现，构式"什么 X 不 X（的）"的形成与认知域中的意象图式相关，并体现其"负极性"。④桑玲瑶（2017：30-33）首次从互动语言学和话语分析理论的角度分析研究"什么 X 不 X（的）"构式，提出该构式具有回应上文和打断对方话轮的语篇功能，并从心理学角度探究"什么 X 不 X（的）"构式的人际交往功能。⑤葛锴桢（2021：143-148）从互动视角研究"什么 X 不 X（的）"构式，认为该构式在互动交际中表示说话人否定的立场，并根据立场的不同分为基于认识立场的互动和基于态度立场的互动两种，根据否定强度的不同构式"什么 X 不 X（的）"可以表示不同的态度。⑥孙志恒（2022：42-45）基于"引发—回应"这一互动语境，借助"行、知、言"三域理论研究该构式的否定域，并运用主观性及主观化、语境吸收以及怀疑原则对该构式的否

①　叶川：《析"什么 x 不 x"句式》，《连云港师范高等专科学校学报》2005 年第 3 期。

②　丁雪欢：《"什么 X 不 X（的）"格式的否定意义及功能》，《北方论丛》2007 年第 3 期。

③　左娜娜：《"什么 X 不 X（的）"格式研究》，硕士学位论文，上海师范大学，2012。

④　姚婷：《"什么 X 不 X（的）"构式研究》，硕士学位论文，南京师范大学，2014。

⑤　桑玲瑶：《互动交际背景下"什么 X 不 X（的）"研究》，硕士学位论文，浙江师范大学，2017。

⑥　葛锴桢：《互动视角下"什么 V 不 V（的）"构式研究》，《长春理工大学学报》（社会科学版）2021 年第 34 期。

定功能做出解释。[①]

综合前人研究我们得以发现，对于"什么 X 不 X（的）"研究较为全面，本文拟在前人研究的基础上，从构式语法角度出发，研究构式"什么 X 不 X（的）"的结构、语义、功能进行系统考察，并针对其特点制作出适合对外汉语课堂的教学设计，以促进汉语口语格式的教学。

二、什么 X 不 X（的）构式鉴定与分析

（一）"什么 X 不 X（的）"构式的鉴定

哥德堡（Adele E. Goldberg，1995：78）提出了构式语法理论，认为构式就是"当且仅当 C 是一个形式-意义结合体〈FI, SI〉，且形式 FI 或者是意义 SI 的某些方面不能从 C 的组成成分或其他先前的构式中严格推导出来时，C 就是一个构式"[②]。也就是说，构式本身具有特定的形式和意义，且是形式和意义的统一体。与此同时，构式的形式和意义并不能从它构成成分或者其他相似构式中推导出来。

根据构式的定义，我们可以从 "什么 X 不 X（的）"的组成部分来推导"什么 X 不 X（的）"是否是一个构式。"什么 X 不 X（的）"构式包括两个部分："什么"和变量"X"组成肯定和否定并列的正反问结构"X 不 X"。该构式通过对潜在的预设做出否定，这种否定带有强烈的主观情感，可以表示自谦、轻视、不满、不屑、不在意、厌恶等等，因此我们可以得出"什么 X 不 X"格式并非是"什么"和"X 不 X"两部分的简单相加或者延伸推导，而是形式和意义的统一体，具有自身独特的意义和用法，是一个构式。

1. "什么 X 不 X"构式为图式构式

严辰松（2008：1-5）指出，构式是一种完型，是通过大量的具体实例形成的心理固化，并将构式分为实体构式和图式构式两种。实体

---

① 孙志恒：《否定构式 "什么 X 不 X（的）" 研究》，硕士学位论文，华中师范大学，2022。

② Goldberg. A Cnstruction Grammar Approach to Argument Structure. Chicago: The Chicago University Press. 1995: 78.

构式是指语素、词、复合词以及固定短语或者句式；而图式构式则是指半固定习语以上的句式，比如说双及物结构、动结结构，等等。[①]实体构式和图式构式联系紧密，但是有不同的性质，实体构式的词汇固定，因而只有一个实例；而图式构式的词汇则具有开放性，部分成分可以被代替，因此有两个或者两个以上的实例。

"什么 X 不 X"构式中"X"具有很强的开放性和可替代性，可以进入"什么 X 不 X"结构中的 X 多种多样，因此这一构式有多个实例。比如：

（1）这不是<u>什么权利不权利</u>的问题，这是原则。

（2）你个小丫头，知道<u>什么喜欢不喜欢</u>？

（3）<u>什么好吃不好吃的</u>，顶饱就行。

因此我们根据构式语法，将"什么 X 不 X"构式归为图式构式。

2."什么 X 不 X"构式为有标记的构式

张怡春（2009：66—69）指出语言中的标记现象指的是某一范畴内部存在的某种不对称现象，且根据句式的标记性，构式可以分为有标记构式和无标记构式。[②]有标记构式是指构式实例的词汇形式有限制的构式；无标记构式则是指构式实例的词汇形式没有限制的构式。"什么 X 不 X"构式中的"X"是具有开放性的，可以进入该结构中的 X 很多，但是并非所有形式的 X 都能进入这一构式当中，比如，性质形容词、形式动词、复杂短语及小句等都不能进入"什么 X 不 X"构式当中。

因此，我们可以得出结论："什么 X 不 X"构式是有标记的构式。

（二）"什么 X 不 X（的）"构式的研究范围

"什么 X 不 X（的）"这一构式由"什么"和"X 不 X"两部分构成，但是是否只要这两部分共存组成的结构都是本文要探讨的"什么 X 不 X（的）"构式呢？我们透过例子作简要分析，得出答案：

① 严辰松：《从"年方八十"说起再谈构式》，《解放军外国语学院学报》2008 年第 6 期。

② 张怡春：《构式理论与对外汉语教学》，《盐城师范学院学报》（人文社会科学版）2009 年第 29 期。

（4）我不知道<u>什么边不边的</u>，我通常是只管自己的，不过，你们可能会和我相处一段时间。

（5）他就是这么个人，他有时候爱怎么干就怎么干，顾不得<u>什么法律不法律的</u>。

（6）我一口就回绝了，现在再去求人家，不是太没面子了吗？又一想，都这个时候了，<u>还什么面子不面子的</u>。

（7）以后叫我方哥就行，别拿我当领导。<u>什么官不官的</u>，分工不同而已。

通过上述例子我们可以看到，不同例句中的"什么X不X（的）"结构表示在语境中表示的意义存在差异。例（6）中，"什么面子不面子的"是对上文中担心"没面子"这一想法的否定，此时疑问代词"什么"表示的是列举，列举对象为"面子""不面子"，且在会话中需要重读；例（7）中虽然"官"并没有在上文中出现，但是我们可以从上文语境"领导"中提取出，"什么官不官的"也是对上文"领导"称谓的否定，此时"什么"表示的也是列举，也需要重读。但是例（4）中，"我不知道什么边不边的"，这句话的否定义是由"不知道"发出的，"什么边不边"并不含有否定意义；同样的，例（5）中"顾不得什么法律不法律的"这句话的否定义是"顾不得"发出的，而并非由构式"什么法律不法律的"表示，且此时"什么"可以被省略，"顾不得法律不法律的"依然成立。因此，我们可以得出结论：

当"什么X不X（的）"构式在肯定结构的句子中时，可以表达否定意义，但这种否定义是一种语用否定，即在特定语境中才能发出，此时"什么"不可以被省略且需要重读；当"什么X不X（的）"构式在否定结构的句子中时，该构式表示的是列举和凸显的意义，此时"什么"可以被省略，且无需重读。例（4）及例（5）这种情况下的"什么X不X（的）"结构并非是本文研究的对象。

因此，本文研究的"什么X不X（的）"格式，需要具有以下条件：首先，构式中的"X"必须是上文已知的或者是可以从上文中提炼、推导出的信息，即已知信息。其次，在读音上，构式"什么X不X（的）"中"什么"需要重读，不可省略。此外，构式出现的语境中，不再含有其他的否定副词，整个句子的否定义由构式"什么 X 不 X（的）"发出。只有满足上述三个条件，才是本文研究的构式"什么 X 不 X（的）"。

三、"什么 X 不 X（的）"构式句法结构及功能分析

（一）充当"X"的成分分析

本文通过对语料进行搜集、鉴定、分析，发现充当"X"的成分可以为词、短语，但是总体以词为多，且多为单音节和双音节词。上文中已提到，随着语言的使用演变，句法结构会愈发精简、凝练，这是受到语言的经济性和求简性原则的影响。下面将从词、短语两个方面对充当"X"的成分进行分析。

表 1　构式中"什么 X 不 X 的"中充当"X"的成分出现频次及占比（单位：次）

词性	频次	出现频率
名词	71	46.71%
动词	28	18.41%
形容词	17	11.18%
副词	1	0.66%
代词	2	1.32%
区别词	2	1.32%
数词	1	0.66%
拟声词	1	0.66%
动宾短语	12	7.89%
主谓短语	2	1.32%
动补短语	15	9.87%

注：1.出现频率=X 的成分出现频次/语料总条数（152 条）。

1. 词充当"X"的成分

X 为名词

（8）我嘟哝："你扯哪去了？<u>什么钱不钱的</u>？你把我看成什么人了

（9）徽因的反应则不同，她说："真讨厌，<u>什么美人不美人的</u>，好

像一个女人就没有什么事可做，好像只配做摆设似的!"

X 为动词

(10) 你倒是手脚利索啊，这么快就把绝交信写好了，好占个主动，说明是你甩了我的? 你逞什么能? 我根本没答应过你，<u>什么甩不甩的</u>? 都是你这个骗子，自己有未婚妻，还在外面骗别人。（动作动词）

(11) 你这人，这么不开窍! <u>什么喜欢不喜欢的</u>，天下女人还不都一样，感情要靠培养嘛!（心理活动动词）

(12) <u>什么死不死的</u>，大过年的能不能说点吉祥话?（存在、变化、消失动词）

(13) <u>什么是不是的</u>，老板的话就是铁律，别考虑那么多有的没的。（判断动词）

(14) "亲嘴和拉手不都是皮肤的接触吗? 有<u>什么敢不敢的</u>? 我只怕秋烈有点难乎为情。"（能愿动词）

(15) <u>什么上去不上去的</u>，你有这个权限吗? （趋向动词）

(16) <u>什么像不像的</u>，差不多就得了，王老板只认名字。（关系动词）

X 为形容词

(17) <u>什么时髦不时髦的</u>，能穿就行了。（性质形容词）

X 为副词

(18) "你学习这么刻苦，肯定经常去图书馆吧? ""<u>什么经常不经常</u>，有时间就去。"

X 为代词

(19) 甲：咱们一块去吧! 乙：<u>什么咱们不咱们的</u>，是你们! 我才不和你们一起去呢!

(20) 甲：你应该继续这样坚持下去! 乙：<u>什么这样不这样的</u>，我只想按照自己的想法做事!

X 为区别词

(21) 甲：他呀，不过是个副厂长。乙：<u>什么副不副的</u>，能当上厂长就不错了。

(22) 甲：我想招个女的做秘书，你怎么给我招了个男的啊? 乙：

什么女不女的，这么点工资招到人就不错了！

X 为数词

（23）A：这次考试我得了全班第一！B：什么第一不第一的，我看是倒数第一吧！

X 为拟声词

（24）"你听，什么东西在"哐啷哐啷"？""什么哐啷不哐啷的，明明是吱嘎吱嘎的声响，这是有人在关窗户的声音。"

通过语料搜集与分析，我们不难发现，能充当"X"成分的词类为名词、动词（形式动词除外）、性质形容词、代词、区别词、副词、数词、拟声词。

2. 短语充当"X"的成分

当"X"成分为短语时，大多数为动宾短语、主谓短语和动补短语。例如：

（25）"七爷！你吃了没有？来吧，跟你四大爷喝一盅去！""什么闹鬼子不闹鬼子的，反正咱们得过咱们的节。"（动宾短语）

（26）他的事还没有眉目。假若事情已定，他大可以马上浑水摸鱼，管什么上海开仗不开仗的。（主谓短语）

（27）宋宪又在发火了，"过来吃你的饭，你还怕他会饿死？恐怕他真要到饿死的份才会知道挣钱的重要。"路齐英坐回饭桌边，说："你讲话也太难听了，什么饿死不饿死的？"（动补短语）

四、"什么 X 不 X（的）"语义分析

（一）"什么 X 不 X（的）"的构式义

哥德堡（1995）提出，"构式是形式和意义的结合体"，任何构式的意义都不能通过其原有组成成分的意义中推出，也不能从语法、语义规则等方面来解释。[①] "什么 X 不 X（的）"结构的语义不能从"什么"和"X 不 X"两个构成成分中推测出，因此该结构是一个构式，

---

① Goldberg A, *Constructions: A Construction Grammar Approach to Argument Structure*(Chicago: The University of Chicago Press, 1995).

有其特殊意义。接下来我们将通过语料作具体的分析，总结出"什么X不X（的）"的构式义。

（28）第二梯队全都是炸药包，光着膀子，用机枪掩护着向上冲。<u>什么命不命的</u>，不要命了，往上冲就是了。

（29）金枝说："你找错人了！我有<u>什么原谅不原谅的</u>？这话你该找谁去说，心里还不明白吗？"

（30）<u>什么土气不土气的</u>，只要他工作能力强，我就聘用他。

（31）他们铁了心，<u>什么艺术不艺术的</u>，"大团结"第一。

上述例句中，我们可以看到，"什么X不X（的）"主要表达说话人内心的主观感受，表达的是否定义。例（28）"什么命不命的"这句话在句中表达的意思是"不在意命"；例（29）"什么原谅不原谅"表达的意思是"不想听、不想提及原谅这一事情"；例（30）"什么土气不土气"表达的意思是"不在意土气还是不土气这个特点"；例（31）"什么艺术不艺术的"表达的是"不在意艺术与否，只在意大团结"。

根据以上的分析研究，我们可以归纳出"什么X不X（的）"构式义：说话人对于"X"这一个话题感到不在意、不屑、厌恶或者不满，因而对"X"进行否定，并要求听话人不要再提及"X"这一话题。这个构式表达的是一种否定义，否定的是"X"这一话题。

（二）否定意义及功能分析

丁雪欢（2007：69-72）指出，"什么X不X（的）"结构具有否定意义和功能，并将其否定意义归结为三种，分别是否定主客观上具备X的资格，即不是或者是算不上某事物；主观上否定了"X"这一事物的重要性，即不需要追求、在乎、触及某事物；由于客观的原因对于选择"X"的可能性的否定，即不能做某事。此外，丁雪欢认为"什么X不X（的）"构式之后往往存在一个后续句"Y"，前后两个句子相互照应，构成"什么X不X（的），……Y……"的复句。[①]接下来将通过具体的语料分别分析这三种不同的否定意义。

---

① 丁雪欢：《"什么X不X（的）"格式的否定意义及功能》，《北方论丛》2007年第3期。

（32）<u>什么专家不专家的</u>，还不是普通人。

（33）<u>什么研究不研究的</u>，不过是读书写字而已。

上述两个例子，都是否定了具备"X"的资格，即算不上"X"。例（32）中"什么专家不专家的"表示的是说话人认为某人不能称之为"专家"，只不过是一个普通人；例（33）中"什么研究不研究的"表示的是说话人认为这并不能称得上是"研究"，在他看来只不过是"读书写字"罢了。在这两个例子中，"什么 X 不 X（的）"构式都是表示说话人主观上认为并不能算得上是"X"，从而表达否定义。

（34）<u>什么好吃不好吃的</u>，填饱肚子才是最重要的。

（35）<u>什么能力不能力的</u>，能够带领大家轻松工作的才是好领导。

上述两个例子中都是说话人主观上否定了"X"这一话题，并提出了自己的观点。例（34）中，"什么好吃不好吃的"表示的是说话人并不在意它是不是好吃，认为好吃并不是最重要的，重要的是"能吃饱"；例（35）中，"什么能力不能力的"表示的是说话人认为"能力"并不是一个好领导最重要的品质，认为只有"带领大家轻松工作"才是好领导的品质。这两个例子中"什么 X 不 X（的）"构式都是表示说话人对于"X"这一事物或者话题的重要性的否认，即不需要追求、看重此事物。

（36）<u>什么过年不过年的</u>，我明天还得上班呢。

（37）<u>什么吃饭不吃饭的</u>，我马上要考试了，哪有时间陪你吃饭啊。

上述两个例句表示的都是说话人由于客观的原因，不能做"X"。例（36）中，"什么过年不过年的"表示的是说话人由于明天还要上班，因此不能"过年"，上班和过年之间是冲突的；例（37）中，"什么吃饭不吃饭的"表示的是说话人由于要考试了没时间陪听话人"吃饭"，此时吃饭和考试也是冲突的。上述这种情况，"什么 X 不 X（的）"构式表示的是说话人由于客观的原因，没有做"X"的客观可能性，这种情况是一种被动的选择，无法兼顾。

因此，我们可以得出结论：构式"什么 X 不 X（的）"具有否定意义，根据意义和功能可以将之分为三类：否定主客观上具备 X 的资格，即不是或者是算不上某事物；主观上否定了"X"这一事物的重要性，即不需要追求、在乎、触及某事物；由于客观的原因对于选择"X"的可能性的否定，即不能做某事。且三种否定意义的出现频次各不相同，如表 2 所示：

表 2　构式中"行走"的前 10 个搭配词语的频次及占比（单位：次）

否定意义的类型	频次	出现频率
否定主客观上具备 X 的资格	31	20.40%
主观上否定了"X"这一事物的重要性	113	74.34%
由于客观的原因对于选择"X"的可能性的否定	8	5.26%

注：1.出现频率=否定意义不同类型的出现频次/语料总条数（152 条）。

（三）"什么 X 不 X（的）"的语义指向

构式"什么 X 不 X（的）"的语义是多样的，且根据否定侧重点的不同可以分为三种不同的情况：偏重 X；偏重不 X；同时偏重 X 和不 X（其中又包括偏重于 x 和不 x 及倾向于否定 x 和不 x 两种）。说话人是带有自身主观性的，偏重不同的成分则表示说话人不同的态度和意味。接下来将对这三种情况进行具体**分析**，通过大量的语料来分析构式"什么 X 不 X（的）"的不同语义指向。

1. 否定重心"X"

当说话人的目的是否定"X"这一话题时，语义的侧重点就是"X"，"什么"的否定义指向的也是"X"。此时，整个构式表达的是对"X"的否定，"不 X"的意义则被虚化。例如：

（38）王金栓东张西望一阵，吞吞吐吐道："是不是有点仓促。""这是救人，<u>什么仓促不仓促</u>。"二伯有点生气了。

（39）便在这时，又想到了另一件事："为什么爹爹妈妈都说，我跟着他们是委屈了我？父母穷，儿子自然也穷，有<u>什么委屈不委屈的</u>？只怕我的确不是他们亲生儿子，是旁人寄养在他们那里的。

上文中两个例子都是典型的否定"X"的例句。"什么仓促不仓促"是否定"仓促"，认为这件事并不仓促，或者说不能用仓促来衡量。"什么委屈不委屈的"否定的也是"委屈"，表示的意思是一点也不委屈，只是怕不是亲生儿子。这两个例子中说话人的语义中心都是否定"X"，以此来表达出自己的否定义。

2. 否定重心"不 X"

当说话人的目的是否定"不 X"时，那么它的语义重心就是"不 X"，通过否定"不 X"来表达自己的态度和情感。此时，整个构式表达的是对"不 X"的否定，"X"的意义则被虚化。例如：

（40）水大抢着说："不公平！他们没有开口，叫金大怎么猜？"土大说："要猜就要靠本事猜，什么公平不公平？"

例（40）中"什么公平不公平"否定的是前文中出现的"不公平"，此时说话人是将前文对话人的观点否定，通过这一构式表达自己的对公平与否的"不在意"或者"不屑"。

3. 同时偏重"X"和"不 X"

当说话人的语义并不单独偏向于"X"或者是"不 X"时，那"什么"则就对话题"X"的正反两方面都做出否定，主要是涉及两种各种情况，一种是否定"X"和"不 X"，提出第三种观点或者情况；第二种则是既不愿意提及"X"，也不愿意提及"不 X"，即不想说起"X"这一话题，想转而谈论其他。

（41）小墩子问群龙："怎么这些天没见着你去福利工厂，是病了吗？"群龙举举手说："我这号人，还有什么病不病的，凑合着活吧！"

（42）现在还在乎什么漂亮不漂亮的，有的穿就不错了！

上述两个例子都是将"X"的两个方面都否定，"什么病不病的"此时表示的是对于生病还是没生病都不在意了，"凑合活着"才是现在重要的。"什么漂亮不漂亮的"，则是表示"漂亮"和"不漂亮"都不重要，"有衣服穿"才是重要的。这两个例子都是将"X"和"不 X"同时否定，且提出新的观点或者看法。

（43）什么拿奖不拿奖的，我才不在乎呢。

（44）什么工作不工作的，休息才是重要的，别累垮了身体，得不偿失。

上述两个例子都是用"什么"否定"X"话题的正反两个方面，但是和上一种情况不同，这种情况是表示说话人不在意、不愿继续谈论这个话题，对"X"这一话题不想提及、不在乎。"什么拿奖不拿奖"表示的是不想提"拿奖"与否，对这个不在意不关心，也不想再提；"什么工作不工作的"表示不想再谈论"工作"，认为"工作"现在是不重要的，不想再继续这个话题。上述两个例子都是都是将"X"和"不X"同时否定，表示不想再继续这一话题。

五、"什么 X 不 X（的）"构式的语用及语篇功能分析

（一）"什么 X 不 X（的）"构式出现的语境

通过对"什么 X 不 X（的）"构式语料的分析，我们可以发现，该构式主要出现在对话、描述人物心理活动的句子、评述性话语等三种语境中，主要的功能是通过"什么 X 不 X（的）"构式的否定功能来表达当事人的不满、不屑、驳斥或者厌恶等情感，可以用于驳斥对方、自我批判以及批驳他人三种情况。

1. 用于对话中

通过对 CCL 语料库中 110 条语料的分析，我们可以发现"什么 X 不 X（的）"结构主要出现的语境就是对话体中，此时"X"一般是对方提到的某一个话题或者是具体的内容，即"X"引述的是已知的对方话语的一部分。

（45）文浩打断她道："我找啸风。"还想抬脚进门，肥婆已推了他一把，"<u>什么啸风不啸风的</u>，女的找他，男的也找他，到底是鸡是鸭？！走走走，有多远走多远啦！"说时已垮下脸来，不耐烦地挥着手。

（46）"张主席，我觉得这样做不好。在红军的队伍中，朱德和刘伯承可不是一般的小人物！"许世友说出了自己的看法。张国焘明显地不高兴了，他瞪着许世友说："<u>什么一般不一般的人，什么大人物小人物</u>，他们早就想搞掉我张国焘。搞掉了我张国焘，还有四方面军吗？还有你许世友吗？真是没有见地，一介武夫。"

上述两个例子都是出现在对话语境中，表示说话人的主观情感。例（45）"什么啸风不啸风的"表示的是肥婆对于又有人来找"啸风"

的不满和厌恶，通过否定"啸风"这一前文中提到的名字，表达心情。例（46）中"什么一般不一般的人"是对前文中提到的"一般"这一话题的否定，表现出张国焘此时内心的生气厌恶的感情。

2. 用在表人物心理活动的句子中

当"什么 X 不 X（的）"构式出现在表示人物心理活动的句子中时，往往表示的都是人物的主观否定，"X"此时是上文中的人物刚出现的想法或者观点。

（47）是啊！不料有一天晚上，看守来到我的门边，鬼鬼祟祟地告诉我说，来了几个木匠，正在搭绞架。我开头没弄懂是怎么一回事，<u>什么绞架不绞架的。</u>但看守老头十分激动，我瞅了他一眼，这才明白是为我们那两个人预备的。

"什么 X 不 X（的）"用在表示人物心理活动的句子情况比较少。例（47）中"什么绞架不绞架的"，是将前文中作者提到的"绞架"进行否定，表示自己并不理解什么是"绞架"，表现出当时作者内心的疑惑不解。

3. 用在评述性话语中

（48）严防骗子，就要保持高度的政治警觉，克服麻痹思想。现在，有少数领导干部，片面地认为，只要把经济工作搞上去就行，<u>什么政治不政治的</u>都无所谓。因而头脑中政治这根弦松了，在用人上重才轻德，甚至只看才不看德，对不法分子的欺诈行为，更是缺乏应有的警惕性。

（49）第二梯队全是炸药包，光着膀子，机枪掩护往上冲。<u>什么命不命的，</u>不要命了，往上冲就是了。没打死的，就算爹娘再生了一次。

上述例句都出现在评述性的语境中，表示的都是作者的态度和想法。例（48）"什么政治不政治的"表示的是作者对于部分领导干部不重视"政治"的不满，后续也提出不能松懈政治这根弦。例（49）中"什么命不命的"是作者对于第二梯队这种行为的评述，认为他们此时已经并不在意"命"了，也就是后文中的"不要命了"，依次也能表现出他们的勇猛以及作者对他们的敬佩。

（二）"什么 X 不 X（的）"构式语用功能分析

莱昂斯（Lyons，1977）指出主观性是语言的一种特性，即在话语中多多少少总是含有说话人"自我"的表现成分。说话人通常通过某一段话来表达自己的观点态度和立场，表达自己的主观感受或者想法。[①]"什么 X 不 X（的）"构式往往是说话人为了表达自己的主观感受或者态度而使用的结构，通常情况下具有很强的主观性。

（50）"啊！更光彩？"维尔迪兰夫人说，"敢情现在生病还有<u>什么光彩不光彩的</u>，真是新鲜事儿……您可把我逗死了！"她突然双手捂脸叫了起来，"我这个老傻瓜还在跟您正儿八经地讨论呢，竟没有看出您是在愚弄我。

（51）陈墨涵说："老朱你这样讲不合适，大家都是同志，<u>什么对手不对手的</u>，你确实是有点狭隘了。"

"什么 X 不 X（的）"构式主要是对前文中提到的预设做出主观的否定，说话人主要是对于"X"这一话题进行批判，带有很强烈的主观性色彩。例（50）中，"什么光彩不光彩的"是维尔迪兰夫人对于前文中提到的"光彩"的否定，认为不能用光彩或者不光彩来评判生病这一件事。例（51）中"什么对手不对手的"同样是对于前文中老朱认为大家是"对手"这件事发表自己的观点，认为大家都是同志，不能认为大家是对手。

从上文的分析中我们可以看到，"什么 X 不 X（的）"构式具有很强的主观性，主要是用于表达说话人对于预设的否定看法，并发表自己的主观情感。

（三）"什么 X 不 X（的）"语篇功能分析

韩礼德认为功能语言学中语篇的三大功能包括概念意义，人际意义和篇章意义。语言之所以能演变发展到今天，正是因为语言的这三大功能。李秀明（2011：104-137）认为语篇功能指的是语义层面上把

---

① Lyons, J. Semantics. Cambridge: Cambridge University Press. 1977.

语言成分组织成为语篇的功能。[①]

1. 信息传递功能

信息单位是信息交流的基本成分，信息交流是言语活动过程中已知的信息，即旧信息和新信息之间的相互作用。已知信息指的是在言语活动中已经出现或者根据语境可以断定的成分；新信息指的是言语活动中尚未出现或者根据语境难以断定的成分。而新信息中，最高点也被称为"信息中心"，此时标志着所在信息单位的新信息的结束，信息中心传递的信息是最重要的，比其他信息更突出。

"什么 X 不 X（的）"构式中，"X"是上文已知的信息，也就是旧信息，但"什么 X 不 X（的）"整个构式表达的否定意义则是新信息，表达的是说话人新产生的情感，是前文中不知道或者不能推导出的。例如：

（52）小墩子问群龙："怎么这些天没见着你去福利工厂，是病了吗？"群龙举举手说："我这号人，还有<u>什么病不病的</u>，凑合着活吧！"

例句中，"病"是上文中已知的信息，也就是小墩子推测的或者说已知的信息，但是群龙所说的"什么病不病的"表达的是群龙对于生病与否的不在意，这种情感则是未知的，即新信息。从而我们可以知道，"什么 X 不 X（的）"构式有信息传递的功能，通过该构式可以表达出说话人的情感信息。

2. 衔接功能

衔接功能是语篇功能的一大组成部分，指的是语篇中各语言成分之间的语义关系。当语篇中某一成分的含义需要另一成分的解释时，它们之间就具有了衔接关系。韩礼德将衔接分为语法衔接和词汇衔接两种，其中语法衔接包括照应、省略、代替和连接，词汇衔接包括重复、同义或反义、上下文或整体局部关系以及搭配四种。例如：

（53）元妃匍匐在地，战栗地说："虽然这是圣上谕旨下来之前送来的，臣妾等确是罪该万死……"皇帝摩挲着那蜡油冻佛手，触觉上甚有快感，忽又转怒为喜，道："起来起来，<u>什么罪不罪的</u>，咱们是两

---

① 李秀明：《汉语元话语标记语研究》，中国社会科学出版社，2011，第104-137页。

口子，且坐一处说话……"一把拉起元春，又把她揽于怀中。

（54）他拍着桌子厉声大吼："新婚之夜怎么能让公主轰出府？……征贝勒的脸色一阵青一阵白，他吞吞吐吐地说："公主一声令下，儿子……不敢不从呀！"襄亲王气得脸色发青，喝道："<u>什么公主不公主</u>，既然嫁给你，就是你的妻子了，你怕什么？想我堂堂一个襄亲王，怎会生出你这样懦弱的儿子，连和公主洞房都没有胆子……！"

（55）A："要加入我们吗？"

　　　B："我跟学院团委队伍去呢，好像浪费掉认识体科帅哥的机会

　　　A："<u>什么机会不机会的</u>，有缘总会见的啦。一个 7 月中旬，一个 8 月初，有兴趣提前跟我说说吧。"

例（53）中，"什么罪不罪的"，"罪"是照应前文中出现的"罪"，以此为参照点，这也就是语法衔接中的照应作用；同时前后文之间的重复，即"X"的重复，也体现了词汇照应中的"重复"作用；例（54）中"什么公主不公主"的"公主"及例（55）中"什么机会不机会的"中的"机会"，也都体现了语篇衔接功能中语法衔接的照应以及词汇衔接的重复。从中我们可以看到，"X"作为前文中已经提到的信息，即已知信息，后文该构式"什么 X 不 X（的）"再次出现，可以起到语篇衔接的作用，更确切地说是照应和重复的作用，使得上下文之间的联系更为紧密，话题的衔接更加自如。

六、构式"什么 X 不 X（的）"的教学设计

《国际中文教育中文水平等级标准》将构式"什么 X 不 X（的）"归为五级语法点的口语构式，通常用于口头表达，表示说话人对于"X"这一个话题感到不在意、不屑、厌恶或者不满，因而对"X"进行否定，并要求听话人不要再提及"X"这一话题，在语境中含有否定义。该构式虽属于口语句式，难度却高，而对外汉语教学中针对该构式的教学并不多。本文基于前文对"什么 X 不 X（的）"构式的分析，结合教学法要求以及精讲多练的教学原则，针对对外汉语教学课堂做出初步教学设计。

（一）教学设计说明

表 3 "什么 X 不 X（的）"教学设计

教学设计大纲	教学设计具体分析
课型	口语课 "什么 X 不 X（的）"构式在口语中使用频率较高，说话人也通常在当面交流时用该构式来表达感情，故而本文将这一构式置于口语课中进行教学设计。
教学对象	中级汉语学习者 结合《国际中文教育中文水平等级标准》对该构式的中等五级语法点的定位，从而确定本文的教学对象为中级水平的汉语学习者。
教学目标	（3）教师根据构式的结构特点讲解语法点，使学生系统掌握"什么 X 不 X（的）"构式的句法、语义、语用及语篇功能。 （4）学生学会根据语境运用"什么 X 不 X（的）"构式来表达否定义，表达自身的不满、愤怒及不屑等情绪。
教学内容	（1）讲授"什么 X 不 X（的）"构式的构成成分及特点。 （2）讲解"什么 X 不 X（的）"构式在语境中所表示的否定意义。
教学重难点	（1）学生明确构式中变量"X"的构成成分。 （2）理解"什么 X 不 X（的）"的构式义并能在语境中灵活使用。 （3）明确"什么 X 不 X（的）"表达否定意义的使用条件。
教学方法	（4）任务型教学法/交际法 （5）听说法 （6）视听法

（二）教学步骤设计

表4 "什么 X 不 X（的）"教学步骤

教学步骤	教学环节具体设计
情境导入，认识构式	（1）组织教学，情境导入。 看视频，认识构式。 视频内容如下： A：谢谢你今天送我回家。 B：什么谢不谢的！好朋友之间就是要互相帮助呀。 教师：请同学们认真观看视频，看完后老师将请两位同学对视频内容进行复述。
展示例句，讲解构式	（1）学生复述视频内容，教师讲解构式实例 教师：两位同学展示得很好，我们一起来看一下这段对话。 （PPT 或黑板例句展示） 教师：哪位同学能告诉老师，"什么谢不谢的"这句话表达的是什么意思呢？ （假定同学回答：是不用谢的意思。） 教师：对，"什么谢不谢的"表示的是"不用谢"，实际上是对"谢"的否定。比如"什么看不看的""什么漂亮不漂亮的""什么赚钱不赚钱的"，等等，它们属于同一个结构形式，即"什么 X 不 X 的"构式。那我们今天就来学习一下"什么 X 不 X（的）"这一个构式。 （2）结合例句，系统讲解。 （教师播放 PPT 的例句如下：） 教师：接下来，请同学们看以下例句，告诉老师他们分别表示什么意思呢？ ①在浙江常山县，一位 60 多岁的大爷为一位父亲找到了儿子，这位父亲要给他钱，但是大爷却说："找孩子要紧，什么钱不钱的，钱算什么？" ②士兵们背着炸药包，在机枪掩护下往上冲。<u>什么命不命的</u>，不要命了，就是往上冲。没打死，就算爹娘再生了一次。

续表

教学步骤	教学环节具体设计
展示例句，讲解构式	③小刘说："可小张并不爱她呀！" 小李说："小刘你真好玩儿。他们都一大把年龄了，还谈*什么爱不爱的话？*" 教师：给同学们 10 分钟的时间，小组讨论，探讨一下每个例子中的"什么 X 不 X（的）"构式分别表示什么意思。 （10 分钟后） 教师：下面我请同学来回答一下。首先第一个例句中"什么钱不钱的"表示什么意思呢？请 A 同学回答一下。 （假设 A 同学说：表示大爷觉得钱不算什么，不要钱。） 教师：非常好，此处的"什么钱不钱的"表示大爷不要这位父亲给的辛苦费，对钱的不在意。那第二个例句请 B 同学回答一下，"什么命不命的"是什么意思呢？ （假定 B 同学说：表示的是不要命了） 教师：非常好，这里的"什么命不命的"表现了士兵们的英勇，对"命"的不在意，也就是不要命了。那第三个例句，请 C 同学回答一下。 （假定 C 同学说：表示的是不要说"爱"了，这么大的年纪"爱"已经不重要了。） 教师：非常好，这句话表示的是小李认为这么大的年纪"爱"是不重要的。 （3）小结 通过上述例句，我们可以看到，"什么 X 不 X（的）"这一构式在句中通常表示的是对上文提到的内容或者话题的"否定"，表达说话人对于"X"这一个话题感到不在意、不屑、厌恶或者不满。
设计练习，反复操练	（1）根据句子情景填空。 ①"对方给了你多少钱？你说个数，我们翻倍给你，只求你从中帮个忙"他说得我脸红了。 我嘟哝："你说哪去了？_____？你把我看成什么人了！"

续表

教学步骤	教学环节具体设计
设计练习，反复操练	②谢谢你昨天帮我完成任务，我请你吃饭吧！_____！我们是好朋友啊！ ③阿朱拍手笑道："你猜谜语的本事真厉害，阿碧，你说该当奖他些什么才好？"阿碧微笑道："段公子有什么吩咐，我们一定尽力，_____，这是我们做丫头的应该做的。" （2）情景练习。 小组合作，设置情景并造句，最后进行表演，教师总结点评。（教师可给定 2 个情景供学生选择，学生也可自行创设情境，故事及造句合理即可。） 情景一：艾米和玛丽去买衣服，艾米看中了一件衣服，但是玛丽认为这件衣服不好看，艾米却觉得好看不好看不重要，保暖就行。 情景二：王明和汤米去旅游，汤米觉得应该坐飞机去，这样舒服，但是王明觉得舒服不舒服并不重要，省钱才是最重要的，想坐火车去。 情景三：杰克和小红在找实习，有一家公司将两人同时录取，但杰克觉得工资太少不想去，但小红并不在意钱，认为实习经历才是重要的。
复习巩固,布置作业	（1）复习本节课所学构式"什么 X 不 X（的）"的结构、意义和用法。 （2）布置作业 学生两人一组，拍摄一段短视频，用上本节课学习的"什么 X 不 X（的）"构式，主题自拟。

（三）教学设计反思

本文是以中级汉语学习者为教学对象的口语课堂教学设计，涵盖导入—讲解—操练—巩固等四个环节，结构相对比较完整。综合运用听说法、交际法等教学法，增强生生互动和师生互动，提升学生的开口率。但本教学设计是在理想情况之下的，并未进行实际的教学操练，存在着种种问题。

其一，该设计预设学生的水平为中级汉语学习者，但实际的汉语课堂中学生的水平可能并非均衡，对于问题的回答可能并不会如设计般顺畅，对于各种突发情况的预设不够，需要在实践后进一步完善。

其二，对学生可能产生的偏误了解不够，需在日后的实践中总结学生对"什么 X 不 X（的）"构式常用错的语境，并有针对性地开展操练。

其三，要考虑教学对象的性格特点，根据不同的特点适当调整操练的形式和活动的内容。

参考文献

［1］ Goldberg, A. *Constructions: A Construction Grammar Approach to Argument Structure*[M]. Chicago: The University of Chicago Press, 1995: 50.

［2］ Lyons, J. Semantics[M]. Cambridge: Cambridge University Press, 1977.

［3］ 叶川. 析"什么 x 不 x"句式[J]. 连云港师范高等专科学校学报，2005（3）：59-62+80.

［4］ 丁雪欢."什么 X 不 X（的）"格式的否定意义及功能[J]. 北方论丛，2007（3）：69-72.

［5］ 左娜娜."什么 X 不 X（的）"格式研究[D]. 上海：上海师范大学，2012：15-17.

［6］ 姚婷."什么 X 不 X（的）"构式研究[D]. 南京：南京师范大学，2014：12-20.

［7］ 桑玲瑶.互动交际背景下"什么 X 不 X（的）"研究[D]. 金华：浙江师范大学，2017：30-33.

［8］ 葛锴桢. 互动视角下"什么 V 不 V（的）"构式研究[J]. 长春理工大学学报（社会科学版），2021，34（1）：143-148.

［9］ 孙志恒. 否定构式"什么 X 不 X（的）"研究[D]. 武汉：华中师范大学，2022：42-45.

［10］ 严辰松. 从"年方八十"说起再谈构式[J]. 解放军外国语学院学报，2008（6）：1-5.

[11] 张怡春. 构式理论与对外汉语教学[J]. 盐城师范学院学报（人文社会科学版），2009，29（06）：66-69.

[12] 李秀明. 汉语元话语标记语研究[M]. 北京：中国社会科学出版社，2011：104-137.

[13] 邵敬敏，赵秀凤. "什么"非疑问用法研究[J]. 语言教学与研究，1989：26-40.

[14] 李一平. "什么"表否定和贬斥的用法[J]. 河南大学学报（社会科学版），1996（3）：102-108.

[15] 魏丽君. "什么"的意义和用法[J]. 西北第二民族学院学报（哲学社会科学版），1996（3）：42-46.

[16] 王海峰，王铁利. 自然口语中"什么"的话语分析[J]. 汉语学习，2003（2）：21-29.

[17] 姜炜，石毓智. "什么"的否定功用[J]. 语言科学，2008（3）：270-277.

[18] 曹丽娜. 表否定的"什么"类格式研究[D]. 保定：河北大学，2019.

[19] 李子云. "X不X"格式考察[J]. 安徽教育学院学报（社会科学版），1988（1）：23-29.

[20] 朱培. "什么X不X（的）"构式研究[D]. 扬州：扬州大学，2015：46-50.

[21] 邵敬敏. "X不X"附加问研究[J]. 徐州师范学院学报，1990（4）：86-90.

"不 X 白不 X" 构式研究与教学*

南开大学汉语言文化学院　　　南开大学汉语言文化学院

王红厂　　　　　　　　刘脉含

摘　要：本文从句法、语义和功能等方面，对构式"不X白不X"进行了分析。发现其变项"X"主要为单音节动作动词，且具有[+述人]、[+可控]、[+自主]的语义特征。在句法功能上，它可以充当单句的谓语、宾语、定语、状语、补语；或是充当复句的分句，且一般用于因果复句和并列复句；或是单独成句。通过分析语料，将"不X白不X"的构式义总结为"说话者认为实施某行为方便，并且会获益，如果不实施某行为会让人感到可惜"，主要具备表建议的语用功能。从形成机制上看，主要是"复句压缩"和"构式压制"在起作用。最后，本文尝试提出该构式的对外汉语教学示例。

关键词：构式；三个平面；形成机制；对外汉语教学

一、引言

"不 X 白不 X"是现代汉语中表达施事者获益的一种框架性固定结构。它在形式上的最大特点在于同形复用，具有很强的惯用色彩。

关于"不 X 白不 X"构式，已有学者进行了一定的研究。最早注意到该构式的是程工（1985），他主张"不要白不要，要了也白要"是

＊ 本文亦是天津市社科项目"基于日本明治时代汉语教科书的语言研究"（TJYY20-005）的阶段成果之一。

一个"悖论"。①邵敬敏（1986：14-15）第一次明确提出"白 V"的句法属性，并从该结构的动词分类、心理判断等角度展开分析，采取了形式和意义相结合的分析方法，并否定了程工"悖论"的观点。②此后，陈一（1987：30-32）、侯学超（1998）等又分别对"白 V"、副词"白（白）"进行了说明。③④但是，以上研究都只是对该构式（或其构成成分）的初步研究，对其句法语义属性、语用功能、产生机制等尚未进行深入探讨，也未从认知语言学尤其是构式语法理论角度进行研究。

张谊生（1994：128-132）对"不 X 白不 X"结构的意义进行描述，认为其表示"放弃某种利益的结果与不放弃一样"。⑤朱子良（1994：26-28）界定了"不 X 白不 X"格式中"X"的性质，认为是单音节及物动词。再次，对整个短语的意义进行了描写。⑥此文对整个短语意义的分析对后续研究有很大价值，但是由于对动词的分类不够细致，因此描写不够全面。

刘恋（2005：3）提到了"不 V 白不 V"结构，并简要分析了其句法特点、语义关系、构式义。⑦李百玲（2009：91-92）正式较早运用构式语法理论，从构式属性、能产性和意义方面对构式"不 X 白不 X"作出分析。她进一步指出"X"可以是多种语言成分，除了单音节动词，还有单音节形容词、名词。⑧陈雯（2010：37-38+66）运用构式语法理论，对"不 X 白不 X"及其相关构式"X 了（也）白 X"和"白X 谁不 X"进行了研究。⑨钱锦昕（2011）分析了构式"不 X 白不 X"的句法、构式义和语用功能，并总结出能够进入该构式的谓词的特点。⑩吕峰（2012）详细考察了该构式及其部件的句法语义属性、产生

---

① 程工：《不要白不要，要了白要》，《中国语文》1985 年第 3 期。

② 邵敬敏：《"不要白不要，要了白要"是悖论吗？》，《汉语学习》1986 年第 5 期。

③ 陈一：《试谈"白 VP"结构的歧义性》，《汉语学习》1987 年第 4 期。

④ 侯学超：《现代汉语虚词词典》，北京大学出版社，1998。

⑤ 张谊生：《"白"类副词的表义特点及其潜在内涵》，《徐州师范学院学报》1994 年第 3 期。

⑥ 朱子良：《现代汉语格式三种》，《衡阳师专学报（社会科学）》1994 年第 4 期。

⑦ 刘恋：《略述汉语的几类语法结构》，《长沙通信职业技术学院学报》2005 年第 4 卷第 1 期。

⑧ 李百玲：《"不 V 白不 V"的构式特点》，《边疆经济与文化》2009 年第 5 期。

⑨ 陈雯：《"不 X 白不 X"及相关句式的研究》，《语文学刊》2010 年第 11 期。

⑩ 钱锦昕：《"白 X"及其相关构式研究》，硕士学位论文，南京师范大学，2011。

机制和动因，以及该构式与让步复句、一般主谓句及"V（了）也白 V"构式的区别和联系。[①]此后，陆静（2013）、易正中，杨年保等（2015：5）较为详细地总结了该构式在句法、语义、语用方面的特征，及其形成动因和机制。[②③]

综合之前学者对"不 X 白不 X"构式的研究，我们发现还存有一些尚待完善的问题。首先，对可以进入该构式的"X"的出现频率没有进行过细致统计。其次，从语用角度对其研究的成果不够丰富（比如对其篇章功能的分析），留给我们一些研究空间。此外，如何向留学生简洁有效地教授该构式，进而提出有价值的教学建议，也颇有意义。因此，我们希望通过对该构式进行句法、语义、语用等多方面的分析，加深对该构式的认识，从而更好地促进对外汉语教学。

本文所选取的语料主要来源于 CCL 语料库，极少数源于网络搜索，有效语料共 161 条，其中"不 X 白不 X"构式共出现 166 次。

二、"不 X 白不 X"构式的鉴定与分析

戈德伯格（Goldberg，1995）对构式的定义是："C 是一个构式，当且仅当 C 是一个形式-意义的配对〈Fi，Si〉，且 C 的形式（Fi）或意义（Si）的某些方面不能从 C 的构成成分或其他先前已有的构式中得到完全预测。"[④]"不 X 白不 X"所表达的"施事者获益"等语义和说话人传达的"建议"等语用信息不能从该表达式自身的组成成分推导而知，这说明其整体意义不是"不 X"与"白不 X"意义的简单叠加，体现了该表达式语义的不可预测性。据此，我们认为"不 X 白不 X"属于构式。

具体来看，"不 X 白不 X"为图式构式，由固定成分"不"、"白

---

① 吕峰：《"不 V 白不 V"构式研究》，硕士学位论文，上海师范大学，2012。

② 陆静：《构式"不 X 白不 X"探析》，硕士学位论文，天津外国语大学，2013。

③ 易正中，杨年保：《不 v 白不 v"构式分析》，《云梦学刊》2015 年第 36 卷第 2 期。

④ Goldberg A, *Constructions: A Construction Grammar Approach to Argument Structure*(Chicago: The University of Chicago Press, 1995).

不"和可替换成分"X"构成。对于"不"和"白不",其形式和意义相对明晰,这里不再过多阐述,主要探讨可替换成分"X"。通过检索包含"不X白不X"构式的语料,我们发现"X"主要为单音节的动作动词[①],且具有[+述人]、[+可控]、[+自主]的语义特征。

(一)"X"的词类

邵敬敏(2016:9-10)将动词分为八类:动作动词、使令动词、心理动词、存现动词、趋向动词、能愿动词、判断动词、形式动词。[②] 按照以上动词分类标准,我们发现进入构式"不X白不X"的动词主要是动作动词。

表1　动词"X"出现频次统计

X	吃	要	拿	捞	用	花	说	赚	看	干	偷	收	坐	占	买	上	住	打	问	借	提
频次	23	20	14	11	9	5	5	5	5	4	3	3	3	3	2	2	2	2	2	2	2

表1列出的是在语料中出现两次及其以上的21个动词。此外,"娶、捕、骗、揩、贷、抄、听、涨、吹、欠、贪、下、玩、敲、戴、溜、播、享受、赖、宰、去、混日子、游行、带、领、来、开、办、读"等29个动词(或动词短语)仅在语料中各出现了一次。可以看出,在语料中出现的50个动词"X",除趋向动词"上、去、来"外,其余均为动作动词,"吃、要、拿"这三个动词的出现频次更是占有相当大的一部分比例。

(二)"X"的语义特征

结合语料,我们发现构式"不X白不X"中的动词在语义特征上有共同性。

---

①　"X"也可以是少量形容词、名词或单音节语素,但是此类用例在CCL语料库中没有出现且在生活中的使用频率较低,此类情况会在下文"形成机制"部分中提及。

②　邵敬敏:《现代汉语通论·下册》,上海教育出版社,2016。

图 1　"不 X 白不 X" 中 "X" 的词云图

从上面的词云图（图 1）可以直观看出，这些动词语义上与人们的日常生活密切相关。首先，这些动词表示人的动作、行为、状态或变化；其次它是可以由动作发出者控制的动作或行为；同时，也是发出者有意识地发出的动作或行为。因此，这些动词均具有[+述人]、[+可控]、[+自主]的语义特征。

（1）他们无所谓所谓生态环境，无所谓生长规律，只相信一条原则：大小都能卖钱，<u>不捕白不捕</u>，谁不捕谁犯傻。

（2）商人的钱<u>不拿白不拿</u>，根本没想到会犯法，终于酿成大错。

如例 1、例 2 中的 "捕" 和 "拿" 都是人有意识发出的动作，且都是动作发出者可以控制的。相反，如 "病、知道" 和 "丢、跌" 等动词就不能进入该构式。

（3）新余市的富丽新村 700 多住户集体窃电。一部分用户认为别人偷电我也偷，<u>不偷白不偷</u>。

（4）姑娘心细，在门前办了两块法律知识的黑板报，还让大学时的同学作宣传，希望大家都来学点法律知识。"<u>不看白不看</u>"，不花钱学法律，市民们感激着呢：一下子，书社便拥有读者近 10 万之众。

其次，我们注意到，66%的动词 "X" 本身就含有[+施事者获益]的语义特征。如例（3）中的 "不偷白不偷"，如果 "偷了" 就省了钱，可以免费用电。例（4）中的 "不看白不看"，如果 "看了" 这免费的书籍，就可以学习到法律知识。

值得注意的是，有一些动词在表面上看似乎并没有[+施事者获益]的意义。但是如果我们将这些动词放在整个构式、构式所在的语境中考虑，表达的语义仍旧是"施事者获益"，这就关涉到表达的"主观性"。

沈家煊（2001：68-275，320）指出"主观性"即在话语中或多或少总是含有说话人"自我"的表现成分"。[①]在使用"不 X 白不 X"构式时，说话人具有很强的主观性，话语中留下了对某事的感情、态度、立场，传达了某种话语功能。这和"白"有着很大的关系。副词"白"是在"X"可以获益的前提下对"不 X"的全盘否定，是一种语用否定，同时表达说话人对"不 X"而感到可惜、遗憾、太傻等复杂心理。大多反应的是人们"占便宜"的主观心理，可用于正当获益，如"电影不看白不看"（已经买了电影票）、"不吃白不吃"（已经花了钱）；也可用于不正当获益，如 "公家的钱不花白不花""公家的油不揩白不揩"等。

（5）他成了家喻户晓的老年痴呆症患者。单位老干部处的个人说："反正钱也交了，<u>不播白不播</u>，多播几次没坏处，再走丢了就省事了。"

例（5）中的"播"，从动词本身的语义分析，没有"取得"义，反而有"给予"义，看似动作的发出者是吃亏的。但是如果放到语境里考虑，如果"播了"，等到再走丢时就不费事了，省下很大的精力，回报的比"付出"的要多得多。由此，我们可以这样理解，虽然动作发出者付出了，但是付出的东西可以说是一种前期投资，这种投资会使其之后有所获益。

（6）打车一个来回几十块钱会觉心疼，有了车，反会有一种<u>不开白不开</u>的感觉，人一下子就解脱了，就潇洒了，就不会再有那么多选择的痛苦了。至于带妈妈爸爸去温泉中心或别的什么中心，也都将不再是什么问题。

---

① 沈家煊：《语言的"主观性"和"主观化"》，《外语教学与研究》2001 年第 4 期。

（7）明明做得很差，却"回报"得很多，结果不仅没有受到批评和处分，反而受到表扬和奖励，有的还被提拔重用。对此，有人讽刺说"不吹白不吹，吹了不白吹"。我们反对的就是这种错误的"报喜得喜"。

（8）在他们的潜意识里，也许都觉得一位老夫子样的老知识分子，和一位有理讲不清的年轻妇女当街争吵，本已构成热闹，不看白不看。

例（6）中"开"是"非取得/给予"义动词，本和[+施事者获益]无关，但是同"给予"类一样，施事者是潜在的受益人。放在语境中我们可以这样理解：开了车就没有了选择的痛苦，而且可以方便地带父母出去享受生活。例（7）中，"吹牛"表面上看既没有付出什么也没有获得什么，但结果是受到表扬被提拔。例（8）中的"看"是说话人主观认为施事者可能觉得这种热闹应该看，错过就可惜了。看热闹不仅能够提供一种社交体验，通过与他人分享和讨论，增进彼此的交流和联系，而且可以满足人们对于未知事物的探索欲望，带来新鲜感和刺激感。同时，人们在看热闹的过程中也会进行自我对比和评估，从中获得启示与反思。因此，所谓的"获益"，是在具体的构式和语境中产生的。

综上所述，我们认为从"获益"的角度来归纳动词"X"的语义特征是很困难的。由此，我们将能够进入"不 X 白不 X"构式的动词的语义特征概括为：[+述人]、[+可控]、[+自主]。

（三）"X" 的音节特点

（9）个人主人拜金主义和人们之间的冷漠相结合形成了一股文化暗流，如"当官有权不用，过期作废""公家的东西，不拿白不拿""少管闲事，明哲保身"等，这严重侵蚀着人们的心灵，贪污浪费现象屡见不鲜。

（10）赵胜天李小兰自己的婚礼不能自己做主，多少有些不快，但一想到又不要他们掏钱，不游行白不游行。

（11）他们本来是最追求不断进取的人群，但他们也是最具有适应力的人群，既然发现<u>不混日子白不混日子</u>，Tony 林就乐得不紧不慢地拿他的高薪，并开始不断地怠慢罗杰，结果发现罗杰拿他没有办法。

通过分析语料，我们发现绝大多数动词为不带宾语的光杆动词。进入该构式的动词共有 50 个，其中单音节动词有 47 个，占总数的94%，可见该构式倾向于选择单音节动词。上述例句中的"游行""混日子"为出现较少的多音节动词短语，且语料中只有"混日子"这一个动词带宾语的用例。

（四）"不 X 白不 X"构式的语义功能考察

我们将"不 X 白不 X"的构式义总结为"说话者认为实施某行为方便，并且会获益，如果不实施某行为会让人感到可惜"。

（12）一些京郊农民甚至带着面口袋半夜赶来排队，说："'精灵鱼'是什么鱼？反正是白送的鱼，<u>不要白不要</u>！"结果一些连锁店的门被挤碎，人群一阵大乱，不得不请出警察维持秩序。

（13）试想，在农村听歌，那么贵的票价，如果要私人掏钱，会有那么多听众吗？而由公家掏钱，那就很不心疼了，<u>不听白不听</u>！为什么"星"们越唱越红？票价越抬越高？恐怕同公款消费有关系。

上面说到，可以在该构式中出现的动词"吃、要、拿、捞、用、花、说"等，都是[+述人]、[+可控]、[+自主]的。同时，说话者认为实施这些行为都是比较方便的，不会很费事，且实施行为后会使自己获益。如例（12）中的"要"，因为是白送的鱼，所以施事者不用做多少努力就可以要到鱼，因此"要"这个动作对于施事者来说是较方便的。同时，如果要了鱼，就可以不用花钱得到好处，因此如果不要鱼的话就很可惜。例（13）中的"听"，本来在农村听歌是要花很多钱的，但因为是公家掏钱，所以实施"听"这个行为就变得方便了，且可以免费听歌，是个获益的行为。那么，既然是这样为何不听？如果不听就会让人感觉可惜甚至有点儿愚蠢。

三、"不 X 白不 X"构式的位置分布

根据语料，我们得出该构式的句法功能有：充当单句的谓语、宾

语、定语、状语、补语，或是单独成句、充当复句的分句。

（一）作谓语

（14）公家的油<u>不揩白不揩</u>。

当此构式充当单句的句子成分时，我们发现它作谓语的情况偏多，这可能与构式中的"X"有关。"X"基本是动词，导致其构式的谓词性较强，因此更多地充当谓语。这时"不 X 白不 X"的功能相当于一个动词短语。其中的动词一般是光杆动词，后面不能带宾语，所以受事只能提到整个结构的前面充当主语或话题。如上例可以理解为：揩（公家的油）。

（二）作宾语

（15）当时他们给我钱，我认为<u>不要白不要</u>，因为都是个体户的钱，不是国家的钱，自家兄弟也不会出卖我……

"不 X 白不 X"也可以用在动词后，充当宾语。

（三）作定语

（16）各地在执行政策时再三再四地搞"法不责众""下不为例"，不仅使那些奸猾之徒，在占便宜之余养成了"<u>不捞白不捞</u>"的恶习，更会伤害大多数"老实人"的心。

"不 X 白不 X"可以用在名词前充当定语，其功能相当于一个固定语。从上述例句中，我们可以发现该构式作定语时通常不直接修饰中心语，要加上结构助词"的"。因为构式中的"X"是谓词性的，因此整个构式也是谓词性的，而谓词性结构作定语一般要加"的"。

（四）作状语

（17）倘真地得了诺贝尔文学奖，也仍然可以极为好心地、激励他向上地、<u>不问白不问</u>地问他：怎么你得奖后反倒写得不那么多，而且，怎么写出的作品倒不如以前的好，怎么就没有新的突破了呢？

在我们检索的语料中，该构式仅有一例作状语的用法。如例（17）

是"不问白不问"作动词"问"的状语。

（五）作补语

（18）而且，温哥华的酒店也真是便宜得<u>不住白不住</u>似的。

"不 X 白不 X"也可以用在动词后，充当补语，在语料中也仅发现了一例。

（六）复句的分句

"不 X 白不 X"经常作为复句的分句来使用，一般用于因果复句和并列复句。

1. 因果复句

（19）高大宏坚持不收，马承林说："那又不是他李小芳的，<u>不要白不要</u>！收下吧，说不定以后还会有用处的。"

（20）"<u>不吃白不吃</u>"，那就该吃！"有钱的不如有门的"，那就得想方设法找"门"。

我们发现，当该构式充当分句时，用于因果复句的最多，且一般都是用在后一分句，表示结果。如例（19）的"不要白不要"都用在后一分句，表示结果。例（20）中的"不吃白不吃"用于前一分句，表示原因。

2. 并列复句（对举）

（21）有的人对此评价是："<u>不要白不要，不拿白不拿</u>。要了也白要，拿了也白拿。"

上述例句中有两个"不 X 白不 X"构式，构成并列复句，使得句子具有强烈的节奏感。

（七）单独成句

（22）常少乐说："他包咱，咱包他。他们肯定认为咱们还是瞎子呢！<u>不打白不打</u>。"

构式"不 X 白不 X"可单独构成一个简单句，表达一个独立完整的意义。

四、"不 X 白不 X"构式的语用功能考察

语言交际是在一定的语境中进行的。因此研究构式，一定不可以脱离语境而孤立存在，言语交际中的语境因素蕴含丰富的信息内容，这些内容在交际过程中十分重要，交际者可以利用这些内容，用较少的言语形式表达较为丰富的信息。

"不 X 白不 X"主要具备表建议的语用功能。随着语境的不同，构式所表现出的表建议的语用功能也有一定差异。

（23）怕什么，你丈夫仍在香港赚钱，你是不花白不花，才不用替他省着用，你为全家拿护照，功劳至为伟大。

（24）你不吃白不吃，浪费了一个好机会，都告诉你免费了。

（25）"到 40 岁才娶了一个老婆。应该多娶几个，不娶白不娶，你看人家一个又一个的，这不亏了！""亏了也来不及了，没什么可后悔的，哈哈！"

当"不 X 白不 X"中的"X"关涉的施事者是听话人时，该构式表示说话人对他人的建议。这种语用功能通常用于描述未然事件，即听话人本不打算实施某事，说话人认为对方应该实施并劝说对方实施。如例 23，听话人本想节省，不想花丈夫的钱，然后说话人劝说听话人应该花钱，并在后续句中给出理由。此外，也有极少数语料用于已然事件，这时"不 X 白不 X"除了表示建议外，还带有一种对他人的埋怨。如例 24 是说话人埋怨听话人没有吃，例（25）是责怪听话人没有娶。

这时"不 X 白不 X"中的"X"关涉的施事者是第二人称"你"，所以说话人能用该构式表达出"你能受益"的意思，从而实现"劝说他人"的语用功能。

（26）"……我说这钱危险！莫要！""老子是西源山大王，有什么鸟危险！不要白不要。"他硬是把钱塞到我手里。

（27）以后他们董事长说要请我吃顿饭，我也就不客气了，因为时近中午，不吃白不吃。

当"不 X 白不 X"中的"X"关涉的施事者是说话人本人时，该

构式表示说话人对自己的一种建议，更确切地说是表示自己对某种行为或事件的一种宁得不失的态度。如例（26）中的"不要白不要"的语用功能是说话人认为自己就应该要下这笔钱，表明一种一定要要到钱的决心。例 27 是董事长要请说话人吃顿饭，说话人认为自己就应该吃，不吃的话就很可惜。

五、"不 X 白不 X"的形成机制

我们认为，构式"不 X 白不 X"是由其原型假设复句"如果不 X，那也是白不 X"紧缩而来的[①]。虽然构式"不 X 白不 X"在形式上没有假设复句的连接词，其逻辑语义关系也不像假设复句那样表现得很明显，但随着该构式的逐渐固化，人们可以利用"趋完全"的认知心理对其语义做出正确完整的解读。

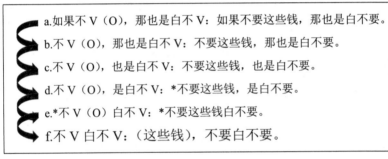

a.如果不 V（O），那也是白不 V：如果不要这些钱，那也是白不要。

b.不 V（O），那也是白不 V：不要这些钱，那也是白不要。

c.不 V（O），也是白不 V：不要这些钱，也是白不要。

d.不 V（O），是白不 V：*不要这些钱，是白不要。

e.*不 V（O）白不 V：*不要这些钱白不要。

f.不 V 白不 V：（这些钱），不要白不要。

图 2　构式"不 X 白不 X"的紧缩过程

图 2 便反映了构式"不 X 白不 X"的紧缩过程。从 a 句到 f 句，句子的简洁程度逐渐提高，依次省略了假设连词"如果"、指示代词"那"、关系连词"也"、系动词"是"。在 e 和 f 之间，我们之所以会选择 f 这种用法，是因为 e 句的结构平衡感较差。从句法上看，"不要这些钱白不要"，主语为"不要这些钱"，谓语是"白不要"，主语的音节数超过了谓语，句子结构失衡，出现了"局部发达"的情况，因此

人们会感到奇怪。于是，我们便会将宾语话题化移至句首，变为 f 句"（这些钱），不要白不要"，这就消除了语感上的不适。

在"不 X 白不 X"中，"X"大多为单音节动词，但由于"构式压制"的作用，也可以是少量形容词、名词或单音节语素。王寅（2009：5-9）将米凯利斯（Michaelis，2004：1-67）[①]提出的"压制原则"进一步深化，将"构式压制"解释为：词汇与构式的关系就好像液体和容器的关系。当我们把词汇装入某特定的构式中时，词语必然要在一定程度上受制于构式整体的影响。[②]因此，只要在构式中看似句法、语义冲突的现象最终变得和谐的都可以认为是构式压制。

（28）不美白不美，再美一回。（网络）

（29）本着强身健体灌水有理之原则，不水白不水。（网络）

（30）上海春季房产打折促销，不促白不促，销售节节攀。（网络）

例（29）中"水"原本是名词，前面不可加副词被修饰，而在此却跟在了副词"白"后面，这是构式"不 X 白不 X"的存在使它产生了存在的合法性，"水"在此处临时充当了谓语的功能。"促销"是商业领域用语，"促"在现代汉语中本是一个不能单独使用的语素，但在例（30）中上半句已出现的"促销"一词，因此在后面构式中使用"促"来表达"促销"的意思，读者也能准确地领会其意义。"促"在这里能够获得独立的意义是构式压制的结果。从语言的经济性原则讲，也是人们省时省力的一种简洁性创新表达。

六、"不 X 白不 X"的对外汉语教学

我们将"不 V 白不 V"[③]构式的教学对象设定为中级水平汉语学习者，课型为综合汉语课。首先通过"超市做活动"的情景导入该构式，随后配合多种场景（实例）进行讲解和操练。

---

① 米凯利斯（Michaelis，2004：1-67）将压制原则（the Overiding Principle）定义为：如果一个词项与它的形态句法环境在语义上互不兼容或出现误配，这个词项的意义就应顺应它所嵌入的构式义。

② 王寅：《构式压制、词汇压制和惯性压制》，《外语与外语教学》2009 年第 12 期。

③ 因为"不 X 白不 X"中的"X"大多为动词，因此在进行对外汉语教学时，仅教学"不 V 白不 V"用法。

（一）导入

通过"超市做活动"的情景导入该构式。

教师：超市做活动，免费给每位顾客一瓶饮料。你要不要呢？（师生互动）

学生：要。

教师：为什么呢？

学生：不要太可惜了。

教师：对，这时我们就可以说"***，不要白不要"。下面我们就来学习"不 V 白不 V"这个结构。

（二）讲解

教师通过 ppt 展示更多日常生活情景，引导学生用该构式完成句子。如：

——小王今天请大家吃好吃的，你去不去？

在较多例句的基础上，引导学生：一是归纳出"不 V 白不 V"构式的意义和用法，表示说话人觉得应该做某事，因为人们会获得好处，如果不做就很可惜，该构式主要用于表达说话人对听话人的建议，也可以表达说话人一种可惜的态度。二是发现该构式中动词的音节和语义的特点。

（三）操练

学生理解该构式后，再通过充分的操练使得学生完全掌握该构式，形式上包括但不限于句义选择题、看图说句子、分组进行有场景的对话等。例题如下：

1. 小王：你今天去商场，怎么买了这么多东西？

小张：商场今天打折，不买白不买啊！

问题：小张是什么意思？

A. 不应该买这么多东西。

B. 东西便宜，应该买，不买就很可惜。

C. 买这么多东西没有用。

2. 电影院刚开业，每位顾客可以免费看一场电影，你看不看？

_____。

（参考答案：当然。免费的电影，不看白不看。）

参考文献

［1］ Goldberg, A. *Constructions :A Construction Grammar Approach to Argument Structure*[M]. Chicago: The University of Chicago Press, 1995.

［2］ Michaelis L A. Type shifting in construction grammar: An integrated approach to aspectual coercion [J]. Cognitive Linguistics, 2004, 15 (1): 1-67.

［3］ 程工. 不要白不要，要了白要[J]. 中国语文，1985（3）.

［4］ 陈雯. "不 X 白不 X"及相关句式的研究[J]. 语文学刊，2010（11）：37-38+66.

［5］ 陈一. 试谈"白 VP"结构的歧义性[J]. 汉语学习，1987（4）：30-32.

［6］ 侯学超. 现代汉语虚词词典[M]. 北京：北京大学出版社，1998.

［7］ 李百玲. "不 V 白不 V"的构式特点[J]. 边疆经济与文化，2009（5）：91-92.

［8］ 吕峰. "不 V 白不 V"构式研究[D]. 上海：上海师范大学，2012.

［9］ 陆静. 构式"不 X 白不 X"探析[D]. 天津：天津外国语大学，2013.

［10］ 刘恋. 略述汉语的几类语法结构[J]. 长沙通信职业技术学院学报，2005，4（1）：3.

［11］ 钱锦昕. "白 X"及其相关构式研究[D]. 南京：南京师范大学，2011.

［12］ 施春宏. 从构式压制看语法和修辞的互动关系[J]. 当代修辞学，2012，（1）：1-17.

［13］ 邵敬敏. "不要白不要，要了白要"是悖论吗?[J]. 汉语学习，1986（5）：14-15.

［14］ 邵敬敏. 现代汉语通论`下册（第三版）[M]. 上海：上海教育出版社，2016：9-10.

［15］ 沈家煊. 语言的"主观性"和"主观化"[J]. 外语教学与研究，2001（4）：

268-275+320.

[16] 王寅. 构式压制、词汇压制和惯性压制[J]. 外语与外语教学，2009（12）：5-9.

[17] 易正中，杨年保. "不V白不V"构式分析[J]. 云梦学刊，2015，36（2）：5.

[18] 张谊生. "白"类副词的表义特点及其潜在内涵[J]. 徐州师范学院学报，1994（3）：128-132.

[19] 朱子良. 现代汉语格式三种[J]. 衡阳师专学报（社会科学版），1994（4）：26-28.

"说到哪儿去了"话语标记研究与教学

南开大学汉语言文化学院

刘脉含

摘要：本文描写了话语标记"说到哪儿去了"在话轮中的位置分布，认为该话语标记表示说话人对对方观点的否定，并归纳了包含该话语标记的语段语义结构模式和前后项的常见语义关系。同时，讨论了其语篇连贯和人际互动功能，指出负面立场表达是其最主要的人际功能，此外还兼有客气表达功能。最后，分析了其负面否定立场的形成机制，并提出该话语标记的对外汉语教学示例。

关键词：话语标记；语义功能；语用功能；形成机制；对外汉语教学

一、引言

"说到哪儿去了"是日常生活中出现频率极高的口语常用语。目前已有的论著，大都集中于对其组成部分的研究。如以姚占龙（2008：47-53）为代表，他从认知情态角度对"说"发展的主观性进行了论述。[①]关于"哪儿"的非疑问用法，王力（1943）较早指出疑问代词具有非疑问用法，可以表否定。[②]来德强（2001）指出，否定性"哪"出现在句中表示说话者对某事件持否定态度。在具体语境中，还可以表

---

① 姚占龙：《"说、想、看"的主观化及其诱因》，《语言教学与研究》2008 年第 133 卷第 5 期。
② 王力：《中国现代语法》，商务印书馆，1943。

示反驳、劝阻、婉拒、谦虚等义。①此外，陈红（2013）在讨论"哪里"的非疑问用法研究中也提出了反问句里的"哪儿"是其否定用法。②王长武（2015：8-14）指出"哪里"类结构传递出说话者的主观态度，其固化是主观化与交互主观化作用的结果；同时指出结构省缩、语境吸收也发挥了作用。③李琳（2018）也探讨了"哪里"的否定用法。④刘彬、袁毓林（2019：110-117）讨论了"哪里"类反问句否定意义的形成与识解过程。⑤关于"去"，马庆株（1997：17-23+61）则提出说话人的主观感觉可以决定对"来"和"去"的选择，体现了汉语动词的主观范畴。⑥

而关于话语标记"说到哪儿去了"的专门研究较少，大多只是在相关研究中有所涉及。学界关于其最早研究见于常玉钟（1993）的《汉语口语习用语功能词典》，词典中解释了该结构的几种语义并给出一些例句。⑦张志敏（2012）、王长武（2015：8-14）等在探讨"哪儿"（"哪里"）的否定用法时，也提及到"说到哪儿去了"这一结构并举出了一些例子⑧⑨，但缺乏深入全面的研究。此后，王家丽（2020）把"说哪儿去了"看作构式和口语习用语进行分析，此外还通过调查该结构在对外汉语教学中的难点，提出教学建议⑩，这为本文提供了一定的参考。

---

① 来德强：《"哪儿"的非疑问用法》，硕士学位论文，河南大学，2001。

② 陈红：《疑问代词"哪里"的分类及其非疑问用法》，硕士学位论文，渤海大学，2013。

③ 王长武：《"哪里"类结构的语用功能及固化历程——兼论委婉否定的程度差异》，《贵州工程应用技术学院学报》2015 年第 33 卷第 1 期。

④ 李琳：《疑问代词的非疑问用法及其相关构式研究》，博士学位论文，上海师范大学，2018。

⑤ 刘彬，袁毓林：《"哪里"类反问句否定意义的形成与识解机制》，《华中师范大学学报（人文社会科学版）2019 年第 58 卷第 1 期。

⑥ 马庆株：《"V 来/去"与现代汉语动词的主观范畴》，《语文研究》1997 年第 3 期。

⑦ 常玉钟：《口语习用语功能词典》，北京语言学院出版社，1993。

⑧ 张志敏：《疑问代词"哪儿、哪里"的非疑问用法研究》，硕士学位论文，东北师范大学，2012。

⑨ 王长武：《"哪里"类结构的语用功能及固化历程——兼论委婉否定的程度差异》，《贵州工程应用技术学院学报》2015 年第 33 卷第 1 期。

⑩ 王家丽：《"说哪儿去了"的用法及其对外汉语教学法研究》，硕士学位论文，河北师范大学，2020。

综上，我们发现相关研究成果大多集中在"说到哪儿去了"的某个部件上，鲜有文章专门对其展开论述。因此，我们希望在相关研究的基础上，全面、深入地分析"说到哪儿去了"这一格式，从而更好地促进对外汉语教学。

本文所选取的语料来源于 CCL 语料库、BCC 语料库，有效语料共 76 条，此外还包括少数自似的句子。

二、"说到哪儿去了"的话语标记判定

现代汉语中，"说到哪儿去了"有以下两种用法：

（1）"诶，说到哪儿去了？"

"这就忘了？刚说到上周和老王去打羽毛球。"（自拟）

"哦对，看我这记性。"

（2）"等您活到 100 岁时，我就 70 多了，我们一起走，在另一个世界里，我也将伴随你，照顾你，真的……"他嗔道："看你，说到哪儿去了！我不敢说我活到 100 岁，90 岁总要活吧？那时你才 60 多，好好活着。"

例（1）中的"说到哪儿去了"是真性疑问用法，说话人询问听话人刚才在谈论何事。例（2）中的"说到哪儿去了"是反问用法，表明否定对方的观点。本文主要研究例（2）的这种用法[1]。

根据话语标记的界定标准，我们将"说到哪儿去了"判定为话语标记[2]。首先，从语音上看，"说到哪儿去了"具有可识别性，与其他语言单位之间存在语音停顿，呈现在书面语上会有标点符号与其前后项隔开，是一个独立的语音单位。从句法上看，它具有独立性，经常出现在句首，不与相邻成分组合构成更大的语法单位。从语义上看，它没有实际命题义，只有程序义，将其删除后不会对句子的真值条件

---

① 我们把"你说到哪儿去了""说到哪里去了""你说到哪里去了"视为"说到哪儿去了"的变体形式。

② 话语标记的定义和界定标准尚未在学界形成定论。但综合来看，各家对话语标记的界定标准大同小异。本文根据刘丽艳（2005）、曹秀玲（2016：3）等学者的观点，从语音、句法、语义和语用四方面对话语标记"说到哪儿去了"进行了界定。

产生影响。从语用上看，它具有语篇连贯和人际互动功能。因此，类似例 2 中的"说到哪儿去了"是典型的话语标记。

三、"说到哪儿去了"的位置分布

通过观察语料，我们发现话语标记"说到哪儿去了"几乎均出现在对话语体中，具体来说可以出现在话轮①起始、话轮中间、话轮末尾或者自成一个话轮，其中分布在话轮起始和中间较多，话轮末尾次之，独占话轮最少。

（一）位于话轮起始

（3）艾莉十分伤感，她说："不过，我怀疑你不是和什么外国商人去澳门，看样子，你是去和你的女朋友度蜜月。""你说到哪儿去了，前两天，我没有回家，也是为了应酬那些外商，并不是为了别的，难道你以为我在外面好好享受吗？……"

"说到哪儿去了"较多用于话轮起始位置，且一般是位于应答话轮的起始。在话语交际中，当交际人 A 首先完成了某一会话行为后，交际人 B 的常理回应是先表明自己"赞同/不赞同"的立场，而后再进行解释说明。如例（3）的"说到哪儿去了"位于话轮起始，表明说话人否定对方"你不是去谈工作，而是去度蜜月"的猜测，随后说明反驳的理由和依据。

（二）话轮中间

（4）杜·瓦诺布尔夫人说，"如果这是为了去谋害……""谋害别人性命？你说到哪儿去了！"艾丝苔见她朋友吞吞吐吐，便说出了她想说的话，"你放心吧，"艾丝苔继续说，"我不想害任何人。我过去有一个女友，一个很幸福的女子，她死了，我要跟随她去……就这么回事。"

（5）"也就是说，我是不是认为，生活放荡是不道德的？""生活放荡！唉，您说到哪里去了！不过我要按顺序来回答您，首先一般地

---

① 我们采用邵敬敏（2016：106）对"话轮（turn）"的定义：交际的参与各方互换角色，交替发言，同一参与者每次持续说出的话语就称为一个话轮。

谈谈女人，您要知道，我喜欢闲扯。……"

（6）"儿子啊！我们做人不能言而无信，难不成你是因为文家现在家道中落，你觉得文家小姐配不上你，所以反对这门亲事，""不是，爹<u>你说到哪儿去了</u>，我只是不喜欢这突然来的婚姻。"

当"说到哪儿去了"位于话轮中间时，位于话轮之首的成分主要有以下三类：对上一话轮话语内容的回声问句，如例（4）的"谋害别人性命"；表主观情态的感叹词，如例（5）的"唉"；例（6）的"不是"等否定语句。①上述三种成分中，回声问句和感叹语都不是对说话人立场的进一步阐述；而否定话语也是赞同或不赞同的表态性成分，与"说到哪儿去了"的否定功能一致。因此，上述三类成分可位于"说到哪儿去了"之前。"说到哪儿去了"的后续内容大多是说话人持否定立场的理由或依据。

（三）话轮末尾

（7）"我……不……"她羞得无地自容。"哎呀，别不好意思啦！又没说不让你谈恋爱，只要那个男人别拐走了我的得力助手就成了，先说好，要结婚，行！婚假我会很大方得多放你几天，就是辞职免谈！""总裁，您<u>说到哪儿去了</u>……"娇容红若朝霞，她又羞又窘，闪身出门。

（8）"宣扬？奇怪，我不明白，为什么一提到那个姑娘的事，你就那么意气用事。""你想要她？""瞧你，<u>说到哪儿去了</u>！""不是跟你开玩笑。不知道为什么，我看见她总觉得将来可能成为我的沉重包袱。……"

"说到哪儿去了"较少分布在话轮末尾。其前面的内容大多是对对方的称呼语，或者类似"瞧你"的话语连接语。

---

① 姚双云、姚小鹏（2012：77-84）指出，从信息传递的角度看，两个共用的同义语言成分通常主观性弱的先出现，主观性强的后出现，因为人首先需要一个反映客观事实的语言成分来"达意"，其次才需要一个表达主观感受的成分来"传情"。因此，主观性较弱的"不是"等成分出现于主观性较强的"说到哪儿去了"之前。

（四）独立话轮

（9）宝宝从浴盆里站起身，卫紫衣已张开一大幅软棉把她包里住，轻轻拭干水珠，她有点不好意思："让我自己来。""不，让我多陪陪你。若不是我太忙，你不会想到要去烧香。""大哥，<u>说到哪儿去了</u>？"她那好奇的大眼睛，温巧的声音，仍像个处子。

"说到哪儿去了"也可以自成一个话轮，作为说话人对对方所述内容的回应，表明说话人针对前一个话轮所表达内容的立场。因为是独立话轮，所以听话人需要借助语境来推断说话人单独使用该话语标记想要表达的实际含义。如例（9）说话人是要借助该话语标记对对方"因为太忙，没有时间陪伴"自责心理的回应，是宽慰对方的表现。

四、"说到哪儿去了"的语义功能

（一）表示否定

（10）若潮心虚地给了她一记卫生眼，"我又不是你刘花痴。""哎呀！别假了啦！刚才我看你浑然忘我地直盯着人家大帅哥瞧，不是三魂七魄全飞到人家哪儿去是什么！都被迷得晕头转向，忘了自己是谁了，还装蒜！这又没什么好可耻的，要真无动于衷，才不正常呢！""你……<u>说到哪儿去了</u>！我才不会对他感兴趣呢！他不过是长得好看些罢了，又没什么特别的！"

在"说到哪儿去了"中，"说"可表责备义，具有[+否定]的语义特征，"哪儿"本身是表任指的疑问代词，出现在反问句中也表否定，"说"和"哪儿"连用表示否定所有。"去"表示偏离趋向，即偏离主观认知。从整体上看，该话语标记采用反问式，表示说话人对对方观点的否定。如例（10）是说话人借助"说到哪儿去了"反驳对方"你是花痴"的观点，后面用一个"不"否定句加强否定，接着陈述否定的原因"不过是长得好看，没什么特别的"。

（二）包含"说到哪儿去了"的语段语义结构模式

经过语料分析，我们发现在该话语标记出现的语篇中，通常会出现以下语义项：

A：对方陈述事实

B：对方凭借事实得出的主观结论或观点

C：说话人否定对方的观点

D：说话人对于自身为何持否定立场的补充说明或解释

我们将包含话语标记"说到哪儿去了"的语段语义结构模式总结为：

（A）+B+C+（D）。

话语标记"说到哪儿去了"一般会在 C 项中出现。而 A 和 D 项可以出现也可以不出现。如：

（11）"儿子啊！我们做人不能言而无信，难不成你是因为文家现在家道中落（A），你觉得文家小姐配不上你，所以反对这门亲事（B），""不是，爹你说到哪儿去了（C），我只是不喜欢这突然来的婚姻（D）。"

（12）此语一出，的确非常具震撼效果，老奶奶就第一个受不了。"我反对！你们……你们至少要先成亲，才准生孩子（B）。""唉！娘，您说到哪儿去了？（C）"商弘肇觉得他娘真是想抱曾孙子想抱疯了，此等后果不堪设想的事，民居然反对得一点都不坚决。"就算成亲，辂儿也应该和周小姐成亲，岂可随便娶一个名不见经传，无才无德的女人？"（D）

（13）"父母恩爱是件好事啊！做女儿的怎能阻止？"（B）"你说到哪儿去了？"（C）她不依地在他怀里扭着，没有反驳他的"父母"论调。

例（11），爸爸首先说明事实"文家家道中落"，之后得出主观结论"所以儿子觉得文家小姐配不上自己，反对这门亲事"。儿子首先通过"不是，说到哪儿去了"进行反驳，接着通过"只是不喜欢突然来的婚姻"为自己辩解。

有时，因为事实是听说双方都知晓的，所以 A 项作为共识会省略，如例（12）。D 项有时也可以一起省略，如例（13），这是因为在 C 项中说话人已经阐明了否定立场，因为无奈或其他原因不想再进行深入的解释（即为何否定）。

（三）"说到哪儿去了"前后项的语义关系

通过分析语料，我们发现"说到哪儿去了"前后项的语义关系包括转折、递进关系两大类。

1. 转折关系

（14）"妈，我有事和你商量。"天培笑嘻嘻地说。"有什么好事吗？该不会你也和天华一样，有惊喜的消息要告诉我，让我高兴吧？"易夫人见天培如此好心情，便开他玩笑。"妈，你<u>说到哪儿去了</u>？不过，也有点像就是了。""真的？！"易夫人这下子兴趣全来了。

我们发现，"说到哪儿去了"的前后项大多都是转折关系。前文说到该话语标记表示否定，前项一般是对方的某个观点，后项一般是说话人针对该观点的反驳意见，因此后项是对前项的限制或修正，此时"说到哪儿去了"通常会与表示转折的词语如"不过""却""虽然"共现。如例 14 的"不过也有点像"是对前项"有惊喜的消息要告诉我"的限制，意思是说话人想要告知对方的好事还达不到和天华一样可以令人十分惊喜的程度。

2. 递进、补充关系

（15）"好嘛，陛下，"他说道，"您看我的敌人真是无所不用其极：他们竟然以两场战争来威胁您，如果您不将我革职的话。说真的，陛下，如果处在您的地位，我会向这种强硬要求让步，而我本人呢，能够摆脱公务，着实非常高兴。""您<u>说到哪儿去了</u>，公爵？""我是说，这过度的斗争和无尽的工作，使我的身体已经大不如前。我是说，从各方面的情况判断，……。"

（16）衿子似心有不甘："我看你干脆直接回家得了。""太太烧的一手好饭菜，外边的饭难吃得无法下咽，不是吗？""<u>说到哪儿去了</u>？""你太太还说你就喜欢她做的饭菜，做什么吃什么。"

　　"说到哪儿去了"的前后项还可构成递进补充关系，即后项是对前项的补充，在语义上更进一步。如例（15）公爵从"说到哪儿去了"推断出陛下对自己说的话存在疑惑，于是对前项"革职"的请求做进一步的解释说明，即后项"我的状况大不如前，建议任命其他人"。例（16）的后项是对前项"太太烧的饭菜好，外边的饭难吃"的进一步说明，即太太做的菜不仅好吃，而且做什么吃什么。

五、"说到哪儿去了"的语用功能

　　话语标记的主要功能在于语用方面。系统功能语言学创始人韩礼德（Halliday，1985）将语言的元功能总结为：概念、人际和语篇功能。[①] "说到哪儿去了"属于元话语层级，主要承担语篇连贯和人际互动功能。

（一）语篇连贯功能

　　董秀芳（2007：50-51）提及程序义是话语标记的主要意义，不会对会话内容的真值义造成影响，可以借其衔接语篇。[②] 尽管有时在会话中没有出现话语标记，但凭借常识或上下文的逻辑推理，我们也可以理解其联系，但是加上话语标记就可以使这种衔接从隐性变为显性。在语篇中，"说到哪儿去了"就起到了衔接、预示后续内容的作用。

　　在语篇衔接方面，能够使话语过渡自然，连贯流畅。在内容预示方面，具有预示后续内容的负面性、相异性的功能。一般情况下说话人在交际中会遵循礼貌原则。但实际上，有时说话人不得不表达自己的负面评价或发表不同观点，此时会采取一些手段来缓和与对方的交际冲突。通过话语标记"说到哪儿去了"让听话人有一个心理预期，可以提前预判后续内容的特征，从而缓和了双方的正面冲突。

　　（17）小贝说，我才不相信你没有兴趣，你心里想些什么我还能不知道？你是不愿意跟我这样的人走在一起吧？我是个体户，唯利是图，道德败坏……韩启说：你说到哪里去了？我可不会那么看你。人

---

① Halliday, M. A. K, *An Introduction to Functional Grammar* (London: Arnold, 1985).
② 董秀芳：《词汇化与话语标记的形成》，《世界汉语教学》2007 年第 1 期。

各有志嘛，我不喜欢上街。

如上述的"你说到哪里去了"从句法角度看可以去除，且对话语的真值含义基本无影响。但是从语用角度看，删除之后，其前后内容衔接就变得不太明晰，在语义上也有些突兀。因此通过"说到哪儿去了"的使用可以减少听话人的认知努力，更好地理解说话人的立场观点，从而优化交际效果。

（二）人际互动功能

话语标记是语言表达主观性和交互主观性的一种重要方式。原本只是说话人自己的见解，通过"说到哪儿去了"将听者也纳入话语范围中，使得听说双方掌握了共同的信息。随着语境的不同，其所表现的人际互动功能也不同。"说到哪儿去了"具有立场表达功能和客气表达功能。

1. 立场表达功能——负面立场

事理立场是说话人对事物的合理性所做出的一定判断。如果说话人认为某个议论对象是合理的，话语表达的立场就是正面的，相反如果说话人认为某个议论对象是不合理的，事理立场就是负面的。[①]"说到哪儿去了"最主要的立场表达功能是否定对方的话语观点。同时，受上一话轮的内容、交际双方的人际关系等语境因素的影响，常附带不同的情感，具有不同的语义强度，动态浮现出不同的立场表达功能。经考察，"说到哪儿去了"表达的立场主要有以下几种，依据负面程度的由高到低进行排列为：

斥责＞反驳＞否定＞嗔怪

① 斥责

（18）"我明白了，是那个文家怕女儿嫁不出去，我们绿幕山庄又是中原首富，嫁过来，纵然没幸福至少荣华富贵享用不尽，所以硬要塞给我对不对？"司凌气愤地说出心里的假设。"臭小子，你说到哪里

---

① 刘娅琼，陶红印：《汉语谈话中否定反问句的事理立场功能及类型》，《中国语文》2011 年第 2 期。

去了，你胆敢再将文家人贬得这么低，我一定撕烂你的嘴。"

（19）她一离开，小胡就用手捅捅我，"哇，这女人好靓！你怎么认识的？"我说："这人是我的学生。"他挤眉弄眼的："余老师你真有艳福。这个女人，跟她睡一觉，一万元都值得。"我听他胡说八道，瞪了他一眼："你说到哪里去了！公众场所，莫乱吼乱叫。让人听见了不像话！"

（20）连雅萱煞有其事地哇哇大叫，看到小庭的脸色更难看，她才收敛了些，改以讨好劝说的语气道："我知道你不甘心让我白吃白住啦！但吃住的事好商量，我又不是真的不给你钱，大不了你说个数字我付嘛！"江廷再也听不下去了，气呼呼地打断她的话："连雅萱！你说到哪里去了！？"

说话人认为对方的观点过于不合情理，对其进行斥责，其话语的否定强度极高，常带有愤怒的负面情绪，经常与能够体现说话人负面情感态度的其他话语或者副语言共现。从例（18）的"胆敢""撕烂你的嘴"、例（19）的"瞪了他一眼"、例（20）的"气呼呼地"这些不礼貌的表达就可知说话人愤怒和斥责的立场。

②反驳

（21）你跟那些女人发生了肉体关系，她们肯放过你？鬼才相信！""我们只不过逢场作戏！""逢场作戏，啊！原来你还招妓。""你说到哪里去了？我这个人，不嫖不赌不抽烟，不信，问我表哥。"

反驳是指说话人不同意对方的某个观点，并用"说到哪儿去了"进行反驳，后续话语为反驳的原因，其话语的否定强度较高。如上述例句，说话人用"说到哪儿去了"对对方 "原来你还招妓"的观点进行反驳，后续话语进一步说明为何反驳，形成交际双方的立场对立。

③否定

（22）"父母恩爱是件好事啊！做女儿的怎能阻止？""你说到哪儿去了？"她不依地在他怀里扭着，没有反驳他的"父母"论调。

（23）潘靖赶紧问清楚，"不会是因为我吧？""当然不是，据他所说的，其实打从第一眼他就已经知道一切。""那他有没有对你……对你……"兰采幽的脸上飞来两朵红云，"师兄，你说到哪儿去了？人家可没对我怎样。"

　　说话人不同意对方的话语观点，用"说到哪儿去了"表达否定，既可以作为独立话轮，也可以有后续话语。如例（22）的"说到哪儿去了"独占话轮对"做女儿的怎能阻止"进行否定；例（23）对方用"他有没有对你（怎么样）"的疑问形式进行询问，其态度立场不明显，之后说话人使用该话语标记对该推测进行否定回应，后续的"人家可没对我怎样"是对对方观点的直接否定。

　　④嗔怪

　　（24）他扬扬眉，"你喜欢小孩，我们可以生一个，到时候你要怎么教，都随你。""你说到哪里去了？"脸一红，她发现自己真是拿他一办法都没有，但一想他们的孩子，她又觉得温馨起来。

说话人使用"说到哪儿去了"对听话人进行程度较轻的责怪，常伴有害羞的主观情态，否定负面程度较低，一般听说双方处于一种较亲密的关系，如情侣、夫妻等，在性别上多见于女性使用。如例（24）中女生用该话语标记对对方给予回应，同时通过"脸一红"的副语言可以看出说话人并不是真正的责怪，而是对对方的撒娇和嗔怪。

　　2. 客气表达功能

　　表否定时，说话人只是不同意对方的观点或话语内容，表达的不一定是消极的情感倾向，也可能是积极的情感倾向，此时是一种客气的表达，可分为自谦和安慰体谅对方两类。

　　①自谦

　　"说到哪儿去了"可以表示说话人客气谦虚的感情色彩，即将自己做的事情往小处说，让对方不要见外。

　　（25）何瑶卿道："这么说，我倒该谢谢你的一番好意了。"何沛宇笑道："妹妹，你说到哪里去了，我们兄妹，帮你也是应该的，这么一点小事情，何须言谢。"

　　例（25）说话人借助"说到哪儿去了"表明自己所做的事情不值一提，是一种自谦的体现，也与后续的"小事情""何须言谢"相呼应。

　　②安慰体谅

"说到哪儿去了"可以表示说话人对对方的安慰体谅，即对方认为自己做错了某件事，说话人告诉对方不必太过自责。

（26）"嫂子，"肖明同情地安慰道，"有话你只管说，别老是憋在心里，那样会憋出病来的。""肖明，你不怪我刚才……"罗桂香抹着泪问。"看你，说到哪儿去了？"肖明打断她的话，哈哈一笑，"就冲嫂子过去对我的热心关照，今天就是给你当一把出气筒也值。不要紧，这里没外人，你想说就说，想骂就骂，想哭就哭吧！这样心里能痛快点。"

（27）于是不安地说："亲家，我这一来听戏不要紧，把你打扰得不轻！"亲家老关说："亲家，你说到哪里去了？知你当着村长，平时公务繁忙，请都请不到，这次请来了，还什么打扰不打扰！"

如例（26），对方认为说话人会责怪他，之后说话人借助"说到哪儿去了"安慰对方，让对方放宽心。例（27），对方认为严重打扰到了说话人，之后说话人借助"说到哪儿去了"宽慰对方没有打扰到自己，并体谅对方平日身为村长的繁忙。

六、"说到哪儿去了"负面否定立场的形成机制

上面我们说到话语标记"说到哪儿去了"具有负面否定立场。在这一部分，我们将讨论这种否定立场是如何形成的。我们认为，"说到哪儿去了"的否定立场，主要源于其中的"哪儿"和语境。

首先，"说到哪儿去了"中的"哪儿"与表示询问处所方位的"哪儿"的意义截然不同，已经完全变成一个专门用作反诘的词。正如吕叔湘（1953）所指出的，反问句中的"哪儿"已经没有询问地方的意思，专门用来否定。[1]本文认为，这是该话语标记表示负面否定立场的一个重要原因。

此外，语境因素更为重要。由疑问发展出否定用法，反问句是其重要过渡语境[2]，而反问句表否定来自说话人的主观否定态度[3]。刘彬，

---

[1] 吕叔湘：《语法学习》，中国青年出版社，1953。
[2] 方梅：《负面评价表达的规约化》，《中国语文》2017年第2期。
[3] 胡德明：《从反问句生成机制看反问否定语义的来源》，《语言研究》2010年第3期。

袁毓林（2017：12-19，2019：110-117）曾用"怀疑原则"来解释反问句的否定意义。从字面意义上看，反问即"从反面提问"，说话人对语境中某人持有的某种观点感到非常怀疑，故意采用反问句来进行质疑和反驳，对这种情况进行否定性猜测，最终使得整个反问句涌现出否定意义。[1][2]

听话人如果想识解反问句，就要判断说话人在说该句时心里是否真的存疑。而说话人要想达到某个特定效果，就应该提供所需要的语言线索，其中上下文语境就是主要的语言线索。我们借助例（28）进行解释：

（28）方如苹双颊飞红，啐道："才不呢，我说的是干姐姐，人家甘裙寺相亲，丈母娘早已看中意了。"凌君毅被她说得不禁脸上一红，笑着道："兄弟，<u>说到哪里去了</u>？"方如苹看他脸红，心头好不得意，哈地笑道："难道我说的不对？那天我们离开的时候，人家含着泪水，只是向你挥手，可没跟我挥手呀。大哥坐在马上，也有点意乱情迷，我还会看不出来？"

听话人在听到"说到哪里去了"时，根据语境推理，能够明白说话人并不是想询问刚才说的是什么内容，而是说话人不同意"丈母娘早已看中意了"的观点，进而顺利地识解出反问句的否定意义。此外，语言的感知与理解是一个多模态系统，除了说出的言语本身，交际时的语气、表情、体态等"副语言"，均会帮助听话人进行语义识解，这也是"合作原则"的体现，这一点在前文也有提及。

七、"说到哪儿去了"的教学设计

按照《国际中文教育中文水平等级标准》，话语标记"说到哪儿去了"属于高等语法点中的口语格式，所以我们将"说到哪儿去了"的

---

① 刘彬，袁毓林：《反问句否定意义的形成与识解机制》，《语文研究》2017 年第 145 卷第 4 期。

② 刘彬，袁毓林：《"哪里"类反问句否定意义的形成与识解机制》，《华中师范大学学报（人文社会科学版）》2019 年第 58 卷第 1 期。

教学对象设定为高级水平汉语学习者，课型为综合汉语课。我们首先通过情景导入该构式，随后配合多种场景（实例）进行讲解和操练。

（一）导入

通过"认错男朋友"的情景导入该构式。

教师：当你的同学错误地把一位男生看成你的男朋友了，你会怎么回答她？（师生互动）

教师：除了可以直接说"不是"表示否定，我们还可以说："说到哪儿去了！他根本不是我男朋友！"可能有同学会奇怪，这不是询问地点的吗？下面我们就来学习"说到哪儿去了"这个结构。

（二）讲解

配合例句讲解该构式的意义和用法。

ppt 展示例句：

1. 大山：物以类聚，人以群分。你和他们走得这么近，所以你也不是什么好人。

小张：<u>说到哪儿去了</u>！你把我和他们看成一类人了？实在是荒唐！

2. 王明：谢谢你帮了我大忙。

李华：<u>说到哪儿去了</u>，咱俩谁跟谁啊？

3. 大卫：阿姨，您做的老北京炸酱面太正宗了！我真的太喜欢了！

刘阿姨：你<u>说到哪儿去了</u>！我的水平还需要提高呢！

教师：大家一起来读第一个句子。（学生朗读）

教师：小张在这里用"说到哪儿去了"的目的是什么呢？语气是什么样的？（提问）

教师：很好。从大家读的语气中也可以看出，小张很气愤，不同意大山说的话。所以"说到哪儿去了"可以表示对对方观点的否定。

教师：大家再来读一下这两个句子。（学生朗读）

教师：这两句中的"说到哪儿去了"的用法和第一句一样吗？大家先讨论一下。（学生讨论，提问）

教师：对，这三句的"说到哪儿去了"的用法都不一样。王明向李华表示感谢，"咱俩谁跟谁啊"说明两个人的关系很亲近，所以李华的意思是让王明别客气。这是"说到哪儿去了"的第二个用法。我们再看第三句，刘阿姨是什么意思呢？（提问）

教师：大卫夸阿姨的做饭手艺非常好，然后阿姨说"我的水平还需要提高"，意思是"我的做饭手艺没有这么好"，表示谦虚。这就是"说到哪儿去了"的第三种用法。

教师：好的，我们总结一下。"说到哪儿去了"可以用于：否定对方的观点、让对方别客气、自己谦虚。因为"说到哪儿去了"是表达语气的，所以一定要注意使用的场合。（ppt展示，提问学生）

（三）操练

操练可采用语义理解、根据图文完成对话、根据场景回答问题（开放式）等形式，强化学生对该话语标记的理解和运用。例题如下：

1. 安娜生气地说到："我要批评他！"

乔治一脸奇怪："你<u>说到哪儿去了</u>，他又没做错什么，为什么要批评他？"

问题：说话人想要表达什么？

A. 你说要到什么地方去批评他？

B. 不要那样说，你不应该批评他。

C. 你这句话什么意思，你是想批评他吗？

2. 根据图文完成对话，比如图片展示一个人拉着医生的手："大夫，都不知道怎么感谢您了，要不是您，我儿子就危险了！您是我们的救命恩人啊！"要求学生用"说到哪儿去了"以医生的角色回答问题。引导学生说"您说哪儿去了，救死扶伤是我们医生的职责。"然后再通过2-3个典型的图文，来让学生完成问题。

3. 遇到下面这些场景，可以怎么说呢？

①丽丽用了你说的计算方法，成功地算出了这道题，于是夸你很聪明：

（参考答案：<u>说到哪儿去了</u>！我只是做的题多，比别人多知道一些方法。）

②你在国际文化节上表演了一出京剧，同学都夸你唱得不错：

（参考答案：<u>说到哪儿去了</u>！我才刚刚接触京剧，还有好多要学的呢！）

八、结语

本文对话语标记"说到哪儿去了"进行了句法、语义、语用"三个平面"的深入分析和对外汉语教学的初步思考。此外我们注意到，在日常交际中人们也会使用"哪里哪里""哪里的话"等与"说到哪儿去了"相类似的结构，它们之间的意义和用法有何异同、如何教学，这也是值得我们思考的问题。

参考文献

［1］Crismore, A. *Talking with Readers: Metadiscourse as RhetoricalAct*[M]. New York: Peter Lang, 1989: 50-71.

［2］Halliday, M.A.K. *An Introduction to Functional Grammar*[M]. London: Arnold, 1985.

［3］陈红. 疑问代词"哪里"的分类及其非疑问用法[D]. 锦州：渤海大学，2013.

［4］常玉钟. 口语习用语功能词典[M]. 北京：北京语言学院出版社，1993.

［5］曹秀玲. 汉语话语标记多视角研究[M]. 北京：中国社会科学出版社，2016：3.

［6］董秀芳. 词汇化与话语标记的形成[J]. 世界汉语教学，2007，（1）：50-61.

［7］方梅. 负面评价表达的规约化[J]. 中国语文，2017，377（2）：131-147，254.

［8］胡德明. 从反问句生成机制看反问句否定语义的来源[J]. 语言研究，2010，30（3）：71-75.

［9］刘彬，袁毓林. 反问句否定意义的形成与识解机制[J]. 语文研究，2017，

145（4）：12-19.

[10] 刘彬，袁毓林. "哪里"类反问句否定意义的形成与识解机制[J]. 华中师范大学学报（人文社会科学版），2019，58（1）：110-117.

[11] 来德强. "哪儿"的非疑问用法[D]. 开封：河南大学，2001.

[12] 李琳. 疑问代词的非疑问用法及其相关构式研究[D]. 上海：上海师范大学，2018.

[13] 刘丽艳. 口语交际中的话语标记[D]. 杭州：浙江大学，2005.

[14] 吕叔湘. 语法学习[M]. 北京：中国青年出版社，1953.

[15] 刘娅琼，陶红印. 汉语谈话中否定反问句的事理立场功能及类型[J]. 中国语文，2011，341（2）：110-120，191.

[16] 乐耀. 从互动交际的视角看让步类同语式评价立场的表达[J]. 中国语文，2016，370（1）：58-69+127.

[17] 马庆株. "V 来/去"与现代汉语动词的主观范畴[J]. 语文研究，1997，（3）：17-23+61.

[18] 邵敬敏. 现代汉语通论·下册（第三版）[M]. 上海：上海教育出版社，2016：106.

[19] 王长武. "哪里"类结构的语用功能及固化历程——兼论委婉否定的程度差异[J]. 贵州工程应用技术学院学报，2015，33（1）：8-14.

[20] 王家丽. "说哪儿去了"的用法及其对外汉语教学法研究[D]. 石家庄：河北师范大学，2020.

[21] 王力. 中国现代语法[M]. 北京：商务印书馆，1943.

[22] 谢晓明，梁凯. 否定话语标记"谁说的"的功能表达与意义浮现[J]. 湖南科技大学学报（社会科学版），2021，24（2）：149-155.

[23] 姚占龙. "说、想、看"的主观化及其诱因[J]. 语言教学与研究，2008，133（5）：47-53.

[24] 姚双云，姚小鹏. 自然口语中"就是"话语标记功能的浮现[J]. 世界汉语教学，2012，26（1）：77-84.

[25] 张志敏. 疑问代词"哪儿、哪里"的非疑问用法研究[D]. 长春：东北师范大学，2012.

补偿类构式"话又说回来"研究与教学

南开大学汉语言文化学院

王世月

摘　要：本文分析了补偿类构式"话又说回来"的共现成分、语义重点及篇章语用功能等问题。通过对语料的统计发现，"话又说回来"经常和带有转折含义的关联词语"但是""可是""不过"等共现，篇章前后项的逻辑语义关系有六种类型，前后项语义关系不同，语义侧重点也有差异，既可以在"话又说回来"的前项，也可以在后项。此外，构式前后话题之间的关系分为话题顺接、话题逆接和话题转移三种类型，其中话题逆接是主要功能。最后，在此基础上提出对外汉语教学的相关方法和建议，以期为该构式的教学提供参考。

关键词：话又说回来；构式；语义重点；篇章

一、引言

在日常会话中，"话又说回来"是我们经常使用的结构，学界对"话又说回来"的研究虽然已经取得一些成果，但仍存在一些亟待解决的问题：

首先，关于语义重点的看法尚存在差异，目前学界普遍存在三种观点，分别为"前项说""后项说"和"可前可后说"：李胜梅（2004：32）、夏红娟（2007：19）、马国彦（2010：29）等人都认为前项是说话人想要强调的部分，后项只是对前项起解释说明或修正的作用，因此语义重点在"话又说回来"之前；郭玉玲（2003：85）、苏英霞（2005：42）等人则认为后项意在指出对方的欠缺或偏误之处的部分，重点应该在后；而欧阳慕荣（2018：24）指出："该构式语义重点通常在前，但有时受说话人主观态度的影响，即想要凸显前后对立关系时，语义重点在后，但这种情况并不多见，所以语义重点多数在前，只有少数情况在后。"①综合前人的观点，关于语义重点的位置问题需要一个统一的标准来衡量，但"受说话人主观态度影响"这样的说法未免太过笼统，这是语言主观性的表现，与语义倾向的重点无关，缺乏解释力，因此还需进一步探索。

其次是关于语用功能的考察，前人研究也比较丰富，如李治平（2015：62-69）认为"话又说回来"有观点对立、避免片面、让步求同、转折否定、补充前提五种语用功能；韩笑（2017：28-30）则将语篇功能分为五类，分别为补充、转移、分界、转折和总结，吴玉凡（2016：39-42）认为其功能主要分为话语组织和话轮建构两部分。这些分类丰富且详细，具有一定的解释力，但是还存在局限性：分类或有遗漏之处，或所划分的类别之间并非完全独立，存在交叉关系，如"观点对立"类可归入"转折否定"类，"补充前提"也可以归入"避免片面"类等等。这也说明"话又说回来"的语用功能比较丰富，需要一个比较全面系统的分类体系。

因此本文拟在分析该结构形式的基础上，廓清"语义重点位置""篇章语用功能""前后话题关系"等问题，同时，为国际中文教学中该结构的教学提供教学参考。

二、结构鉴定及共现成分

（一）结构鉴定

（1）铁锁便不再问了。那柱子的话又说回来了，他还说是归班要紧。

（2）可是话又说回来，时过境迁了，现在捧俩蛐蛐儿罐找谁去

---

① 欧阳慕荣：《话语标记"话又说回来"研究》，硕士学位论文，南昌大学，2018。

斗，不让人笑掉大牙才怪呐。

例（1）"话又说回来"在句中充当句法成分，并且有具体的概念意义——"柱子又说回到了之前的话"，是语素义的简单相加，如果删去会影响整句话的意思；而例（2）"回来"的意义已经虚化，具有整体性的意义，结构整体的意义不等于语素的简单叠加，意义有不可预测性，和例（1）的意义及用法完全不同，本文拟将例（2）这种用法作为本文的研究对象。

从语音来看，例（2）这种用法的"话又说回来"是一个独立的语调单位；从位置来看，在句中的位置也比较灵活，可以放在话轮开端，也可也放在话轮中间；从语义来看，意义已经虚化，不是"再说一遍话"的字面含义，整个结构只有程序意义，没有概念意义，即使删去也不会影响读者或听话者对整句话的理解；从句法功能来看，它不与前后的句法成分产生关联，不充当语法成分。由此可以断定"话又说回来"既是话语标记，也属于构式。

（二）变体形式

通过检索 BCC 语料库、CCL 语料库、媒体语言语料库和汉语水平考试（HSK）动态作文语料库发现，"话又说回来"构式成分之间的紧密程度还不是很稳定，有多个变体形式，"又"有时会脱落，有时会变为"再"，有时为了强调，构式中会加"得"，具体的统计结果如表1 所示：

表 1 "话又说回来"及其变体频率对比表

	CCL 语料库	BCC 语料库	媒体语言语料库	HSK 动态作文语料库
话又说回来	307	974	115	10
话说回来	279	2786	271	29
话得说回来	37	56	0	2
话还得说回来	6	16	0	0
话再说回来	16	32	0	0
话讲回来	0	0	2	0
话要说回来	6	22	0	0

可以看出，在"话又说回来"这几种形式的变体中，"说""回""来"这几个词是必有成分，虽然在表达上有细微的差异，但功能相差不大，只不过语形不稳定，董秀芳（2007）指出，话语标记的语形可以不稳定，这些不稳定的话语标记都是词汇化而来的，词汇化程度还不高，只是处于词汇的最初阶段——熟语化阶段，这说明"话又说回来"词汇化或语法化程度还不高。

而且由上表可知，在所有的语料库中都是"话又说回来"和"话说回来"用例最多，其他变体的用例都较少，因此为便于研究，本文选用使用频率较高的"话又说回来"为研究对象，研究文本选择北京大学的 CCL 语料库和中国传媒大学的有声媒体文本语料库中的语料，因为前者收录了报刊、文学作品等规范的书面语料，后者囊括 2008—2010 年间的广播、电视节目的转写文本，也比较规范，且具有比较浓厚的口语色彩，将二者结合起来可以更好地反映该构式的使用情况，经过筛选，最终选择 408 条语料作为分析文本进行研究。

（三）与关联词语的连用

在日常使用时，"话又说回来"经常和单个关联词语连用，如"但是""可是""不过""所以"等，大多数是转折关系的连词，有时也和因果类或递进类关联词连用，例如：

（3）李国安：人嘛，总有他生活中必要的一些需求和情趣，一家人老不在一起，这个家算不上一个完整的家。**但**话又说回来，自古忠孝两难全。

（4）"也许我们应该自我介绍一下，"他说，"**不过**话又说回来，也许不必。你是个愿意教人的孩子，我是个愿意学习的老师，这样介绍就够了。我叫你'小朋友'，你就叫我'先生'吧。"

（5）在年龄方面，我不大适合演这个角色。不过可以经过化妆来弥补差距。而最主要的，是我的体态和长相与这位俄国元帅相去甚远：苏沃洛夫身体瘦小，面庞瘦削，脸部线条分明。可我正相反，体格粗壮……**然而**话又说回来了，我是演员呐！斟酌再三，最后一鼓劲我向摄制组提出，由我来演苏沃洛夫吧。

（6）**所以**话又说回来了，除开通过全体会众以外，是无法对教会的任何教士拨付任何确定的给养的。

（7）**而且**话又说回来了，像这样的企业，我们中国的企业，因为它有一些税收、税费方面、管理方面的问题，很多都是在国外注册离岸公司。

经过统计，共有 269 条语料中的"话又说回来"与关联词语连用，具体使用情况如表 2[①]所示：

表 2　"话又说回来"与关联词语的连用情况

逻辑关系	共现成分	数量	比例
	但/但是	79	29.3%
轻转	可/可是	54	20.1%
	然而	1	0.4%
弱转	不过	131	48.5%
因果	所以	2	0.7%
递进	而且	3	1.0%

根据表 2，转折类关联词语的使用频率远远高于因果类和递进类，前者占比约 98%，后者占比不到 2%，而且轻转和弱转出现频率相差不大。这说明，"话又说回来"前后项之间常常为转折关系，既可以为轻转，也可以为弱转，相当于"但是""然而"等转折关联词在句中的作用，因而它们在会话中经常同时出现，可以起到强化的表达效果。

三、"话又说回来"的篇章功能

（一）语篇衔接功能及语义重点

"话又说回来"作为话语标记不具概念意义，但是其篇章语用功能与其本义是密切相关的：通过统计发现，"话又说回来"90%的语料都用在对话语体和叙事语体话轮中间的位置，连接前后两个句子，起到

---

① 本文中百分数均采取四舍五入的原则保留到小数点后一位。

承上启下的作用，使得前后话语内容更加连贯，衔接更加自然。本文把"话又说回来"之前的句子称为前项，之后的句子称为"后项"，根据前后项语义关系分析其语篇衔接功能，语义重点也可以据此判定，具体分类如下：

　　　　a. 转折否定，语义重点在后项

　　　　b. 补充说明，语义重点在前项

　　　　c. 让步求同，语义重点在前项

　　　　d. 承接话题，语义重点在后项

　　　　e. 总结概括，语义重点在后项

　　　　f. 转移话题，语义重点在后项

表3　"话又说回来"篇章功能及语义重点

篇章功能	语义重点	数量	比例
转折否定	后项	275	67.4%
补充说明	前项	35	8.6%
让步求同	前项	12	2.9%
总结概括	后项	3	0.7%
承接话题	后项	68	16.7%
转移话题	后项	15	3.7%

　　经过统计发现，只有不到12%的语料语义重点在前项，这说明出现"话又说回来"的语境中，语义重点大部分在后：

　　1. 转折否定，语义重点在后项

　　转折否定是指后项语义与前项语义是相反或相对的关系，可以分为两种情况：一种是"欲抑先扬"，先肯定对方（或大众传统）的观点及事实，再指出其不足之处；一种是"欲扬先抑"，先否定对方的动作或态度，再进行肯定，点明其存在的合理性或必要性，如：

　　（8）"我没有否定你的丰功伟绩，我承认你做了很多事情。<u>话又说回来</u>了，这不都是你该干的？你是主妇呵，在这位置上，你要不干，每天好吃懒做，走东家串西家，横草不拿竖草不掂油瓶子倒了都不扶——你不能把应该做的算成恩德，你这得算丑表功吧？"

（9）王志伟介绍说："按往年惯例，民工春节回家，连来带去一般都要一个月的时间。这对于进入倒计时工期安排的西客站工地来说，是绝对不允许的。可话又说回来，春节是我们中华民族传统节日中最重要的一个，三十晚上阖家团圆是人们共同的心愿，春节民工想回家本也是人之常情。

例（8）属于"欲抑先扬"，先赞许对方的劳动，后又批评，认为这是属于家庭主妇的她应该做的家务，为分内之事，属于前褒后贬；例（9）属于"欲扬先抑"，先提出观点：农民工回家是绝对不允许的，但是后文又点明其合理之处——春节是传统节日，想回家是人之常情，语义重点都在后项。

2. 补充说明，语义重点在前项

"话又说回来"前项阐述观点后，后项进一步补充说明以论证前文的观点或内容，可以让听话人更容易理解或接受：

（10）曾建华当选后发表"就职演说"，表示要自觉接受村民的监督，带领村民依法治村。许多村民兴奋地说："我们自己选的当家人，我们信得过。话又说回来，万一他不称职，我们还可以撤掉他！"

（11）周廷焕　行啦，咱们加劲地干吧！

姜二　可是你熬了一天一宿了，不差嘛的该歇一会儿吧！

周廷焕　我不困，睡也睡不着，满脑子都是"五反"！话又说回来，大家都一样，从昨儿开完了会谁也没闲着，我更不能休息了。

例（10）"话又说回来"前面的内容是指相信由自己选出来的当家人，后又进行补充，即使他不称职，还可以行使自己的权利，撤掉他，是为了进一步证明自己对选择的满意之处。例（11）周廷焕面对姜二要求自己睡觉的要求表示拒绝，理由是睡不着，又用"大家都没闲着"补充所述内容，进一步证明"自己不能睡觉"，所以语义重点都在前。

3. 让步求同，语义重点在前项

吕叔湘（1999：551）："说回来"指退一步说，就是指前后项之间的让步关系，让步关系与补充说明关系类似，都是为进一步证明前述观点的合理性，但让步求同常常从反面论证的角度论证，以使听话人最大程度地接受其观点：

（12）这么说我是怕你的刀子了才答应你的要求吗？你说到哪儿去啦。我当时并没发现你的刀，<u>话又说回来</u>，有刀子也不怕，我又不是两三岁的小孩。

（13）你们说，我往哪去找你们呀！<u>话又说回来</u>，就是知道你们在那里，也不敢叫回来呀！回来还有命吗？你们杀了那么多鬼子。

例（12）前项内容是说自己没有看到对方的刀，所以并不是因为害怕才答应要求，后项又从反面论述，即使有刀子也自己也不会害怕，进一步证明答应要求的原因不是怕刀子，例（13）后项也是为论证自己没有去找他们的原因，重心在前。

4. 总结概括关系，语义重点在后项

前项内容表示分述，后项用来归纳总述，经常和"所以"连用：

（14）"买了房也是愁，一年下来，各种费用得 1000 多元，每月平均就得 100 多元，租房有那么贵吗？所以<u>话又说回来</u>，还是分房合适啊！"

（15）记者：跟孩子打交道简单吗？

颜艳红：简单。

记者：很容易就赢得他们的信任是吧。

颜艳红：嗯。

记者：所以<u>话又说回来</u>，就是当你对他们做出那些事情以后，你觉得是个开玩笑，你觉得孩子们对你的态度有改变吗？

后项既可以是总结自己话语内容，如例（14），也可以是根据对话的内容，总结他人的观点，如例（15）。

5. 承接话题，语义重点在后项

承接话题也有两种情况：一种是继续当前谈论的话题内容，与前文不存在补充、转折、递进等关系，只是顺着前文内容继续展开，为就近承接；一种是在言者或作者在讨论过程中，突然意识到已经偏离原有话题，又将话题重新拉回，为承接原话题：

（16）还有一种拉洋片的，比算卦的、相面的生意还厉害。这<u>话又说回来</u>了，拉洋片的可也分多少种，有的是生意，也有的不是生意。

（17）变法是宋神宗"新官上任三把火"的头一把……历史上叫作"神宗"的，还有一位明代的万历皇帝朱翊钧……不过<u>话又说回来</u>，宋神宗的变法，倒也不是自寻烦恼，无事生非，为政绩而政绩。

例（16）后项属于继续当前所谈论的话题"拉洋片"，例（17）最初讨论的是宋神宗的变法，后来话题逐渐偏移，开始讨论另一位叫"神宗"的朱翊钧皇帝，意识到话题已经偏离之后，用"话又说回来"将原有话题拉回，语义重点在后。

6. 转移话题，语义重点在后项

"话又说回来"还可以用在转换话题的情况，但新话题与前文话题并不是完全无关的，而是由前一个话题延伸出的子话题或相关话题：

（18）其实啊，明眼人从一开始就能看出这事儿不对，哪里有买卖还没成就开口要钱的道理呢？但是<u>话又说回来</u>了，既然刘女士之前确实没有告诉对方除了名字之外的任何信息，对方又是怎么知道她的身份证号的呢？

（19）到了医院后，医务人员赶紧对男子进行洗胃治疗。（一段治疗现场）（解说）经过一番抢救，男子终于脱离了生命危险，总算是有惊无险，不过<u>话又说回来</u>，这名年纪轻轻的男子，为啥要一下子吃下这么多安眠药呢？

例（18）是一篇新闻报道，大致内容为：因为换工作急着用毕业证的刘女士看到了路边的小广告，所以动了办假证的念头，先后给对方打了700块钱却迟迟没有收到证件，才意识到自己被骗。因此新闻评论道：买卖没成就开口要钱一定是骗局，但是随后又想到为何对方能获取刘女士的身份证号完成这场骗局，展开新的话题。例（19）开头报道男子的急救情况，后面转换话题，引发观众思考男子吃安眠药的原因，为新话题。

（二）前后话题关联

"话又说回来"前后项篇章内容之间的关联，还可以用来区分前后不同的话题关系，阚明刚（2017：211）话语标记的语篇功能可以分为五种（1）话题顺接（2）话题逆接（3）话题转移（4）话题来源（5）

话题总结，本文参考这一分类，将"话又说回来"前言后语之间的话题关系分成三种，分别是：话题顺接、话题逆接和话题转移：

1. 话题顺接

话题顺接是指"话又说回来"前后所讨论的话题是同一个，后项是对前文话题内容的照应或承接，接续关系明显，前后项逻辑语义关系，可以是前文所述的补充说明、让步关系、承接关系：

（20）犯罪嫌疑人 陈某：到了现场我给看工地的伙计说，我借东西，他同意。我把钱给他了。

解说：您见过拿着枪来借东西的吗？<u>话又说回来</u>了，有借得有还啊，可是你还了吗？

（21）我问过一些同行，他们的单位都没有这样的制度，一般都是老板安排你去哪里就去哪里，哪边缺人了就安排你去哪里，没有太大的自由选择空间。<u>话又说回来</u>，即使我们公司有这样的内部跳槽政策，实行起来也比较难。

（22）陈子强说，经理不经理的，你还不晓得我？看李文娟不吱声，又说，<u>话又说回来</u>，要不是当了经理，京剧社也不是想办就能办的，办不来京剧社也就请不来你了。

也可以是对所讨论话题内容进行总结概括，前后项是因果或总结概括关系：

（23）那么当他们没有力量来武装自己的人员时，谁又能执行这些裁定呢？所以<u>话又说回来</u>了，除开通过全体会众以外，是无法对教会的任何教士拨付任何确定的给养的。

例（21）前后项是补充说明关系，例（22）是让步求同关系，（23）承接前文话题，（24）是总结概括关系，它们的共同点在于前后讨论的话题是同一个。

2. 话题逆接

话题逆接功能，是对前文话题内容的否定或逆转，后项与前项之间是转折否定的关系，话题没有转变：

（25）就比如说最简单的涮火锅，甭管您是到底是吃肉，还是素食主义，最终东西进到嘴里，味道怎么样，这涮料可是起了很重要的作用的。不过话又说回来了，吃东西也不光是讲求口味这么简单，是不是营养，是不是健康，也非常关键。

（26）记者了解到，对于小区的卫生状况居民们普遍不满意，他们希望有关部门能够出面整治一下。不过，话又说回来了，规范的管理不可缺少，但维护小区环境整洁，仍需要大家共同的努力。

3. 话题转移

话题转移功能是原本在讨论某一个话题，用"话又说回来"进行话题的转移，是由前一个话题内容衍生而来，可以是说话人主动转移，如上例（19）（20），也可以是对方通过抢夺话轮的方式来完成转移，如下例：

（27）韩涛：对，偶尔抬起头来看看前方的路，指明一下方向是很必要的，偶尔大家一看，那人是濮存昕吗？嗖，过去了。等你再回过神来人家已经走远了。

杨红：留下一个谜。话又说回来，咱们看这个两会，最重要的不是看明星，也不是过于津津乐道于一些小花絮，像咱俩一样，而是更多地去关注那些有价值的提案和议案。

韩涛在讨论参加两会的明星濮存昕，杨红通过抢夺话轮的方式转移话题，看两会重要的不应该在明星，而应该关注有价值的提案，完成话题的转移。

综上，可以将前后话题之间的关联、前后项语义关系和语义重点三者结合起来讨论，"话又说回来"前后话题、语义关系和语义重点之间的关系如下表所示：

表4　"话又说回来"前后话题关系

前后话题关联	前后项语义关系	语义重点	数量	比例
	承接话题	后项	68	16.7%
话题顺接	补充说明	前项	35	8.6%
	让步求同	前项	12	2.9%
	总结概括	后项	3	0.7%
话题逆接	转折否定	后项	275	67.4%
话题转移	转移话题	后项	15	3.7%

四、"话又说回来"的语用环境分析

语境分析是语用理解的必要条件，通过分析语境，也可以帮助更好地理解其会话"场景"，何兆熊（2000：208）认为"话语理解中的语境不仅包括上下文所表达和隐含的信息，还包括即时的情景因素，以及与该旧信息有关的所有百科知识"，通过上文的统计和分析可知，"话又说回来"的语境信息主要有：

A. 自我监控或自我修正：阐释某一方面的事实或道理后，说话人认为自己或对方先前提出的观点过于片面、绝对，或不够准确，会影响听话人的理解或者对他人造成困扰时，会进行补充或修正，用来论证或驳斥前述观点，使之更加全面、客观、真实，更有说服力。

B. 重拾话题：说话人先针对某一话题开展叙述或评价，后在讨论过程中逐渐偏离话题，用"话说回来"重拾或承接前文话题，以延续话轮。

C. 转移话题：说话人对对方所谈论话题不感兴趣，或由此前述话题联想到另一事件，打断对方，强行占据话轮，转移话题。

D. 概括总结：说话人或作者对前述内容进行概括总结。

由上述语境信息可知，构式"话又说回来"有非常重要的话语衔接功能，是真实会话中比较典型的互动话语标记，说话人在说出一段话后，意识到话语内容可能不太得当，或者偏离原有话题，因而提示听话人注意，自己将要对所述观点的不当之处加以弥补，使之更加准确、得体，前后话题可能相同或相反，也可能是提出新话题，因此该构式可称为"补偿类构式"。

姚剑鹏（2007：61）指出："会话自我修补的话者作为言语活动的认知主体运用元认知能力，采取一定策略，对自己的言语认知活动进行自我监控和调节的过程，体现了话者最优化表达言语、顾及面子、留住话头、保住自我形象等社会文化动机和局部语境效应。"这说明"话又说回来"无论用于何种语境中，都体现了强烈的主观性和交互主观性，主观性主要体现在：说话人说出一段话后，意识到话语内容可能不太得当，进行自我监控和自我调节"优化表达语言"，调整自己的立场、态度或情感，对会话的形式或内容进行"补偿"，从而提升话语的可接受度和准确性，来"留住话头"或"保住自我形象"。交互主观性主要体现在："话又说回来"是用来提醒听话人关注当前会话的进展和所述内容，目的是引起对方的关注，这也是言者为取得更好的交际效果而采取的言语调节措施，且后项的内容更倾向从照顾他者的感受出发，这是交互主观性的表现。

五、"话又说回来"的教学设计

"话又说回来"语块比较简单，留学生对这几个语素义项都较熟悉，但是由于其意义不能从组成成分的意义中推断出来，且语用功能复杂，根据《国际中文教育中文水平等级标准》"话又说回来"属于高级阶段学习者的学习内容，王婷婷（2010：21）也通过对来自俄罗斯、韩国、捷克、意大利、斯洛伐克、日本等多个国家的留学生问卷调查其使用情况，发现错误率高达80%，这都说明针对该构式的教学是十分有必要的，因此本文采取讲练结合的方式，使学生在具体语境中体会话语标记的使用条件和语用信息，初步拟定的教学设计内容如下：

1. 视频导入

多媒体展示视频，对话内容如下：

同学 A：外面下雨了，你带伞了吗？

同学 B：我没带。

同学 A：我也没带，外面雨还挺大的，估计得等会儿才能去吃饭了，不过话说回来，天气预报也太不准了，明明说今天不下雨的。

导入学习的主要内容，并引导同学们体会"话又说回来"在对话中的功能。

2. 语言知识讲解

首先在多媒体展示以下对话，请同学思考去掉"话又说回来"之后有何影响，使学生在具体情境中体会"话又说回来"的意义关联作用：用来衔接前后话语，可以是对前文内容的补充、转折，还可以是找回话题或转移话题：

（1）妈妈：你明天的飞机是几点钟？我送你去机场。

女儿：不用，机场离家很近，我自己打车就可以，而且<u>话又说回来</u>，你明天不是要上班吗？

妈妈：我可以请假。

女儿：真的不用了，我已经长大了，这点小事可以做好的。

（2）爸爸：你上周考试的结果出了吗？考得怎么样？

儿子：数学考得还可以，就是语文不太好，可<u>话又说回来</u>，这也不能全怪我，这次数学题太难了，很多人都没考好。

（3）A：你觉得这个房子和那套市中心的房子哪个好？

B：我还挺喜欢市中心那套的，中心城区房租贵是贵，但<u>话又说回来</u>，交通方便，生活便利，贵有贵的道理。

A：那我们就租那个吧。

（4）同学A：周日上映的电影你看了吗？听说很好看！

同学B：我看了，真的很好看，男女主很漂亮，剧情也很不错，不过<u>话又说回来</u>，那天下雨了，我忘记带伞了，回来就感冒了。

通过这4个影视化片段使学生进一步体会"话又说回来"出现的语境，最后教师引导学生归纳总结其使用条件：常用来表示转折、补充、找回话题和转移话题。

3. 会话练习

请班级同学以2人为一组进行对话练习，主题自拟，会话中需包含"话又说回来"，讨论结束后以小组形式在全班展演，展演结束后老师带领全班同学体会"话又说回来"在会话中是否恰当、起到什么作用、能否省略等。

4. 布置作业

观看中文电视剧、电影、报纸期刊等，找出包含"话又说回来"的对话，抄写会话内容，并思考"话又说回来"在自己的母语当中可以替换为哪些词语，下节课请同学分享。

参考文献

［1］ GOLDBERG A E. 构式：论元结构的构式语法研究[M]. 吴海波，译. 北京：北京大学出版社，2007：4.

［2］ 董晓莹. 话语标记"话又说回来"在对外汉语口语教学中的考察与研究[D]. 河北：河北师范大学，2020.

［3］ 郭玉玲，王环宇；锡勇勤翻译. 实用汉语习语一百例[M]. 北京：新世界出版社，2003.05：85-86.

［4］ 韩笑. 话语标记"话说回来"的语篇功能[J]. 文教资料，2017（10）：28-30.

［5］ 何兆熊. 新编语用学概要[M]. 上海：上海外语教育出版社，2000：208.

［6］ 教育部中外语言交流合作中心作. 国际中文教育中文水平等级标准[M]. 北京：北京语言大学出版社，2021.

［7］ 阚明刚，杨江. 话语标记概貌分析与情感倾向探索[M]. 长春：吉林文史出版社，2017.03.

［8］ 李胜梅. "话说回来"的语用分析[J]. 修辞学习，2004（3）：29-32.

［9］ 李治平. 话语组织标记"话又说回来"[J]. 湖北理工学院学报（人文社会科学版），2015，32（1）：62-69.

［10］ 马国彦. 元话语标记与文本自互文——互文视角中的篇章结构[J]. 当代修辞学，2010（5）：21-31.

［11］ 欧阳慕荣. 话语标记"话又说回来"研究[D]. 南昌：南昌大学，2018.

［12］ 沈家煊. 语言的"主观性"和"主观化"[J]. 外语教学与研究，2001（4）：268-275+320.

［13］ 苏英霞，李戎；任方，宋立君翻译；薛颖插图. 交流 汉语基础口语（下）[M]. 天津：南开大学出版社，2005.04：42-43.

［14］ 王婷婷. 中高级阶段外国留学生口语习用语研究[D]. 辽宁：沈阳师范大学，2010.

［15］ 吴玉凡. "话说回来"的语篇话语功能[J]. 安康学院学报，2016，28（3）：39-42.

［16］ 夏红娟. 汉语话语标记语在口语会话中的人际互动功能分析[D]. 长春：

吉林大学，2007.

[17] 姚剑鹏. 英语会话自我修补元认知视角下的研究[M]. 上海：上海交通大学出版社，2007.

"没（有）/不+疑问代词+X"构式的量化特征分析

天津经济技术开发区第一中学

惠琰

摘　要：本文把"没（有）/不+疑问代词+X"构式的构式义总结为"说话人根据自己的主观认知和背景知识等对 X 的量做出限定，表示 X 的量少于或不及说话人的预期量。"构式中的否定词包括"不"和"没（有）"，它们不是对事物性质的否定，而是对事物量级的否定。"没（有）/不+疑问代词+X"构式中 X 的特征会随着疑问代词的不同而发生变化，它也可以不出现或前移。

关键词："没（有）/不+疑问代词+X"；否定词；量化特征

一、研究背景与现状

"没（有）/不+疑问代词+X"构式中的疑问代词不止一个。该结构有很大的研究价值。

目前学界对于"没（有）/不+疑问代词+X"的研究主要集中在对"没（没有）什么"或"不/没（有）怎么"的单项研究上，而且大部分都是在研究疑问代词的非疑问用法或表量构式时有简单论述，专门对"没（有）/不+疑问代词+X"构式进行研究的非常少。这些研究论述了"不/没（有）怎么 X"或"没（有）什么 X"的表达功能，但是对于其构件——否定词"不""没（有）"和疑问代词"怎么""什么"的意义和功能，很多研究都只是一笔略过，目前还没有统一的定论。

将已有的研究结果汇总如下（表1）：

表1　"不/没有+疑问代词+X"的研究文献及结论

文献	表达功能	"疑问代词"的表达功能
陈虹先（2010）[①]	否定客观事物的存在，陈述事情没有发生	表任指或虚指，缓和否定语气
张尹琼（2005）[②]	表达否定的态度；不以为然	表非指
邵敬敏、赵秀凤（1989）[③]	数量少或程度差；缓和语气	表虚指
陈晓蕾（2011）[④]	表示一定的让步，表达主观小量	/
聂小丽（2015）[⑤]	传递反预期信息	指别和指量
宗守云（2009）[⑥]	表示数量少，程度浅；传达意外信息	/
马瑞英（2011）[⑦]	表示程度低，频率小	/
袁志刚（2010）[⑧]	否定动词或形容词的量	"怎么"表程度义，使否定词由质的否定变为量的否定
吕金月（2015）[⑨]	表达相对于无界限程度而言的某种较低程度	"怎么"表示程度义，"不"减弱"怎么"的力量
王小穹、何洪峰（2013）[⑩]	表达委婉否定，跟主观量有关	疑问代词表达一种主观感受的量
董淑慧（2013）[⑪]	表示程度、频率低，表达"主观小量"	/
董蕾（2015）[⑫]	表示较小或较少的范围量、程度量、数量	"怎么"的虚指用法，表示程度义和委婉语气

---

① 陈虹先：《"没（有）什么+X"格式研究》，硕士学位论文，上海师范大学，2010年。

② 张尹琼：《疑问代词的非疑问用法——以"谁"和"什么"为主要样本的探索》，博士学位论文，复旦大学，2005年。

③ 邵敬敏、赵秀凤：《"什么"非疑问用法研究》，《语言教学与研究》1989年第1期。

④ 陈晓蕾：《"什么""怎么""怎么样"的否定式考察》，《海外华文教育》2011年第1期。

⑤ 聂小丽：《否定句中"什么"的指量意义》，《宜宾学院学报》2015年第3期。

⑥ 宗守云：《试论"不怎么"的语义表现和语用功能》，《广西师范大学学报》2009年第4期。

⑦ 马瑞英：《"怎么"非疑问用法研究》，硕士学位论文，吉林大学，2011年。

⑧ 袁志刚：《疑问代词"怎么"非疑问用法研究》，硕士学位论文，暨南大学，2010年。

⑨ 吕金月：《表程度的[不 X]格式研究》，硕士学位论文，吉林大学，2015年。

⑩ 王小穹、何洪峰：《疑问代词"怎么"的语义扩展过程》，《汉语学习》2013年第6期。

⑪ 董淑慧、宋春芝：《汉语主观性主观量框式结构研究》，南开大学出版社，2013，第149-169页。

⑫ 董蕾：《"怎么"类涉量构式群研究》，硕士学位论文，湘潭大学，2015年。

从表1中可以看出，学者们认为"不/没（有）怎么X"和"不/没（有）什么X"表示数量少，程度低，传递一种反预期信息，具有缓和语气的作用；也有人认为它们表达的是一种否定。笔者认同的是第一种观点，"不/没（有）怎么X"和"不/没（有）什么X"表示对事物的量的减少或降低，而非否定。

哥德堡（Adele Goldberg，1995：4）对构式做出的定义为："C是一个构式，当且仅当C是一个形式和意义的匹配体<Fi, Si>，而其形式Fi也好，意义Si也好，所具有的某些特征不能全然从C的组成成分或先前已有的其他构式所推知。"[1]后来她又修正定义，认为"任何格式，只要其形式或功能的某一方面不能通过其构件或其他已确认存在的构式预知，就被确认为一个构式。""没（有）/不+疑问代词+X"的整体意义不能从构件"没有"和"疑问代词"直接推导出来。因此我们可以将"没（有）/不+疑问代词+X"作为构式来研究，并从量化的角度对"没（有）/不+疑问代词+X"的构件"不"和"没（有）"、疑问代词、X等进行详细的分析，明晰构件的性质及其语义功能，从而形成对"没（有）/不+疑问代词+X"构式的更为全面的认识。

二、"没（有）/不+疑问代词+X"构式的语义功能

李宇明（2000：111）认为"人们在对量进行表述时，往往会带有对量的主观评价，或认为这个量是'大量'，或认为这个量是'小量'。带有主观评价的量是'主观量'，不带有主观评价的量是'客观量'。"[2]"没（有）/不+疑问代词+X"构式具有强烈的主观性，是把事物的量往小里说，表达的是一种"主观小量"。例如：

（1）也许没多少人看重这个日子了，但我看得很重很重。

（2）为蒋介石充当屠夫的杨虎，官运并不怎么亨通。（《蒋氏家族全传》）

---

[1] Goldberg, A, Constructions: A Construction Grammar Approach to Argument Structure(Chicago: University of Chicago Press, 1995), p.4（译文引自陆俭明《构式：论元结构的构式语法研究》中文版序2，吴海波译（冯奇审订）《构式：论元结构的构式语法研究》，北京：北京大学出版社，2007）

[2] 李宇明：《汉语量范畴研究》，华中师范大学出版社，2000。

（3）年龄相差 13 岁的两人演同岁<u>没什么违和感</u>。（微博）

（4）家茵一直不肯坐下，她把床头的绒线活计拿起来织着，淡淡地道："所以罗，像我爸爸这样的是旧式的学问，现在<u>没哪儿</u>要用了。"（张爱玲《多少恨》）

（5）迟到 1 分钟都不让签到，不签就不签，<u>没谁</u>会求你。（微博）

例（1）"没多少人"是带有主观性的量，表示说话人认为看重这个日子的人不多，没有达到自己的预期，是把人的数量往小里说；例（2）"不怎么亨通"也具有很强的主观性，说话人认为杨虎的官运不怎么亨通，是把升迁的速度往小里说；例（3）根据说话人的预期，年龄相差 13 岁的两人演同岁应该是很违和的，但说话人认为"没什么违和感"，是把违和的程度往小里说；例（4）说话人出于自己的主观认识，认为旧式的学问"现在没哪儿要用了"，是把旧式学问的应用范围往小里说；例（5）说话人认为大家都不会求着签到，但不排除有人可能会求，"没谁会求你"把想要签到的人数往少里说。

当说话人认为事物的量比自己预期的量少时，就会用"没（有）/不+疑问代词+X"把事物的量往小里说。因此，我们可以把"没（有）/不+疑问代词+X"构式的语义功能总结为：说话人根据自己的主观认知和背景知识等对 X 的量做出限定，表示 X 的量少于或不及说话人的预期量。

三、"没（有）/不+疑问代词+X"中疑问代词的表量功能

如前所述，很多文献都认为在不表疑问语气的句式中，疑问代词不具有疑问的功能，这时它的主要用途是表示任指（表示指代所有的人、事物、方式等，所涉及的范围内没有例外）、虚指（表示不知道的、说不出的、不愿说出或无需说出的不确定的人、事物、数量、方式、处所等）。这些理论的确可以解释很多语言现象，但是"没（有）/不+疑问代词+X"构式的疑问代词不表"任指"或"虚指"。例如：

（6）汪淼于是上了大史的车，开到附近一家小饭店，天还早，店里<u>没什么人</u>。（刘慈欣《三体》）

（7）这小奶娃真是讨人爱，我可是<u>不怎么喜欢小孩子的人</u>诶。

（微博）

（8）真是盗贼倒又用不着怕，我这家里也<u>没多少值钱</u>的东西好让他偷了。（黄蓓佳《乱世佳人》）

（9）笔者孤陋寡闻，印象中似乎<u>没有谁</u>下过非读哪些书不可的定论。

（10）但没有找到，这里只有纵横交织的树枝、圆柱形的树干和夏季浓密的树叶——<u>没有哪儿</u>有出口。（夏洛蒂·勃朗特《简爱》）

例（6）可以理解为"天还早，店里只有一两个人"，是对事物数量的不完全否定。例（7）是一种委婉的表达，可以解释为"我不太喜欢小孩子"，说明我喜欢小孩子的程度低，是一种对性状量的不完全否定，"怎么"表示的是一种程度量，程度的高低与说话人的主观感受有关。例（8）并不是说心碧家里没有值钱的东西，而是说她家里值钱的东西很少，也是一种对事物数量的不完全否定。《现代汉语词典》（第七版）对"多少"解释为"表示不定的数量"（2016：336）[①]，可能是多量，也可能是少量，到底是多量还是少量，也跟说话人的主观感受有关。由此可知，在"没（有）/不+疑问代词+X"构式表示不完全否定时，疑问代词具有表达某种量的功能，而且这个量往往与说话人的主观感受有关。

例（9）和例（10）都表示完全否定，例（9）意为不存在"下过非读哪些书不可的定论"的人，也就是说"下过非读哪些书不可的定论"的人的数量为零；例（10）是说不存在"有出口"的地方，也就是说"有出口"的地方的数量为零。例（9）中的"谁"和例（10）中的"哪儿"可以理解为任指，表示在所涉及的范围内没有例外。但如果把"谁"看作一个集合，这个集合囊括了笔者印象中的所有人，可能包括"张三、李四、王五……"，在"谁"前加上否定词"没有"之后，就是对这个集合中的所有元素的否定，从而表达了"所有人都没想过非读哪些书不可的定论"的意思；如果把"哪儿"看作一个地点

[①] 中国社会科学院语言研究所词典编辑室编：《现代汉语词典》（第七版），商务印书馆，2016，第336页。

的集合，这个集合包含说话人找过的所有地方，可能包括"东边、西边、南边、北边……"，在"哪儿"前加上否定词"没有"之后，也是对这个集合中所有元素的否定，从而表达了"哪儿都没有出口"的意思。我们可以把一个集合看作只有一个量级，对最小量（一个量级的量）的否定等于完全否定，完全否定的结果就是量值为零，从这个角度来说，"谁"和"哪儿"也具有表量的功能，"谁"和"哪儿"的集合中元素的数量取决于说话人的主观认知。因此，"没（有）/不+疑问代词+X"构式在表示完全否定时，也具有表量的功能。

从以上几个例子就可以看出，就其本身而言，它表示的是所涉及对象的量的多少。因此我们认为"没（有）/不+疑问代词+X"构式中的疑问代词有一个共同的语义特征，即所涉及的对象"X"的量与说话人的主观感受有关。

石毓智（2001：204-206）用"疑问代词表示询问时能否用数量成分来作答"来证明疑问代词是否具有数量特征。[①]他认为"多少""几""多""什么""怎么样""多会儿"等疑问代词可用来询问数量或程度量，因此用它们询问时，可用数量成分作答，疑问代词"怎么"也可以直接放在数量成分前询问程度形成的原因；而"谁""哪里"等疑问代词则是用来询问一个特定范围里的某一个或某几个对象的，没有询问数量或者程度量的功能，因此在用它们询问时，只能用询问范围内的某一个或某几个特定对象来回答。但笔者发现，就像"多少""多""什么"等疑问代词一样，"谁""哪里"等疑问代词询问时，它们的答语也可以包括数量成分。如：

（11）——这件大衣怎么样？

　　　　——挺好看的，我打 100 分。

（12）——今天下午谁去逛街？

　　　　——就我一个人去。

（13）——哪里产的樱桃好吃？

　　　　——江苏南京、浙江诸暨、山东泰安、安徽太和这几个地方

---

① 石毓智：《肯定和否定的对称与不对称》，北京语言文化大学出版社，2001，第 204-206 页。

的樱桃都很好吃。

（14）——哪个是你的朋友？

　　　　——这里的人都是我的朋友。

例（11）中的疑问代词是可以用来询问数量的，这一点从其答句包含数量成分可以看出来；例（12）—例（14）的答语中都包含数量成分，而且这个数量成分可以表示询问范围里的某一个、某几个或所有对象，因此，"谁""哪里""哪"也是可以用来询问数量的，它们所问的对象可能是一个，也可能是多个，但都是属于某一个集合内的。

上述几例的疑问代词询问事物的数量或性质、状态等的程度量，是基于询问对象已经存在的情况才产生的。比如例（14）问"哪个是你的朋友"，这必然是因为问话人已经知道这里有答话人的朋友，只是不知道有几个，他询问的就是朋友的个数；如果问话人不知道这里是否有答话人的朋友，那他就会问"这里有你的朋友吗"。正是因为这些疑问代词可以询问数量或程度量，证明了它们是具有表量功能的，"没（有）/不+疑问代词+X"构式中疑问代词的表量功能也正来源于此。

四、否定词"不""没（有）"的减量功能

"不"和"没（有）"是现代汉语中最典型的两个否定标记，"不"是否定副词，而关于"没（有）"的词性历来争议很多，有人把体词前面的"没（有）"视作动词，谓词前面的"没（有）"视作副词，也有人认为不论是在体词前还是在谓词前，"没（有）"都是动词。"不"和"没（有）"的用法之间虽然存在一些差异，但它们作为否定标记，都具有否定的功能，这是无疑的。

奥托·叶斯柏森（Otto Jespersen）在他的《语言哲学》（*The Philosophy of Grammar*）（2006）一书中，用一章的篇幅专门讨论了人类语言的否定（Negation）问题。经过对大量语言的调查，他得出结论：所有（或大多数）语言中的一般规则是：否定词（not）表示"少于或不及（lessthan）"[1]。也就是说，否定词对事物的否定结果是一个少于

---

[1] Otto Jesperson, *The Philosophy of Grammar*(Routledge, 2006), P322.

或不及事物本来的一个量，否定就相当于减少或降低事物的量。比如英语中的"not lukewarm"表示一个低于 lukewarm 的温度，是介于 lukewarm 和 icy 之间的某一个温度，而不是介于 lukewarm 和 hot 之间的某一个温度。

现代汉语中的否定词"不"和"没（没有）"在否定结构中也能够表示少于或不及其否定对象本来的一个量，也就是减少或降低事物（否定对象）的量。如：

（15）理光 MP2000 印出来的文件，老是粘碳粉，纸张不白，这是为什么？（网络）

（16）茂良终究不负重托，没到一年就捣鼓出个大喜来。（吴童子《棒子，棒子》）

（17）飞飞生宝宝了，医生说宝宝超过八斤了，建议剖，她妈妈为了省钱，硬是说肯定没八斤的，硬是叫她自己生，结果生完后缝针都缝了两个小时！（微博）

例（15）中"不"否定的是形容词"白"，"不白"只是说"白"的程度不高，纸张本身还是白色的，它的颜色并没有发生变化。例（16）"没"否定的是"一年"，"没到一年"，表示少于一年的一个时间段。例（17）"没"否定的是数量词"八斤"，"没八斤"表示低于八斤的一个重量，而不是重量为零。

戴耀晶（2000：45-49）[①]认为否定可以分为对质的否定和对量的否定，对量的否定指否认事物或事件在数量上的规定性，语义内涵是"少于"；对质的否定指否认事物的存在或事件的发生，语义内涵是"无"。但从量的角度来说，我们也可将"无"理解为量值为零。如：

（18）公交车开着就停在了路上，说是水箱里没水了，去讨水……（微博）

（19）我们不去网吧，我们也知道网上有不健康的东西……（《2002年厦门晚报》）

例（18）"水箱里没水了"，根据戴耀晶（2000）的说法，这是对

[①] 戴耀晶：《试论现代汉语的否定范畴》，《语言教学与研究》2000 年第 3 期。

质的否定，它否认水箱里水的存在；但是从量的角度来说，它表示水箱里的水量为零。例（19）"不去"，是对"去"这个行为的否定，从量的角度来说，我们也可以把它理解为"去"的次数为零。因此，任何质的否定，从量的角度来说都可理解为量值为零，否定的实质就是对事物的量的减少或降低。

综上，"不"和"没有"表示对事物的量的否定。对某一个量的否定意味着否定大于或等于这个量的所有量，否定的结果就是少于或不及这个量的一个量。若这个量为最小量，否定的结果就是量值为零，即全量否定；若这个量是大于最小量的某一个量，否定的结果就是少于或不及这个量的一个量，即部分否定。如：

（20）我们夫人不但有一身精湛的武功，而且从无暗疾，最令人起疑的是，断气不到两个时辰即已入殓，隔天即下葬！（李凉《六宝江湖行》）

（21）哇！这些值不少钱吧？没十万也有五万。（林如是《只爱你一个》）

（22）他独自一人住在一个完全陌生的城市里，一个人也不认识。（托尔斯泰《战争与和平》）

（23）偶尔地摊停停，百货店橱窗浏览，却没买一件东西，也没进任何一家店。（言妍《四月紫花开》）

例（20）和例（21）是部分否定，例20通过对"两个时辰"的否定，同时否定了"三个时辰、四个时辰……"等超过两个时辰的时间，表达了不到两个时辰的一个时间量；例21"没十万"在否定了价值十万的同时，也否定了大于十万的价值，但根据后面的"也有五万"可以得知，其否定结果是一个不到十万但超过五万的一个数量。例22和例（23）是全量否定，例（22）通过对最小量"一个人"的否定，同时否定了"两个人、三个人……"，其否定结果就是在这个城市里他认识的人的数量为零；例（23）通过否定最小量"一件东西"，达到了否定全量的效果，否定的结果就是买的东西数量为零。

在"没（有）/不+疑问代词+X"构式中，"多少""什么""多会儿""怎么"等疑问代词表示的是一个不确定的、模糊的量，所以用"不"

或"没（有）"来否定这些疑问代词时，表达的就是少于或不及说话人预期的一个量。如：

（24）比如红枣分级，就是费点工夫，把大小好坏分开，各卖各的价，收入比混在一起卖高得多，就是<u>没多少人</u>干。

（25）那时候也<u>没什么东西</u>玩，要玩也就是坐在一起聊天。（何顿《人生瞬间》）

（26）一个青春不再、几年都<u>没怎么露面</u>但名字没从媒体消失过的女人，风头盖过任何一个当红偶像……（2003 年《都市快讯》）

（27）这种胡话尽管<u>没谁</u>会相信，可在当时的情形下，却起到了好的作用。（和事等《为人处世》）

（28）常霖，你很好，你<u>没有哪里</u>比不上他。（网络）

例（24）—例（26）是部分否定，例（27）—例（28）是全量否定。不管是部分否定还是全量否定，其否定结果是一个少于或不及事物本来的一个量，事物的量减少了，即否定词"不"和"没（有）"具有对客观量进行减量评价的功能。"不"和"没（有）"之所以能够具有减量评价的功能，就是因为它们是对事物的量的否定，而不是对事物性质的否定。

五、"没（有）/不+疑问代词+X"构式中的 X

"没（有）/不+疑问代词+X"构式中的 X 往往会随着疑问代词的不同而发生变化。"不/没（有）+怎么+X"的 X 通常为谓词性成分（形容词、动词、动词性结构）。如：

（29）这位同学幼年有点口吃，但<u>不怎么严重</u>……（《大学生心理卫生与咨询》）

（30）以前几乎<u>不怎么长痘</u>的我现在每月痘痘都会如期而至。（微博）

（31）我外出经常乘公共汽车，<u>不怎么向管理局要车</u>。

"不怎么"后面的 X 还可以是具有形容词性质的名词。如：

（32）像我这样<u>不怎么女人</u>的女人，将来是不是得找一个挺娘们儿的爷们儿？（微博）

"没（有）+什么"的 X 通常为体词性成分（名词、名词性结构、"的"字结构）。如：

（33）目前国内一些展馆闲置率较高，有的是盲目兴建，建成后又<u>没什么需求</u>。

（34）你拿出证据再说，事实胜于雄辩，我想我们<u>没什么好说的</u>。（祁欢《桔梗情深》）

"没（有）/不+几/多少/哪+X"的 X 一般也是体词性成分。若 X 是普通名词而非时量词，"几"和"哪"后还要加上量词，"多少"后面既可以有量词，也可以没有量词。如：

（35）袁泉近年来接拍的影视剧不少，但<u>没哪部偶像剧</u>能像《琥珀》一样，让这位中戏毕业生的功力得以全面展示。

（36）这种过大的反差，<u>没多少知识</u>的师富生不知道，也算不出来，因而欣然接受，还觉得一天能挣一块多钱，不错。

（37）人生<u>没多少个十年</u>，一定要好好纪念一下又是新的一个星期，又该要起飞了。（微博）

（38）宋子文走后<u>没几天</u>，蒋公馆便来了电话，要李石曾马上去面见委员长。（《宋氏家族全传》）

（39）一年又一年，岁月如梭，要学好好对自己，一辈子<u>没多长</u>，更要学会好好对别人，因为下辈子不一定能遇上。（微博）

除"怎么"和"多"外，其余疑问代词后面的 X 可以前移，也可以不出现，我们可从语境获知"没（有）/不+疑问代词+X"构式表达的含义，并据此推测出被省略的 X。如：

（40）果然，一会儿之后，他又问了："你不怕今晚这件事被你老公知道吗？""他不可能知道，"她说，"就算知道也<u>没什么</u>。"（把斋《小城宝贝》）

（41）刘曼说："说真的，我平时是不大出来逛街买东西的，经常就是东西买了<u>没几件</u>，算计来算计去的，眼泪都要下来了。"（周洁茹《周洁茹作品集》）

（42）然而，从目前的市场来看，无论从价格上、销量上和受欢迎的程度上，<u>没哪一家</u>能望贵州醇酒厂之项背。

根据语境我们可推断，例 40 中"没什么"后面的 X "关系"被省略了，例（41）中"没几件"后面的 X "东西"前移到了动词"买"之前，例（42）中被省略的 X 是"酒厂"。

疑问代词"谁""哪里/哪儿""多会儿""怎样/怎么样"后面一般不能再加其他成分，因为"谁"和"哪里/哪儿"本来就指代某个范围里的某一个或某几个对象，"多会儿"本身就表示时间量，"怎样/怎么样"本身就含有性状义。因此，"没（有）+谁""没（有）+哪里/哪儿""不/没+多会儿"和"不/没（有）+怎样/怎么样"结构中的否定词"不"或"没（有）"否定的就是疑问代词本身，X 的位置上不再出现其他语言成分。

六、结语

本文立足于前人研究的基础，通过对语料的收集、分析和整理，探讨了"没（有）/不+疑问代词+X"构式构件的性质，还考察了该结构的语义功能。由于本人能力有限，本文只探讨了"没（有）/不+疑问代词+X"构式的共同点，没有针对其中的各具体形式进行分析。

参考文献

［1］ Goldberg A E. *Constructions: A construction grammar approach to argument structure*[M]. University of Chicago Press, 1995: 4.

［2］ Otto Jesperson. *The Philosophy of Grammar*[M]. Routledge, 2006: 322.

［3］ 陈虹先. "没（有）什么+X"格式研究[D]. 上海：上海师范大学，2010.

［4］ 陈晓蕾. "什么""怎么""怎么样"的否定式考察[J]. 海外华文教育，2011（01）：84-90.

［5］ 戴耀晶. 试论现代汉语的否定范畴[J]. 语言教学与研究，2000（3）：45-49.

［6］ 董蕾. "怎么"类涉量构式群研究[D]. 湘潭：湘潭大学，2015.

［7］ 董淑慧，宋春芝. 汉语主观性主观量框式结构研究[M]. 天津：南开大学出版社，2013：149-169.

［8］ 黄伯荣，廖序东. 现代汉语[M]. 北京：高等教育出版社，2007：20.

[9] 李敏."谁"的非疑问用法[D]. 开封：河南大学，2001.

[10] 李宇明. 汉语量范畴研究[M]. 武汉：华中师范大学出版社，2000：111.

[11] 陆俭明. 构式：论元结构的构式语法研究·中文版序2[A]. 吴海波，译（冯奇审订）. 构式：论元结构的构式语法研究. 北京：北京大学出版社，2007.

[12] 吕金月. 表程度的[不X]格式研究[D]. 长春：吉林大学，2015.

[13] 马瑞英."怎么"非疑问用法研究[D]. 长春：吉林大学，2011.

[14] 聂小丽. 否定句中"什么"的指量意义[J]. 宜宾学院学报，2015（3）：91-97.

[15] 邵敬敏，赵秀凤."什么"非疑问用法研究[J]. 语言教学与研究，1989（1）：26-40.

[16] 石毓智. 肯定和否定的对称与不对称[M]. 北京：北京语言文化大学出版社，2001：204-206.

[17] 王力. 中国现代语法[M]. 北京：商务印书馆，1985：230-234.

[18] 王小穹，何洪峰. 疑问代词"怎么"的语义扩展过程[J]. 汉语学习，2013（06）：65-73.

[19] 袁志刚. 疑问代词"怎么"非疑问用法研究[D]. 广州：暨南大学，2010.

[20] 张谊生. 试论主观量标记"没""不""好"[J]. 中国语文，2006（3）：127-134，191-192.

[21] 张尹琼. 疑问代词的非疑问用法[D]. 上海：复旦大学，2005.

[22] 中国社会科学院语言研究所词典编辑室编. 现代汉语词典（第七版）[M]. 北京：商务印书馆，2016：336.

[23] 宗守云. 试论"不怎么"的语义表现和语用功能[J]. 广西师范大学学报，2009（4）：37-40.

"爱 X 就 X" 构式的相关研究

天津外国语大学附属滨海外国语学校

邵明慧

摘 要:"爱 X 就 X"是现代汉语一个比较常用的构式。本文将"爱 X 就 X"的构式义归纳为"对选择无约束,不加限制",意在表达说话人对 X 行为或事件无所谓的态度。本文对变项 X 音节、语言成分进行了统计,并分析了"爱 X 就 X"构式的句法功能。

关键词:"爱 X 就 X";变项 X;句法功能;主观性

一、研究现状

"爱 X 就 X"(如"爱去哪儿就去哪儿""爱住多久就住多久""爱怎么闹腾就怎么闹腾""爱说什么就说什么")是现代汉语口语中一个比较常见的构式。该构式主观性强,其构式义在很大程度上相对独立于构件所表示的意义,而且不同语境中,其构式义差别较大。目前工具书和教材中对该构式的解释并不全面、准确,这使学生在学习过程中容易产生混淆。《汉语口语常用格式例释》将"爱 A(就)A"作为常用格式进行解释,释义为"'爱 A(就)A'表示完全可以按照自己的意愿做。该常用格式的两种用法:一种为 A 是带疑问词的动词性结构;另一种是'爱'有时可以换成'想','就'常常可以省略。"(2008:1)①《汉语常用格式 330 例》中,对"爱 X 就 X"的释义为"愿意怎

---

① 张建新:《汉语口语常用格式例释》,北京语言大学出版社,2008。

样就怎样，有时也略含不满意味"（2010：2）。①

通行的对外汉语教材只介绍了"爱 X 就 X"中构件 X 的某一种成分。《会通汉语·听说2》将"疑问代词₁……（就）疑问代词₁……"作为基本结构，并将其解释为"听任"（2015：70）。②《现代汉语词典》（第七版）（2016：1439）对"听任"的解释是，"听任"同"听凭"，为动词，"让别人愿意怎样就怎样"③。这样就会误导学生，让学生认为这个结构的执行者只能是听话人，"我"不能充当该构式的主语。所以用"听任"进行解释并不准确。

学界目前虽然还没有将"爱 X 就 X"作为独立构式进行研究，但有针对"爱 X 就 X"构式相似的"想 X 就 X"④、"爱 X 不 X"⑤和"爱谁谁"⑥等的研究。我们将"爱 X 就 X"看作构式，它符合哥德堡（Adele Goldberg，1995：4）对构式做出的定义："C 是一个构式，当且仅当 C 是一个形式和意义的匹配体<Fi, Si>，而其形式 Fi 也好，意义 Si 也好，所具有的某些特征不能全然从 C 的组成成分或先前已有的其他构式所推知。"⑦本文对"爱 X 就 X"构式做一个比较全面的分析和说明。

为使研究更加明确、清晰，我们对研究对象"爱 X 就 X"做了界定。即"爱 X1 就 X2"中构件变项"X1、X2"的音节和内容需要完全相同，即"X1=X2"，如"爱怎么写就怎么写""爱走就走""说怎样就

---

① 陈如、朱晓亚：《汉语常用格式330例》，华语教学出版社，2010。

② 卢福波主编：《会通汉语·听说2》，人民教育出版社，2015。

③ 中国社会科学院语言研究所词典编辑室编：《现代汉语词典》（第七版），商务印书馆，2016。

④ 研究"想 X 就 X"的文章列举如下：丁倩，邵敬敏：《说框式结构"想 X 就 X"》，《暨南大学华文教育学报》2009年第2期。李贤智：《"想 V 就 V"格式的多角度考察》，北京语言大学硕士学位论文，2009年。任艳：《"要 X 就 X"格式的多角度考察》，《西昌学院学报》（社会科学版）2010年第2期。唐贤清，李振中：《框式结构"想……就……"的语义特点》，《汉语学报》2013年第4期。

⑤ 研究"想 X 就 X"的文章列举如下：皇甫素飞：《"爱 X 不 X"类紧缩构式群的承继系统及其语用动因》，《当代修辞学》2015年第6期。李思旭、沈彩云：《构式"爱 V 不 V"的认知语义及整合度等级》，《汉语学习》2015年第2期。李文浩：《"爱 V 不 V"的构式分析》，《现代外语》2009年第3期。

⑥ 李宗江：《"爱谁谁"及相关说法》，《汉语学习》2009年第1期。

⑦ Goldberg, A, Constructions: A Construction Grammar Approach to Argument Structure (Chicago: University of Chicago Press, 1995), p.4（译文引自陆俭明《构式：论元结构的构式语法研究·中文版序2》，吴海波译（冯奇审订）《构式：论元结构的构式语法研究》，北京：北京大学出版社，2007）

怎样"等。基于此界定，我们共从北京大学中国语言学研究中心 CCL
语料库的现代汉语语料部分和北京语言大学语言研究所（北语 BJKY）
选取了 307 条符合研究要求的例句，本文对构式"爱 X 就 X"的分析
都是在此例句范围内展开的。

二、"爱 X 就 X"构式义及构件的分析

（一）"爱 X 就 X"的构式义

"爱 X 就 X"的构式义为"对选择无约束，不加限制"，意在表达
说话人对 X 行为或事件无所谓的态度。如：

（1）宝玉笑道："你爱打就打，这些东西原不过是借人所用……"

（2）谢先生说，租辆小轿车自己开，爱去哪里就去哪里，既方便
又自由。

（3）嘴生在别人身上，一张嘴两块皮，别人爱怎么讲就怎么讲，
我拿它当作耳边风。

（二）构式常项"爱…就…"

在构式"爱 X 就 X"中，"爱""就"在构式中充当构式常项。"爱"
为动词，表示喜欢某种活动或状态；"就"为副词，表示前后事情顺承。
"爱……就……"是由表示假设关系的复句紧缩而成的，来源于"如果
爱……，那么就……"。"爱 X 就 X"具有很强的凝固性。

（三）构式变项 X

1. 构件 X 的音节特征

我们统计了不同音节在所有例句中所占的比例，统计结果见表1：

表 1　构件 X 的音节数量统计结果

音节数目	举例	例句数目	百分比
单音节	爱来就来	37	12%
双音节	爱怎样就怎样	46	15%
三音节	爱唱什么就唱什么	184	59.9%
四音节	爱怎么排场就怎么排场	28	9.2%
五音节	爱什么时候走就什么时候走	7	2.3%
六音节	爱躺到什么时候就躺到什么时候	4	1.3%
七音节	爱要什么样的女人，就要什么样的女人	1	0.3%

　　根据表 1 可知，"爱 X 就 X" 中的 X 有单音节、双音节、三音节、四音节、五音节、六音节和七音节，七种音节形式。其中 X 为三音节及以下的例句数目最多，而 X 为四音节及以上的例句数目较少。这主要是因为 "爱 X 就 X" 构式是紧缩而成的构式，而紧缩句的特点就是精练简洁。

　　2. 构件 X 的成分分析

　　X 可为动词、动词性结构、代词、形容词、名词性结构和介词结构。统计结果见表 2：

表 2　构件 X 的六种成分统计

X 成分	举例	例句数目	百分比
动词	爱玩就玩	40	13.1%
动词性结构	爱怎么想就怎么想	234	76.2%
代词	爱怎么就怎么	30	9.8%
形容词性结构	爱多高就多高	1	0.3%
名词性结构	爱啥样就啥样	1	0.3%
介词结构	爱和谁就和谁	1	0.3%

　　我们对构件变项 X 为动词、动词性结构和代词的情况进行重点分析。

　　（1）构件 X 为动词。构件 X 为动词的例句共有 40 条，可单独进入构件 X 的动词，多为自主动词①。动词多为单音节动词有 37 条，双音节动词例句仅有 3 条。而根据我们统计的结果，构件 X 只有两种动词：动作动词和趋向动词。

在语体色彩上，进入 X 的动词一般具有口语化的特点。根据张国宪（1989）②等学者的相关研究，单音节动词更多的是一种口语词汇，这也从另一个方面证实了构式"爱 X 就 X"是一个口语语体色彩较浓的构式。

（2）构件 X 为动词性结构。动词性结构 X 主要有动宾结构、偏正结构、中补结构和连动结构四类。四类动词性结构在 X 为动词结构例句中所占比例统计结果见表 3：

表 3　动词性结构 X 的结构类型

结构类型	举例	例句数目	百分比
动宾结构	爱用谁就用谁	78	33.4%
偏正结构	爱怎么说就怎么说	131	55.9%
中补结构	爱讲几句就讲几句	23	9.8%
连动结构	爱上哪儿告就上哪儿告	2	0.9%

X 为动词性结构的例句共有 234 条，其中 214 条例句中的 X 含有疑问代词，如"谁、哪儿、什么、怎么"等。疑问代词在"爱 X 就 X"中不表示询问，而表示任指。

（3）构件 X 为代词。构件 X 为代词的例句数目为 35 条，疑问代词分别为：怎么（7 条）、怎样/怎么样（20 条）、怎着/怎么着/怎么的（7 条）、几时（1 条）。由于构式强调选择的无限制性、自由性和多样性，所以指向性较强的人称代词和指示代词不能单独成为构件 X。

三、"爱 X 就 X"构式的句法功能

"爱 X 就 X"的句法功能主要有主语、谓语、宾语、定语和小句

---

① 马庆株：《自主动词和非自主动词》，《中国语言学报》1988 年第 3 期。
② 张国宪：《单双音节动作动词语用功能差异探索》，《汉语学习》1989 年第 6 期。

五种。大部分"爱 X 就 X"在句中作谓语，其次是充当小句和作宾语，只有少量充当主语和定语的例句。我们在所搜集到的例句中没有发现构式"爱 X 就 X"作状语和补语的情况。统计结果见表4：

表4 "爱 X 就 X"构式的句法成分统计表

构式句法成分	数目	百分比
主语	1	0.3%
谓语	192	62.6%
宾语	30	9.8%
小句	83	27%
定语	1	0.3%

（一）构式"爱 X 就 X"作主语

构式"爱 X 就 X"作主语的情况较少，仅发现了1条。如：

（4）但是你要是忘了没关系，只要把"只杀得"这仨字记着，下边儿你<u>爱唱什么就唱什么</u>都行，观众也听不出来。

（二）构式"爱 X 就 X"作谓语

"爱 X 就 X"作谓语时，句子的主语是名词性成分或代词。如：

（5）你现身说法，就这些活儿，就这些钱，谁<u>爱来就来</u>。

（6）谁<u>爱吃就吃</u>，不吃拉倒，我不能问，妈吃吗？老婆就不干，为什么不问我。

（7）他和天赐说开了：你<u>爱念什么就念什么</u>，不明白的问；不问也没关系。

（8）您<u>爱怎么过就怎么过</u>吧。

（三）构式"爱 X 就 X"作宾语

构式"爱 X 就 X"作宾语的例句共有30条。构式前有判断动词"是"的例句只有2条，这2条例句都是以反问句的形式出现的。

（9）官司还不是<u>爱打就打</u>，<u>爱不打就不打</u>？

（10）本来吗，自幼失了娘，我又终年在外边瞎混，他可不是<u>爱怎么反就怎么反</u>呗？

有 28 条例句是由构式"爱 X 就 X"充当双宾句中的远宾语。如：

（11）他说道，如果让我回到阳间去，我一定随她<u>爱怎样就怎样</u>。

（12）母亲瞪了我许久才说："他姜叔，让他走，随他<u>爱上哪儿去就上哪儿去</u>！他不是我的儿子！"

（四）构式"爱 X 就 X"作定语

构式"爱 X 就 X"作定语的例句我们仅找到 1 条。这大概与该构式的音节有关，一般"爱 X 就 X"构式最少为四音节形式，作定语成分会使得句子显得过于累赘、繁琐。

（13）虽然自己还没有享受到<u>爱报多少就报多少</u>的福利，内心里已经自豪得暗爽起来。

（五）构式"爱 X 就 X"作小句

构式"爱 X 就 X"作分句有两种情况，一是充当复句中的分句，二是单独成句。当构式"爱 X 就 X"为复句中的分句时，通常是省略了主语，作为前面句子的补充说明；或由于主谓成分间的状语过长，为了防止句式过长而进行断句。当"爱 X 就 X"单独成句时，一般是说话人想结束当前话题，或对之前观点的进一步补充说明。如：

（14）我们画画得按自己的思路去画，<u>爱怎么画就怎么画</u>，画得靠自己去探索。

（15）<u>爱怎么办就怎么办</u>吧！我是社里的人，我就随大流了。

四、"爱 X 就 X"构式的特点

（一）"爱 X 就 X"的强主观性

构式"爱 X 就 X"是一个口语色彩很浓的构式，有很强的主观性，构式的主观性主要体现在两个方面。第一，"爱 X 就 X"构式主观性体现在施事者或说话人的任意性上。这种任意性首先表现在非自主动词可以进入构式"爱 X 就 X"。如：

（16）"我的饭卡又丢了。""你都丢了四次了，以后你<u>爱丢就丢</u>，别再跟我说了。"

（17）"你不会连你前女友的名字都忘了吧？""她跟我又没关系了，我<u>爱忘就忘</u>。"

"丢"和"忘"都是不受施事者或主体左右的动作行为，"丢"饭卡这种行为是非常偶然的，如果不是偶然的，那我们就不能说"丢"饭卡，而是"扔"饭卡。可见"丢"不是说话人或施事者可以控制的。同时，"忘"不"忘"前女友这一行为也不是说话人想做就能做到的。此时，这两个非自主动词进入构式形成的"爱丢就丢"和"爱忘就忘"就是施事者或说话人非常主观的说法，是施事者或说话人主观任意性的结果。

其次，这种任意性还表现在"爱 X 就 X"构式中"爱 X"和"就 X"的关系上。在该构式中，说话人或施事者将"爱 X"当作了"就 X"的充分条件。如：

（18）你吃阳春面，你吃海参鱼翅，你<u>爱吃什么就吃什么</u>，同我们都没有关系。

（19）"我<u>爱嫁谁就嫁谁</u>。"思嘉无动于衷说。

例（18）说话人将"爱吃什么"当作"就吃什么"的充分条件。例（19）说话人也将"爱嫁谁"当作了"就嫁谁"的充分条件。可是我们知道"爱吃什么就吃什么"和"爱嫁谁就嫁谁"都是不能成立的假命题。说话人在使用"爱 X 就 X"构式时并没有从实际出发，构式的使用是说话人或施事者主观任意性的结果。

第二，构式"爱 X 就 X"的主观性还体现在施事者或说话人对"X"的摇摆性上。

我们在分析构件 X 的语法属性时发现，当构件 X 为动词时，"爱 X 就 X"构式往往成对出现，如"爱来就来、爱走就走"。这两个构式中的 X 往往具有完全相反的意义。除此之外，还有很多肯定和否定对举的例子。如：

（20）你<u>爱写什么就写什么</u>，不写也可以。

（21）我干麼要听你差遣？我<u>爱走就走</u>，不爱走就不走。

上述例证说明施事者或说话人在"X"的执行与否上态度不明确，而且可以在完全相反的两个点间摇摆，而这种摇摆完全是由个人的主观意志决定的，这种主观意志上的摇摆性也从侧面证明了"爱 X 就 X"构式有很强的主观性。

此外，有<u>些</u>例句中虽然没有直接呈现与构件 X 意义相反的成对的构式，或可以和原构式构成肯定和否定对举关系的构式，但我们仍能根据语境补足与构式中构件 X 意义相反的成对的构式和与其成对举关系的另一个构式。如：

（22）看了天赐一眼，画小人呢！随他的便，<u>爱画就画</u>吧，自要不出声老实着就好。

（23）他觉得，这钱是他自己的，<u>他爱怎么花就怎么花</u>，甚至还把小弟弟弗兰克一块儿带去。

根据语境对上述例句进行补充。例（22）补充后则为"爱画就画，爱玩就玩"或"爱画就画，不爱画就不画"，补充后并不影响整个句子的意思，因为在例句中，说话人只要求构式施事者"不出声老实着就好"，并不关心施事者对构件 X 的选择，所以说话人在构件 X 的选择上是随着自己的主观意识摇摆的。例（23）补充后可以是"爱怎么花就怎么花，爱花多少就花多少"或"爱怎么花就怎么花，不爱花就不花"，说话人想强调的是他对钱有支配权，而在构件 X 的选择上同样是随着自己主观意识摇摆。在例句中，我们除了补充了成对出现的"爱 X 就 X"构式，还补充了与原构式呈对举关系的构式，这种对举关系表明说话人或施事者可以在相反的两个极点间根据自己的主观意志左右摇摆，而这种摇摆性更加充分地证明了"爱 X 就 X"是一个主观性很强的构式。

（二）"爱 X 就 X"对语境的强依赖性

构件"爱 X 就 X"对语境的依赖性表现在三个方面。

第一，"爱 X 就 X"构式如果脱离语境，单独出现，人们很难推断它具体的语义功能。

第二，"爱 X 就 X"所处语境通常会给定 X 的执行范围或具体指向的选择。如：

（24）羊在草地里，<u>爱吃什么就吃什么</u>。

例 24 中，如果"爱吃什么就吃什么"单独出现，我们通常会理解成对"吃什么"的选择是无限制的。但当"爱吃什么就吃什么"有先行句或后续句时，构式的范围就比较明确。此时构式的施事者是"羊"，而语境进一步给出了羊"在草地上"，这就使得构式的范围进一步缩小，使原本的 X 范围缩小或者更加明确了。

第三，各部分构件完全相同的构式，在不相同句子中表达意义有差异。如：

（25）自己既然处在这么优越地位，那就可以<u>爱怎么说就怎么说</u>。

（26）况且自食其力不坐享父母劳动成果的孩子一定是会有出息的。至于别人，<u>爱怎么说就怎么说</u>吧！

例（25）和例（26）中都使用了构件完全相同的构式"爱怎么说就怎么说"，但例（25）表示对说的内容和方式的选择无限制，不具有很强烈的说话人的感情色彩，只是起到陈述事实的作用。但例（26）表示"与说人无关，说话人对怎么说表现出无所谓的态度"。

（三）"爱 X 就 X"与"爱 XX"

我们在统计例句的过程中发现，构式"爱 X 就 X"中的构式常项"就"有时会被省略，"爱 X 就 X"就变成了更为紧缩的新构式"爱 XX"（看作"爱 X 就 X"的变式）。

CCL 语料库中共搜集 124 条"爱 XX"构式的例句。"爱 X 就 X"中构件"就"的省略情况和 X 音节数量有关系。当 X 为多音节成分时，构件"就"都可以省略，如：

（27）再说一次，他<u>爱找谁找谁</u>，我态度已表明，只负责联系。

（28）我<u>爱填谁填谁</u>，组织处不是说保密吗！

（29）你们<u>爱说什么说什么</u>，……反正我是退出这游戏了。

"爱 XX"与"爱 X 就 X"例句有无"就"后，大多并不影响构式的意义。和"爱 VV"相比，"爱 V 就 V"节奏性更强，韵律更加和谐稳定，而且它作为四字格，又有其独特的结构美①，所以当 X 为单音节动词时，虽然构件"就"也可以省略，人们更倾向于使用由两个双音节组成的构式"爱 V 就 V"，而不是三音节"爱 VV"。值得注意的是，当 X 为"谁"时，只能说"爱谁谁"，不说"爱谁就谁"。

参考文献

［1］ Goldberg A E. *Constructions: A construction grammar approach to argument structure*[M]. University of Chicago Press, 1995:4.

［2］ 陈如，朱晓亚. 汉语常用格式 330 例[M]. 北京：华语教学出版社，2010：2.

［3］ 丁倩，邵敬敏. 说框式结构"想 X 就 X"[J]. 暨南大学华文教育学报，2009（2）：72-77+94.

［4］ 皇甫素飞."爱 X 不 X"类紧缩构式群的承继系统及其语用动因[J]. 当代修辞学，2015（6）：79-90.

［5］ 李思旭，沈彩云. 构式"爱 V 不 V"的认知语义及整合度等级[J]. 汉语学习，2015（2）：57-65.

［6］ 李文浩."爱 V 不 V"的构式分析[J]. 现代外语，2009（3）：231-238，328.

［7］ 李贤智."想 V 就 V"格式的多角度考察[D]. 北京：北京语言大学，2009.

［8］ 李宗江."爱谁谁"及相关说法[J]. 汉语学习，2009（1）：13-17.

［9］ 卢福波主编. 会通汉语・听说 2[Z]. 北京：人民教育出版社，2015：70.

［10］ 陆俭明. 构式：论元结构的构式语法研究・中文版序 2[A]. 吴海波，译（冯奇审订）.//Goldberg.构式：论元结构的构式语法研究. 北京：北京大学出版社，2007.

［11］ 马庆株. 自主动词和非自主动词[J]. 中国语言学报，1988（3）：157-180.

［12］ 任艳."要 X 就 X"格式的多角度考察[J]. 西昌学院学报社会科学版，2010（2）：1-3.

［13］ 邵敬敏. 关于框式结构研究的理论与方法[J]. 语文研究，2015（2）：1-6.

---

① 吴慧颖：《四字格中的结构美》，《修辞学习》1995 年第 1 期，第 21-22 页。

［14］ 唐贤清，李振中. 框式结构"想……就……"的语义特点［J］. 汉语学报，
　　　 2013（4）：22-27+95.

［15］ 吴慧颖. 四字格中的结构美［J］. 修辞学习，1995（1）：21-22.

［16］ 张建新. 汉语口语常用格式例释［M］. 北京：北京语言大学出版社，2008：1.

［17］ 张国宪. 单双音节动作动词语用功能差异探索［J］. 汉语学习，1989（6）：
　　　 12-14.

"说 X 也 X" 框式结构研究

天津市津南区葛沽镇人民政府

窦广宇

摘　要：本文将"说 X 也 X"的构式义归纳为：如果谈到某人、某事或某物是否"X"，确实是"X"。构式在整体上表达"确认"。文章还分析变项 X 的音节特点以及"说 X 也 X"结构的句法功能、生成机制及其主观性。

关键词："说 X 也 X"；单列式；对举式；生成机制；主观性

现代汉语中，"说 X 也 X"是一种常见的口语表达。它符合哥德堡（Adele Goldberg，1995：4）对构式做出的定义为："C 是一个构式，当且仅当 C 是一个形式和意义的匹配体<Fi，Si>，而其形式 Fi 也好，意义 Si 也好，所具有的某些特征不能全然从 C 的组成成分或先前已有的其他构式所推知。"[①]本文运用构式理论全面分析"说 X 也 X"结构。（本文的研究语料均来源于 CCL、BCC 语料库）

一、"说 X 也 X"的构式义

在研究框式结构的构式义时，要密切参照上下文，尤其是下文，坚持最佳关联原则，不能仅是就事论事，从构式本身做文章，而是必须密切联系该构式的上下文语境展开分析。接下来，将分别就单列式

---

① Goldberg, A, *Constructions: A Construction Grammar Approach to Argument Structure*(Chicago: University of Chicago Press, 1995)[译文引自陆俭明《构式：论元结构的构式语法研究·中文版序2》，吴海波译（冯奇审订）《构式：论元结构的构式语法研究》，北京：北京大学出版社，2007]

和对举式结合语境进行分析，最终归纳出"说 X 也 X"的构式义。

（一）单列式

在笔者搜集到的 283 条语料中，单列式有 75 条，占比 26.5%。

（1）干部下基层，<u>说容易也很容易</u>，现实中有少数干部一年难得下去几天，像蜻蜓点水一掠而过，不去解决实际问题。

（2）时间<u>说快也真快</u>，倏忽之间，50 年过去了。

（3）<u>说怪也怪</u>，这一正常的行为，竟一下子触怒了大大小小的"迷信权力"的"长官"们。

（4）人力资源<u>说简单也简单</u>，但你真能做好却不容易。

（5）我和姚文元的纠葛，搜搜括括，就这么一些。<u>说简单也很简单</u>。想不到"文革"一来，这么点纠葛惹得"四人帮"二位大帮主亲自出马，锻炼周纳，点名批判，演了一出不大不小的闹剧，直闹得祸延全国。

作为单列式，我们不能单纯通过"说 X 也 X"判断出说话人的主观态度，而是要参考后续句，这分为两种情况：

1. 解释说明

后续句对"说 X 也 X"进行解释说明。如例（1）现实中干部下基层就是蜻蜓点水，不以解决问题为目的，所以说话人认为干部下基层是容易的；例（2）悠忽就过去了 50 年，所以说话人认为时间过得快；例（3）正常的行为却犯了"迷信权力"的"长官"们的众怒，所以说话人认为事态奇怪。这种情况下，通过后续句的进一步印证、肯定，"说 X 也 X"应归纳为：如果要说是 X，也的确是 X。

2. 让步转折

后续句对"说 X 也 X"进行让步转折。说话人认可某人、事或物普遍来看是 X，但现实中大众的观点有偏颇或并未遵循常理，呈现的实际结果是-X。如例（4），大众普遍认为，人力资源这个职业门槛低，但说话人认为要想把人力资源做到位并不简单；例（5），一般情况下这么点纠葛确实很简单，但在"文革"这个特殊的历史时期，就会被无限放大，实际呈现的是不简单。这种情况下，通过后续句的让步转折，"说 X 也 X"应归纳为：如果要说是 X，普遍来看确实是 X，但实际上是-X。

（二）对举式

关于如何界定对举式的概念，笔者倾向于采用张国宪（1993）的定义，即"两个字数相等或相近，结构相同，语义相反相成的句子。"①相较于形式，汉语更重意合，所以在判定时遵循语义优先的原则。

（6）技师向他的徒弟讨要一点东西，说珍贵也珍贵，<u>说不值钱一钱不值的东西</u>——一个孩子。

（7）25 年的时间说长也长，<u>说短就如白驹过隙一般飞快</u>。

"说不值钱一钱不值的东西""说短就如白驹过隙一般飞快"与各自的前文（"说珍贵也珍贵""说长也长"）在字数、结构上都存在较大差异，不能直接归为"说 X 也 X"，但它们与前文在语义上相反，因此在讨论构式义时将被囊括在内。在笔者搜集到的 283 条语料中，对举式有 208 条，占比 73.5%。对举式依据前后两项中 X 的相成或相反关系可分为两类：

1. 相反关系

对举式"说 X 也 X"，说-X 也-X"，X 与-X 具有相反关系，在 208条语料中有 206 例，占绝大多数。

（8）呼天成说："<u>说没事也没事，说有事也有事</u>，事不大。"

（9）就为空气净化器这个<u>说知道也知道，说不知道也不知道</u>的玩意儿，值得一打吗？

（10）周伯通道：<u>说难是难到极处，说容易也容易之至</u>。有的人一辈子都学不会，有的人只需几天便会了。

（11）社会领域的改革，<u>说难也难，说易也易</u>。重视了就不难，找准了突破口就不难，认真谋划了就不难，真抓实干了就不难。（王培安《推进社会领域改革至关重要》，

（12）过滤嘴香烟包装的改革问题，<u>说小也小</u>，不过是"维持现状"

---

① 张国宪：《论对举格式的句法、语义和语用功能》，《淮北煤师院学报》1993 年第 1 期。

还是把过滤嘴香烟倒过来包装；<u>说大也大</u>，它关系到千千万万吸烟者的利益。

（13）人性<u>说复杂也复杂，说简单也简单</u>。说复杂，可以举出几十种表现。说简单，只说出对立的二元就够了，这二元一个是善，一个是恶。

（14）都市离老陈有多远？<u>说近很近</u>，窗外就是；<u>说远也远</u>，他们骨子里仍是"村里人"。

我们不能仅凭"说 X 也 X，说-X 也-X"就判断出说话人的主观态度，仍需参考后续句，这分为三种情况：

一是，说话人要评价的事物、情况等介于 X 和-X 之间。如例 8 这件事所产生的影响并不大，但也没有小到权当没有发生，介于有事和没事之间；例（9）对空气净化器有认知，但并不全面深入，介于知道和不知道之间。这种情况下，"说 X 也 X，说-X 也-X"应归纳为：可以说是 X，也可以说是-X，归结起来，处于 X 和-X 之间。

二是，说话人对事物、情况等以某一个或几个标准进行衡量，依据符合或不符合标准，将得出 X 或-X 的相反结论。例（10）衡量的标准为是否有天赋，有天赋，只需几天便会了，就是容易之至，没有天赋，一辈子都学不会，就是难到极处。例（11）衡量的标准为是否重视，是否找准了突破口，是否认真谋划，是否真抓实干，都做到了，就不难。这种情况下，"说 X 也 X，说-X 也-X"应归纳为：达到标准 A、B……，则 X，未达到标准 A、B……，则-X。

三是，说话人对事物、情况等从不同的层面进行考虑，分别得出 X 和-X 的相反结论。如例（12）从操作层面来讲，过滤嘴香烟包装的改革是个小问题，但是从影响层面上，它是关乎千千万万吸烟者的利益的大问题；例（13）从具体这一层面讲，关于人性，可以举出几十种表现，是复杂的，从抽象这一层面讲，人性无非善恶的二元对立，是简单的；例（14）从客观层面上，窗外是都市，物理距离很近，从主观层面上，他们骨子里是村里人，心理距离很远。这种情况下，"说 X 也 X，说-X 也-X"应归纳为：从 A 层面看，是 X，从 B 层面看，是-X。

第一种情况，说话人的主观态度是明确的，即事物、情况是介于X 和-X 之间。第二种情况，虽然是分类讨论，但有固定的评价标准，把现实条件带入后，说话人的主观态度也相应明朗。也就是说，前两种情况中，X 和-X 处于同等地位，说话人并没有倾向性。第三种情况，说话人从不同的层面去分析，分别得出 X 和-X 的相反结论，但往往 X 和-X 并不处于同等地位，通过语境，我们可知说话人的语义倾向。笔者参考杨海明、邵敬敏（2015）[①]中的论述分析如下：

语义倾向 X，指向对举式前项：

（15）做到"四个管住自己"，说难也难，说不难也不难。不难，是因为你是党员，是干部，这些都是起码的基本的要求，有什么难的？说它难，是因为做到这些，要处处小心，时时留意。一些腐败案件的当事人也曾有过闪光的历史，也曾为党和人民做过有益的工作，但最终没能坚持下去。

（16）这个方法说容易也容易，说难也难。这种方法已在很多地方进行了试验，受试人群的创造力普遍得到了提高。

（17）文化说大也大，说小也小，小到看不见摸不着，大到无时无刻、无处不有。人类带来的一切物质与精神成果，都是文化。我们关切的一切，包括科学技术的发展、全面小康的实现、世道人心的优化、产品质量的完美，国际形象的塑造，无不期待着文化的培育与充实。

例（15）后续句提到，一些腐败案件的当事人曾经达到"党员的起码的基本的要求"，曾有过闪光历史，为党和人民做过有益的工作，但最终误入歧途，可见作者倾向于认为做到"四个管住自己"事实上是很难的；例（16）后续句提到，这种方法经多地试验，结果证明受试人群的创造力普遍提高，可见作者倾向于认为这个方法在现实中很容易；例（17）后续句提到，一切物质与精神成果（科技、社会、品德、生产、形象等）都是文化，都期待文化的培育与充实，可见作者倾向于认为文化是一个宏大的概念。这三例都是说话人语义倾向 X，

---

① 杨海明、邵敬敏：《"说 X（也）不 X"的主观情态义及其方法论思考》，《语言科学》2015年第 4 期。

即指向对举式前项。

语义倾向-X，指向对举式后项：

（18）小学校的人事<u>说简单也简单</u>，<u>说复杂也挺复杂</u>。教员当中也有派别，为了一点小小私利，排挤倾轧，勾心斗角，飞短流长，造谣中伤。这些派别之间的明暗斗争，又与地方上的党政权势息息相关，且和省中当局遥相呼应。千丝万缕，变幻无常。

（19）形式的变化<u>说重要也重要</u>，<u>说不重要也不重要</u>。因为，如果是翻牌公司，叫什么都没有意义。人们关注电信体制改革的成果，更看中改革带来的实质变化。也就是垄断到底打破没有，竞争到底形成没有。

（20）党叫干的事不干，还叫啥党员？<u>要说难是难</u>，做通一个人的工作就是掀掉一座封建思想的大山；<u>要说不难也不难</u>，因为愚公还能移山呢！

例（18）后续句提到，教员中的派别间排挤倾轧，明争暗斗，与地方政党权势、省中当局也有千丝万缕的关系，所以说话人倾向于认为小学校的人事是复杂的；例（19）后续句提到，人们关注成果即实质变化。是否打破了垄断，是否形成了竞争，所以说话人倾向于认为形式的变化不重要；例（20）后续句提到，所谓难是因为做通一个人的工作就是掀掉一座封建思想的大山，但因为愚公移山的精神在，就能解决难题，所以说话人倾向于认为不难。这三例说话人语义倾向-X，即指向对举式后项。

笔者发现，对于"说 X 也 X，说-X 也-X"的语义倾向，倾向后项"-X"的语料比例高于倾向前项"X"的，两种语义倾向分布不均匀，大概与思维方式和礼貌原则有关联。若先进行语义铺垫，再表述自己的观点，这种方式更为委婉，更易于让听话人接受。

2.相成关系

对举式"说 X_1 也 X_1，说 X_2 也 X_2"，X_1 与 X_2 具有相成关系，在 208 条语料中仅有 2 例，几乎可以忽略不计。

（21）寿岩这件事<u>说奇也奇</u>，<u>说巧也巧</u>。

（22）行政工作，<u>说烦琐也烦琐</u>，<u>说苦闷也苦闷</u>，但人是不能没有工作的。

　　例（21）"奇"和"巧"是近义关系，说话人主观上认为这件事很离奇，很巧合。例（22）行政工作的性质是"烦琐"的，做行政工作的人心态是"苦闷"的，"烦琐"和"苦闷"都是负向主观评价，同样相辅相成。所以，X_1 与 X_2 围绕一个中心话题在主观评价的方向上是保持一致的，同为正向、负向或中性。

　　综上，根据后续句我们可以将说话人的主观态度归纳为下图（图1）：

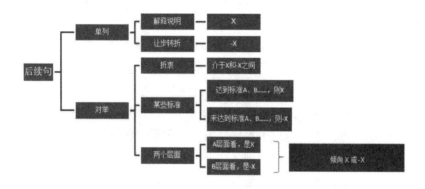

图1　"说 X 也 X"语义功能及其主观态度

　　把单列式和对举式对照来看，我们可以把"说 X_1 也 X_1，说 X_2 也 X_2"看作第一类单列式的特例进行理解，即后续句"说 X_2 也 X_2"对"说 X_1 也 X_1"进行解释说明，把围绕一个中心话题的主观评价加以叠加强化。同样地，我们可以把"说 X 也 X，说-X 也-X"看作第二类单列式的特例进行理解，即后续句"说-X 也-X"对"说 X 也 X"进行让步转折。作为相反关系的对举式，两个语言结构单位相互影响，生成了深层语义，是其中某一部分无法单独表达的，也不是二者表层语义的简单加合，而是要经过分析和概括而产生更具广度和深度的构式义。

　　不难发现，无论是单列式还是对举式，无论后续句是解释说明还是让步转折，说话人所要表达的观点就三种情况，一是"X"，二是"-

X", 三是介于"X"和"-X"之间。所以, 笔者认为"说 X 也 X"本质上是一个范围标志, 说话人的主观态度是待定的, 这个范围就是对立统一的"X"到"-X", 如果把"X"到"-X"看作一条线段, 那么待定的主观态度就处于这一线段的某一点或某一段。听话人通过后续句提供的信息, 能够定位到这一点或这一段, 推导出说话人明确的主观态度。

综上, "说 X 也 X"的构式义可以归纳为: 如果谈到某人、某事或某物是否"X", 确实是"X"。构式在整体上表达"确认"。"说"标志着假设, "也"标志着判断。相反关系的对举式同时确认"X"和"-X", 表面上看似矛盾, 实际上, 说话人的主观态度处于对立统一的"X"到"-X"这个范围中, 听话人需要参考后文才能定位并推导出说话人的明确观点与评价。从语用角度, "说 X 也 X"是委婉的表达方式。

二、"说 X 也 X"的构件分析及句法功能

(一) 变项"X"的音节

在 484 个"说 X 也 X"结构中, "X"为单音节的有 287 个, 占比为 59.3%; "X"为双音节的有 183 个, 占比为 37.81%; "X"为多音节的有 14 个, 占比为 2.89%, 均为三音节, 不存在三音节以上的情况。后文我们将论证"说 X 也 X"是一个紧缩结构, 这也是为什么能进入该结构的"X"会受到节律制约, 通常非常短小。

(二) 变项"X"的语法特征

在 484 个"说 X 也 X"结构中, "X"为词的有 434 个 (形容词有 420 个, 动词有 14 个), 占比 89.67%; "X"为动词性结构的有 50 个, 占比为 10.33%。能进入"说 X 也 X"结构的"X"以单音节反义性质形容词最为普遍, 双音节的性质形容词也存在, 但出现频率不高; 少部分具有判断属性或心理属性的动词也可以进入该结构。性质形容词和具有判断属性或心理属性的动词在对举式中常作为前项, 相应地, 在对举式中, "不+性质形容词/判断、心理类动词"结构的多音节偏正

结构多作为后项。

（23）作文得满分，<u>说容易也容易</u>，只要批改者"大胆开恩"就行了。

（24）整首诗的意思<u>说懂也懂</u>，<u>说不懂也不懂</u>。（王火《战争和人》）

（三）"说 X 也 X" 的句法功能

"说 X 也 X"无论在句中作何种成分，其核心是表达说话人对某事物、情况的观点和评价。在 283 条语料中，"说 X 也 X"及其对举式作补语的有 2 条，作定语的有 4 条，单独成句的有 10 条，其余 267 条均为作谓语或复句分句。如：

（25）城市社区，包罗万象。许多事<u>说小也小</u>，<u>说大也大</u>，有的没人管，有的很难管，有的谁也不愿管。[作谓语]

（26）作为打着贺岁旗号的连台本戏，一二本的大获成功，为李六乙划出必须延续的"跑道"，也为他"花样翻新"设置了<u>说大也大</u>，<u>说小也小</u>的"障碍"。[作定语]

（27）时间过得<u>说快也快</u>，<u>说慢也慢</u>。（微博）[作补语]

（28）夏天，竟有梅雨和三伏这样迥异的两个节气，<u>说奇怪也奇怪</u>，人们心情随之骤然而变也不无道理。（渡边淳一《失乐园》）[作分句]

（29）车的魔力源自何方，是欣赏？<u>说是也是</u>，<u>说不是也不是</u>。准确地说，是人类亘古不变的生理层次需求。[单独成句]

（30）<u>说远也很远</u>。不过要想见到他并不难。（《白发鬼》）[单独成句]

至于为什么作补语、定语的情况较少，笔者认为，补语和定语在句中起到补充和修饰的作用，补语和定语在日常使用中偏于短小，"说 X 也 X"及其对举式字数较多，所以出现频率相对较低。单独成句是形式上独立，还要关涉前后文才能呈现完整的语义，所以在传达与评价相关的信息时不及谓语和复句分句在表述上显得直接和突出。

三、"说 X 也 X" 的生成机制

"说 X 也 X"由"说""也""X"几个构件组合而成，其中"说"和"也"是常项，"X"是变项，须根据说话人的表意和语境进行选择。

笔者认为"说 X 也 X"是一个紧缩结构[①]。"说 X 也 X"的原型义是：如果谈到某人、某事或某物是否"X"，说话人对"X"予以确认，这是一个复句。"说 X 也 X"及其对举式相较于其复句原型更加简洁明了，体现了语言的经济性原则。

构式中"谈及（某一话题）"和"予以确认"的意义来源于常项"说"和"也"。"说"表示"言说义"，是言说类动词。董秀芳（2003）表示"X 说"中的"说"有时并不代表具体的言说，而是出现了虚化。[②]方梅（2003）提出"说"的两条演变路径：其一是从言说动词虚化为补足语从句标记；其二是从言说动词虚化成虚拟情态从句标记。[③]"说"作为"言说义"的本义仍然存在，但在"说 X 也 X"结构中其意义明显已经虚化，不完全表示动作行为，而是作为标记词出现，发展出"谈及""说到"之义，意在引出说话人的讨论话题以及对该话题的主观评价，从而引起听话人对话题的注意。"说 X 也 X"中"也"表"类同"。"说 X 也 X"就类似于拷贝式话题结构，前项"X"与后项"X"同形，但并非语义上的简单重复，因为二者所处句法位置不同，内涵也有分别。前一个"X"是话题，后一个"X"则是说话人根据行为或事件，依据一定的原则和标准而具体给出的结论，表判断，是评价。前"X"和后"X"所属范畴、所具属性是相同的，但具体内涵有区别，所以同中有异，是谓"类同"。

"说 X 也 X"的整体意义是常项和变项共同推动并凝聚而成的。以单列式为例，"说 X 也 X"符合紧缩结构定义的各项条件：首先，由"说 X"和"也 X"两部分组成；其次，结构是由松变紧，即在外部结构上和内部意义上均紧密黏合；再者，在结构上由长变短，省略了关联词"如果"及主语；最后，从呈现的语义关系上来看，"说 X"

---

① 皇甫素飞指出"紧缩结构是由两套或两套以上表述性结构构成的中间没有语音停顿、压缩了某些成分（包括关联词语），且含有明显的逻辑配ава关系的一种结构"。参看皇甫素飞《论紧缩构式的性质及其形式语义特征》，《求索》2014 年第 8 期。

② 董秀芳：《"X 说"的词汇化》，《语言科学》2003 年第 2 期。

③ 方梅：《北京话里"说"的语法化——从言说动词到从句标记》，《全国汉语方言学会第十二届年会暨学术研讨会第三届官话方言国际学术研讨会论文集》，全国汉语方言学会，2003，第15 页。

和"也 X"前后两部分是假设关系，不互为句法成分。据此，笔者认为"说 X 也 X"是符合语言经济性原则的紧缩结构。正因为是紧缩结构，决定了进入该结构的"X"不能是较为冗长和复杂的成分，也印证了前文所统计的，"X"以单音节、双音节为主。从修辞手法角度看，该结构类似于"明知故问、自问自答"的修辞手法"设问"。这样的一种表述形式，除了起到强调作用外，更能表达说话人的情感并引起听话人的深思。

四、"说 X 也 X"的主观性

语言的经济性原则是指导人类言语交际行为的一条根本性准则。经济性的语言不但可以节省交流时间，还利于提高交际效率。"说 X 也 X"及其对举式表面看来是违背语言经济性原则的，说话人本可以直截了当地表达自己的观点是"X"还是"-X"抑或介于二者之间，似乎没有必要使用"说 X 也 X"乃至其对举式。实际上通过这样的语言形式传递出说话人的主观情感和态度，换句话说，该结构具有主观性。

关于主观性，国内引用最多的当属莱昂斯（Lyons，1977）给出的定义："主观性是指语言的这样一种特性，即在说话中多多少少总是含有'自我'的表现成分，也就是说，说话人在说出一段话的同时表明自己对这段话的立场、态度和感情，从而在话语中留下自我的印记。"①"主观化是指语言为表现这种主观性而采用相应的结构形式或经历相应的演变过程。"②

笔者认为"说 X 也 X"结构带有说话人的强烈的主观性，表达说话人的情感。下面我们结合两个例句分别从说话人的视角、情感两个方面进行分析。

（31）夏天，竟有梅雨和三伏这样迥异的两个节气，<u>说奇怪也奇怪</u>，人们心情随之骤然而变也不无道理。（渡边淳一《失乐园》）

（32）缪秉魁说："<u>说难也难</u>，在众多石头中辨别出陨石的确非常考验专业眼光；但<u>说容易也很容易</u>，尤其是在蓝冰区，搜寻陨石好像

---

① 转引自张谊生：《试论主观量标记"没""不""好"》，《中国语文》2006 年第 2 期。
② 沈家煊：《语言的"主观性"和"主观化"》，《外语教学与研究》2001 年第 4 期。

在玻璃板上找金砂那么容易。"

从视角方面看，说话人提供了供说话人和听话人双方思考的视角。对于单列式"说 X 也 X"结构所关涉的行为或事件，听话人或许曾经思考过也或许不曾思考过该行为、事件是否"X"，说话人主动将"X"提出来作为一个话题，也就是前一个"X"，实际上是在为对话双方提出一个观察问题和分析问题的视角。例（31）中"夏天有梅雨和三伏这样迥异的两个节气"这样一个事件，对于一些人来说可能是习以为常，从未深思过的，但说话人主动提起该现象"是否奇怪"的话题，就为说话人和听话人双方提出了一个值得思考的问题。对举的"说 X 也 X，说-X 也-X"也是如此，例（32）说话人主动提起"辨别出陨石难易程度"这样一个问题，引起对话双方的思考。说话人的视角在对举式中不单以话题的形式呈现，说话人还主动关涉正反两方面，提示听话人从正反两方面进行思考，通过正反两方面的比较和对照，更容易发现"X"与"-X"两者之所以被确认的条件差异并做出更符合客观事实的判断。

比如，例（33）辨别出陨石"难"，一是因为数量众多，"在众多石头中辨别"，二是需要"专业眼光"；辨别出陨石"容易"则是需要特定的环境，"尤其在蓝冰区，搜寻陨石好像在玻璃板上找金砂那么容易"。从不同的视角出发，通过"难""易"正反两方面的比较和对照，凸显"难""易"两者所依赖的条件，基于正反两方面对比以及说话人对正反两种结论条件的阐释，听话人对"难""易"两者所依赖的条件更为清晰，易于做出更审慎合理的判断，更容易认同和接纳说话人一方对于该行为或事件所得出的结论。从思辨角度说，事物本身存在着复杂性和两面性，说话人运用对立统一的辩证思维方式去引导对方评价事物，并且能够辩证地、折中地表达观点，这种方式会让说话人一方避免武断，显得更为周全。总之，无论是单用的"说 X 也 X"还是对举的"说 X 也 X，说-X 也-X"，都是说话人主动提出观察和分析的视角，供对话双方共同思考。

从情感方面看，说话人意在使听话人更易于接受自己的评判观点。说话人对于"说 X 也 X"结构所关涉的行为或事件完全可以直接给出自己的看法和观点，比如，对于"夏天有梅雨和三伏这样迥异的两个节气"这样一个事件，作者可以直接评价"这太奇怪了"，然而说话人并非如此，而是提出"是否奇怪"这样共同的话题，把自己与听话人放在平等的位置上，以探讨问题的方式和姿态，与听话人"共同商讨"，而后才提出说话人自己的判断和观点，即认为"夏天有梅雨和三伏这样迥异的两个节气"这一现象"奇怪"。因而从情感上说，这样一种"与听话人共同探讨"的方式，相比于"直接抛出说话人自己的观点"更容易得到听话人的认同，与听话人在对某一事件进行评论时达成一致，自然地，这样也能减少引起对方不悦的可能性。同时，"说"代表的"假设"，也使说话人的语气更为缓和，表达出的态度更为中肯，使得自己的观点更易于为对方所接受采纳，因此，这不失为一种有效的言语策略。

参考文献

［1］ Goldberg A E. *Constructions: A construction grammar approach to argument structure*[M]. University of Chicago Press, 1995: 4.

［2］ Lyons, J. *Semantics*[M]. 2 vols. Cambridge:Cambridge University Press. 1977.

［3］ 陈昌来. 汉语介词的发展历程和虚化机制[J]. 柳州职业技术学院学报，2002（3）：15-22.

［4］ 董秀芳. "X 说"的词汇化[J]. 语言科学，2003（2）：46-57.

［5］ 方梅. 北京话里"说"的语法化——从言说动词到从句标记[A]. 全国汉语方言学会第十二届年会暨学术研讨会第三届官话方言国际学术研讨会论文集[C]. 全国汉语方言学会，2003：15.

［6］ 皇甫素飞. 论紧缩构式的性质及其形式语义特征[J]. 求索，2014（8）：142-146.

［7］ 陆俭明. 构式：论元结构的构式语法研究·中文版序 2[A]. 吴海波，译（冯奇，审订）.//Goldberg 构式：论元结构的构式语法研究. 北京：北京大学出版社，2007.

［8］ 邵敬敏. 汉语框式结构说略[J]. 中国语文，2011（3）：218-227+287.

［9］ 沈家煊. 语言的"主观性"和"主观化"［J］. 外语教学与研究，2001（4）：
268-275，320.

［10］ 杨海明，邵敬敏."说 X（也）不 X"的主观情态义及其方法论思考［J］. 语
言科学，2015（5）：483-493.

［11］ 张国宪. 论对举格式的句法、语义和语用功能［J］. 淮北煤师院学报，1993
（1）：96-100.

"没（没有）什么好 X 的"构式研究

天津市河东区大桥道小学

张玉雪

　　摘　要：本文对"没（没有）什么好 X 的"构式进行界定与解析，归纳出构式的整体含义为"说话人对某动作或心理活动的主观否定"。"X"既可以是动词，也可以是少部分形容词。动词主要包括行为动词和心理动词，并且以表示具体动作的行为动词为主。与该构式可以共现的副词类别中，语气副词所占比例最大，原因是语气副词体现着说话人的看法和态度，增强了该构式的主观性。

　　关键词："没有什么好 X 的"；句法成分；主观性

在汉语口语中"没（没有）什么好 X 的"（如"没什么好说的"）表达说话人对某事件的看法和态度。学者们没有对"没（没有）什么好 X 的"构式做整体的研究和考察。

一、"没（没有）什么好 X 的"构式的界定和构式义

构式一般由常项和变项组成，在"没（没有）有什么好 X 的"中，包含"没（没有）""什么""好""的" 4 个常项和"X" 1 个变项。"没"和"没有"进入"没（没有）有什么好 X 的"构式所表达的意义并没有明显的差别，故而我们放在一起考察。

（一）"没（没有）什么好 X 的"构式界定

我们搜索了北京大学 CCL 语料库，经过整理得出所有包含"没

（没有）什么好 X 的"结构例句共计 260 句，但并非所有"没（没有）什么好 X 的"例句都是构式。看几个例子：

（1）可是我这里也<u>没有什么好吃的</u>，只是每天吃蛋炒饭……

（2）他的病<u>没有什么好转的迹象</u>，关节的疼痛和胃病仍然继续折磨着他。

（3）在改革中也有不同意见……这是很自然的，<u>没有什么好奇怪的</u>。

例（1）"好看""好吃""好听"等为形容词，可以受程度副词"很""特别"等修饰，"好看""好吃"等与后面的"的"构成名词性"的"字结构，其后面省略的中心语，根据上下文一般可以补充出来。例（2）"好转"为形容词，修饰后面的中心语。"什么好转的迹象"作动词"没有"的宾语。此时的"没（没有）什么好 X 的"结构可以看作特指疑问句"有什么好 X 的+N"的否定回答。例（3）为"没（没有）什么好 X 的"构式。"的"是语气词，对整句话的内容起着"确认""强调"或"平衡音律"的作用。"没（没有）什么好 X 的"结构是一个连谓形式，"没（没有）"作为动词，"什么"作为后面"好 X 的"的主语，同时又是"没（没有）"的宾语。在语义上，"什么"作为"好 X 的"的受事，表示虚指，指称某些可以"X"的性质或者事物。其整体意义无法从其构成成分中获得，符合哥德堡（Adele Goldberg，1995：4）对构式做出的定义："C 是一个构式，当且仅当 C 是一个形式和意义的匹配体<Fi，Si>，而其形式 Fi 也好，意义 Si 也好，所具有的某些特征不能全然从 C 的组成成分或先前已有的其他构式所推知。"①

例（1）和例（2）两种类型的"没（没有）有什么好 X 的"不在本文的研究范围之内。只有例（3）这种类型是本文研究的对象。对语料进行筛选之后，共有 182 条符合研究标准。

---

① Goldberg, A, *Constructions: A Construction Grammar Approach to Argument Structure*(Chicago: University of Chicago Press, 1995)（译文引自陆俭明《构式：论元结构的构式语法研究·中文版序 2》，吴海波译（冯奇审订）《构式：论元结构的构式语法研究》，北京：北京大学出版社，2007）

（二）构式整体义

"没（没有）什么好 X 的"构式整体义概括为：说话人对某动作或心理活动的必要性主观否定。该动作或者心理活动的主体可以是说话者本人或者听话者，也可以是独立的第三者；并且该动作或心理活动发生时间不受限制，甚至客观世界中最终是否真的发生也不受限制。即说话者完全是根据自身认知来做出的否定，说话人内心有一定的评价标准，根据自身标准对动作或者心理活动的发生和继续的必要性做出否定的评判。例如：

（4）既然这部影片是一个梦，就用的是象征性的语言，我希望你们不要努力去解释它的含义/涵义，因为<u>没有什么好解释的</u>。

（5）虽然事先，她在家里就练习过"拜牌坊"，不过是跪着磕几个头而已，<u>应该没有什么好害怕的</u>。

例（4）中说话者否定了努力解释《女人城》这部电影内涵的必要性。事实上，对于这部有深意的电影，观众是否已经尝试去解释以及是否真的不需要解释，我们也不得而知。那对于什么样的电影是需要努力去解释其内涵的，说话者有自己的评价标准，他以自己的标准来对《女人城》这部电影进行评判并做出否定评价。这是他的主观否定，因为客观现实中是否值得努力解释电影的内涵，对于不同的主体人来说并不一致。例（5）也是如此，"她"否认了对于"拜牌坊"害怕的必要性。由此，本文将此构式的整体含义归纳为：说话人对某动作或心理活动的必要性主观否定。之所以是主观否定，原因就在于说话人的否定评判与事实并不一定相符，因此该构式表现出强烈的主观性。

二、构式中 X 的分析

"没（没有）什么好 X 的"构式中"X"可以是动词或动词性结构，也可以是形容词及形容词性结构。其中动词及动词性结构 160 句，占总数 182 句的 87.92%。形容词及形容词性结构共有 22 句，占总数的 12.08%。本文依据《现代汉语规范词典》（2014）判定词性。

（一）"X"为动词性成分

下面是"没（没有）什么好 X 的"构式中动词"X"的语义类型及其占比（见表1）。

表1　动词"X"的语义类型及其占比

"X"为动词性成分	具体分类	例句数	所占比例
具体动作行为	X 为单音节行为动词	73	45.63%
	X 为双音节行为动词	45	28.12%
	X 为动词性结构	8	5%
心理活动	X 为单音节心理动词	7	4.37%
	X 为双音节心理动词	25	15.63%
	X 为动词性结构	2	1.25%
总计		160	100%

"没（没有）什么好 X 的"中的"X"为动作行为的例句占比较高，少部分与心理活动有关。表示"说"之类的词（也有学者称之为"言说动词"）共有 44 条。之所以所占比例较高，我们认为可能是因为该构式为汉语口语常用构式，人们通过语言沟通交流和传达信息的过程中，说话人出于对双方语言交流是否继续掌控的需要，因此使得该"谈、讲、说"类的词语在例句中占比较高。

通过检索语料，并未发现有其他类型动词能够进入这一构式的例句。那么是否所有的动作行为动词和心理活动动词都能进入该构式呢？

我们首先来看"X"为动作动词的情况：

第一组：A 没（没有）什么好表扬的　没（没有）什么好赞美的

　　　　B 没（没有）什么好调查的　没（没有）什么好整理的

　　　　C 没（没有）什么好攻击的　没（没有）什么好批评的

第二组：*A 没（没有）什么好胜利的　没（没有）什么好成功的

　　　　*B 没（没有）什么好看见的　没（没有）什么好苏醒的

　　　　C 没（没有）什么好堕落的　没（没有）什么好着急的

第一组的动词为自主动作动词，"自主（动作）动词从语义上说是能表示有意识的或有心的动作行为的。所谓有意识的动作行为指的是能由动作发出者做主，主观决定，自由支配的动作行为"[①]。其中 A 为褒义动词，B 为中性动词，C 为贬义动词，关于非自主（动作）动词的分类相同。我们能够看到，第一组的词都可以进入"没（没有）什么好 X 的"构式中。

第二组的动词为非自主动作动词，"非自主（动作）动词表示无意识、无心的动作行为，即动作的发出者不能自由支配的动作行为，也表示变化和属性"[②]。第二组中的 A 和 B 即非自主（动作）动词中的褒义动词和中性动词不能进入"没（没有）什么好 X 的"构式，C 则可以进入。

当"X"为动词时，能够进入"没（没有）什么好 X 的"这一构式的动词需要满足[+动作][+述人][+自主]的语义特征，或者具有[+动作][+述人][-自主][+贬义]的语义特征。这与金佳丽（2014）所研究的"有什么好 X 的"结构中的"X"结论相一致。

第三组：A 没（没有）什么好喜欢的　没（没有）什么好爱的

　　　　B 没（没有）什么好期待的　没（没有）什么好怕的

　　　　C 没（没有）什么好嫉妒的　没（没有）什么好恨的

第四组：A 没（没有）什么好感动的　没（没有）什么好敬佩的

　　　　B 没（没有）什么好震撼的　没（没有）什么好惊奇的

　　　　C 没（没有）什么好厌恶的　没（没有）什么好反感的

第三组是自主心理动词，是施事者主动发出的心理动作，第四组的心理动词是客观存在的事物给人造成的某种感受，是非自主的心理动词。我们认为这两组心理动词都可以进入该构式。只是当"X"是褒义词时，构式语义表现出的是说话人对正向情况的否定态度；"X"是贬义词时，构式语义表现的是说话人对听话人或者自己的劝慰。

---

① 马庆株：《汉语动词和动词性结构》，北京语言学院出版社，1992 年，第 22 页。

② 同上。

（二）"X"为形容词性成分

"没（没有）什么好 X 的"构式中的"X"还可以是一部分形容词。X 为形容词例句共 22 句，占总数 182 句的 12.08%。并且"X"均为双音节形容词：客气、奇怪、惊奇、惊讶、稀奇、犹豫、紧张、难过等。这些形容词所表示的都是某种事物或情景给人带来的感受。

综上，"没（没有）什么好 X 的"这一构式的"X"多为谓词成分，动词占一大部分，并且多为表示动作行为的动词，形容词占一小部分。

三、"没（没有）什么好 X 的"句法功能及其共现成分

（一）充当句法成分

通过对例句的分析，我们发现"没（没有）什么好 X 的"在句中充当的句法成分是不一样的，主要为谓语、宾语和独立小句（表 2）。

表 2 "没（没有）有什么好 X 的"句法功能所占比例情况

句法功能	例句数	所占比例
谓语	106	58.24%
宾语	22	12.08%
独立小句	54	29.68%
总计	182	100%

我们发现，"没（没有）什么好 X 的"这一构式在句中最常见的还是作谓语。作宾语成分的构式，动词仅限于"知道""明白""觉得""是"等心理感觉动词和判断动词。另外作为独立小句的，也占有一定的比例。

（二）"没（没有）什么好 X 的"的共现成分

通过对检索到的例句进行归纳分析，能与"没（没有）什么好 X 的"共现的副词类别包括语气副词、时间副词、范围副词和程度副词。我们统计与"没（没有）什么好 X 的"共现的各类副词及其占比如下

（表 3）：

表 3　与"没（没有）什么好 X 的"共现的各类副词占比情况

共现成分	类别及举例		例句数	所占比例
语气副词	肯定类	证实类（其实、实际上）	4	83.9%
		断定类（的确、实在、确实、根本，真的、真是）	12	
		指明类（就、并、也）	25	
	推断类（应该、大概）		2	
	义务类（倒、却）		4	
时间副词	已经		4	7.1%
范围副词	都		3	5.4%
程度副词	更		2	3.6%
总计	18		56	100%

　　通过统计发现，在能与"没（没有）什么好 X 的"构式共现的所有副词中，语气副词的占比仍然是最多的，达到 83.9%。"没（没有）什么好 X 的"构式与指明类语气副词共现的占比最高。这一方面是由于语气副词体现着说话人的看法和态度，另一方面在于不同类型的语气副词有不同的功能。齐沪扬（2003）详细分析了语气副词的"表述""评价"（包括"传信①"和"传疑"）"强调"等功能。

　　我们首先考虑一个问题：说话人在使用这一构式时的目的是什么？或者表达自己委婉的否定和拒绝，或者是表述自己对某一命题的看法或者态度，总体来看是要表达自己的观点。那么就注定了其语气不可能是完全基于事实的承诺或者以逻辑推理为基础的推断，即推断类和评价类；当然更不是要根据事实证实自己的论断（即证实类）。更多的是想使他人认同自己的观点，向听话者展示自己所说的就是客观事实，表达说话者个人的认知、态度和情感，增加自己话语的真实性

---

　　① "传信"是指从说话人角度考虑，对说话内容范围的一种评价，和"传疑"相对。前者指说话人传达的内容是确实的消息，后者指说话人传达的内容是不确实的，即有疑问的消息。参见齐沪扬：《语气副词的语用功能分析》，《语言研究与教学》2003 年第 1 期。

强度，而正是断定类和指明类语气副词的功能符合说话者的目的。肯定类语气副词中的证实类和断定类具有正向的强调和传信的作用（即说话人对自己所说话语的真实性进行强调）；指明类语气副词也是向听话人传达自己的话语有较高的可信度，在一定程度上也是表达一种强调和传信功能。肯定类语气副词在例句中所占的较高比例与"没（没有）什么好 X 的"构式所具有的主观性形成对应。反观推断类语气副词所占比例很低，因为它所传达的功能是传疑，既然是向听话人传达自己的观点和看法，想让他人对自己所说的话语认同，那推测性质的不确定语气显然不是很好的选择。所以语气副词的选用和构式本身的语义和语用功能是相互作用的。具有强调和传信功能的语气副词的使用进一步增强了该构式的主观性。

四、"没（没有）什么好 X 的"构式的主观性

关于"没（没有）什么好 X 的"构式的主观性是如何体现出来的，我们将从两个方面来论述。首先来看该构式从否定客观现实向主观认识转变的情况。

（6）本指望夏粮，结果去年秋季播下的麦种都霉在地里了，今年夏收<u>没有什么好指望的</u>。

（7）老何："我不听！事情已经很清楚了，<u>没有什么好说的</u>。"

戈玲："何必呢，老何，听听情况有什么不好……

从例（6）我们得知麦种都霉在地里之前，说话人一直"指望"着夏粮，现在由于客观条件（即麦种都霉在地里）而失去了继续"指望"的可能性。这属于客观命题真值的否定，即现实中的否定。而例（7）中"没有什么好说的"则是老何个人认知的反映，我们从下面戈玲的回答也能看出来这不是对现实的否定，而是属于个人的主观否定。该构式有一个从行域[①]到知域投射的过程。事实上，"没（没有）什么好 X 的"构式用于知域或者言域所占的比例远远高于行域。说明该构式已经从具体的行域向抽象知域转变，从实质性的客观否定向主观性否

---

① 关于行域、知域、言域的解释，参见沈家煊：《三个世界》，《外语教学与研究》2008 年第 6 期，第 403-408 页。

定转变，因此在语义上也从客观意义向主观意义转变。

从具体的客观叙述到主观认知，并不是构式中某个词的单独作用，而是整个构式的整体作用。在知域和言域中的"没（没有）什么好 X 的"构式，"什么"所表示的含义更虚。对比例（6）和例（7），例（6）"什么"所指的就是"夏收的结果"（行域），例（7）"什么"的含义是一种"任指"，它不仅包括听话者之前说过的话，还包括听话者将要说出的话，即"什么"的范围更大，意义更虚化，说话者认为听话者说的任何话语都没有价值，或者没有必要（言域和知域）。另外"好"由"可以"义转化为"值得、必要"义，即由原来的表示有条件操作某事变成操作这件事是有价值的。可见知域和言域的"好"增添了价值评判功能，说话人主观评价做某事有价值与否。最后，"没（没有）"原来否定客观命题的真值，因为说话人主观倾向的介入，从而转向了主观认识，拥有了一种主观情态义。"的"表示"确认"和"肯定"的语气进一步增加说话者话语的真实度。可见构式的整体义就是构式中的词向主观性方面转化的综合作用。

接下来我们就从视角、情感、认知三个方面论证"没（没有）什么好 X 的"构式的主观性体现。"'视角'即主体者在观察世界时所采取的视角，也可以解读为立场。"一般包括言者视角：说话者仅站在自己的立场上表达自己的观点或看法；他者视角：表达言者主观认为的他人在具体事件中的真实表现，站在他人的立场上；第三者视角：以独立人的立场表达观点。当然这只是粗略的分类，沈家煊（2001）还指出"体"的视角①，邵敬敏（2017）进一步指出还包括时间视角、空间视角、法律视角、世俗视角等。"情感"是指话语中表现出的作者的个人情感，"说话人对待客体的形形色色的感情色彩，包括指责、不满、愤怒、讽刺、羡慕等，体现的是附加在视角与认知之上的主观感情色彩。""认知"即表达作者对某件事的看法，"往往表现为某种潜台词，是隐藏在句子背后的背景认知。强调的是主体感受到的客体特点"②。

---

① 沈家煊：《语言的主观性与主观化》，《外语教学与研究》2001 年第 4 期，第 268-275 页。

② 关于对视角、情感、认知的解释，参见邵敬敏：《主观性的类型与主观化的途径》，《汉语学报》2017 年第 4 期，第 2-9 页。

（一）视角

通过对语料的整理和分析，我们发现"没（没有）什么好 X 的"构式的主观性在说话人视角上包含两个方面。一是所描述的动作行为或者心理活动人称主语的区分；二是说话人看待事件的"体"视角。

首先我们来看动作或心理活动实施人称主语的不同。一是主语为第一人称"我"，即说话人是实施主体；二是主语为第一人称复数"我们"，即说话人和听话人双方都是实施主体，共同处于同一立场；三是主语为第二人称或第二人称复数（"你""你们"），即听话人是实施主体；四是主语为第三人称及复数形式"他""他（她、它）们"或者是人名，即第三方他人是实施主体。例如：

（8）我想对你们说的，既然你们这样说，那我，我也没有什么好说的了。

（9）但从另外一方面看，我们对于量子论本身的确是没有什么好挑剔的。

（10）今晚死神在窥视着您……我们一同离开这里。跟我在一起，您就没有什么好害怕的了，而且您到我家去过夜。

（11）摩西这回没有什么好推诿的了，就干脆直言不讳他说："你愿意打发谁去，谁就去好了，我不胜任。"

从例句中，我们可以清晰地感受到说话者的视角是不同的。例（8）主语是第一人称，仅站在自身的角度，认为自己没有再说什么的必要，其主观性较弱。例（9）主语是第一人称复数"我们"，说话人将听话人也纳入"X"的实施主体上来，即无论是说话人还是听话人都没有必要再实施"X"这一动作了，相对于仅是要求听话人不再实施某一动作而言，语气相对委婉一些（试比较："我们对于量子论本身的确是没有什么好挑剔的"和"你对于量子论本身的确是没有什么好挑剔的"），因此其主观性不很高。例（10）主语为第二人称"您"，说话人站在对方的立场上认为仅仅是对方"您"没有再害怕的必要，是听话者没有必要再实施"X"这一动作，其主观性最强，属于他者视角。例（11）主语是"摩西"，说话人站在他人第三方的立场上，他人为实施动作的主体，其主观性最弱，几乎倾向于客观陈述，属于第三者视角。相比较来看，主语不同，即实施主体的不同，主观性的强弱程度序列为（从强到弱）：第二人称及复数形式＞第一人称复数形式＞第一人称＞第三人称。

我们再从说话人的"体"视角来看"没（没有）什么好 X 的"构式的主观性。沈家煊（2001）对"体"视角解释为"说话人从'现在'（即说这句话的时刻）出发来看这个动作及其结果，主观上认为它跟'现在'有关系"①。在该构式中表现为说话人基于"现在"的客观事实，联系以往的情况，做出对某一动作行为或心理活动的否定。体现说话者将过去、现在、未来联系在一起的时间逻辑思考。这和三个领域中的行域的否定相对应。看例句：

（12）镜子里是那种在年龄和经济的双重压力下挣扎着、煞费苦心保持的类知识分子形象。像他这种成色的类知识分子如今已经没有什么好讲究的了。只能要求自己一点：干净

（13）他之前期待的"山中秘密"其实只是空虚和荒芜。再也没有什么好发现的，没有什么可做的。只有残酷的猎食和悔恨的记忆。他在这里受尽折磨。

从例（12）我们能够看出说话者整体的时间逻辑思考。作为知识分子，在承受年龄和经济的压力的前后，对于自己的外在形象要求不同，说话者将知识分子以前和如今的情况进行了对比。例（13）也是如此，我们能够看出"他"之前的期待和现在的"悔恨"形成鲜明的对比。

（二）情感

主观性在情感方面的表现为话语中包含着说话人各种各样的感情色彩，包括赞扬、批评、讽刺、嫉妒、不满、嫌弃、鼓励等。例 8 能明显感受到说话者在生听话者的气，表现出说话者的一种不满。我们再来看几个例句。

---

① 沈家煊：《语言的主观性与主观化》，《外语教学与研究》2001 年第 4 期，第 268-275 页。

（14）这个国家本来底子就好，再加上连年经济景气……而这时我们驻外人员的收入又比过去增加了许多。按理说，礼物应该是买得起也送得起了，但是却感到<u>没有什么好送的</u>了。回来时只带了几个有白宫画面的瓷盘……

（15）她瞪着眼睛激怒地喊道，"我早看透你是一个什么东西了！我们<u>没有什么好谈的</u>，我不要你的担保，也不要你的怜悯……"

从以上的例句中，我们能够体会到说话者在话语背后所体现出来的个人情感。例（14）说话者认为驻外人员收入增加，能够买得起送得起像样的礼物，结果他们却是感到"没有什么好送的"，从"按理说""却""只带了"等词语，我们可以感受到作者对驻外人员这一行为的强烈不满。例（15）中从"瞪着眼睛""喊""看透"等体现出来说话人的一种愤怒。

（三）认知

主观性在认知方面的表现为在话语中体现出来说话者个人的认识。以例（16）为例，事实却不是说话者所想的那样。

（16）寂寞和伤感本是文人的老牌兼名牌产品，<u>没有什么好稀奇的</u>……

说话者主观上认为寂寞和伤感在文人身上是一种常态，是他们的一种标签，没有必要为此感到奇怪，这属于说话者个人对文人形象的认知。

以上我们分析了"没（没有）什么好 X 的"这一构式的主观性表现，包括构式从否定客观现实向主观认识的转变，视角、情感、认知方面的表现。视角方面主要分为动作行为或心理活动的实施主体的区分，包括说话者个人、说话者和听话者双方、听话者个人、第三者四个方面。视角的另一方面是"体"的视角，体现出说话者对时间逻辑的思考。在情感方面主要表现为说话者背后蕴藏的个人感情，有不满、自信、愤怒等。在认知方面主要体现的是说话者利用这一构式表达自己个人的认知。

参考文献:

［1］ Goldberg A E. Constructions: *A construction grammar approach to argument structure*[M]. University of Chicago Press, 1995: 4.

［2］ 董淑慧. 汉语框式结构个案研究及教学探索[M]. 天津：南开大学出版社，2018.

［3］ 李行健. 现代汉语规范词典[M]. 北京：外语教学与研究出版社，2014.

［4］ 金佳丽. 表示否定的"有什么好X的"结构及其相关研究. 上海：上海师范大学硕士论文，2014，24-25.

［5］ 吕叔湘. 现代汉语八百词[M]. 北京：商务印书馆，2016.

［6］ 陆俭明. 构式与意象图式[J]. 北京大学学报（哲学社会科学版），2009（3）：103-107.

［7］ 陆俭明. 构式：论元结构的构式语法研究·中文版序 2[A]. 吴海波，译（冯奇，审订）.//Goldberg 构式：论元结构的构式语法研究. 北京：北京大学出版社，2007.

［8］ 齐沪扬. 语气副词的语用功能分析[J].语言研究与教学，2003（1）：62-71.

［9］ 石毓智. 语法的形式和理据[M]. 江西：江西教育出版社，2001.

［10］ 邵敬敏. 主观性的类型与主观化的途径[J].汉语学报，2017（4）：2-9.

［11］ 史金生. 语气副词的范围、类别和共现顺序[J]. 中国语文，2003（1）：17-31.

［12］ 沈家煊. 三个世界[J]. 外语教学与研究，2008（6）：403-408.

［13］ 沈家煊. 语言的主观性与主观化[J]. 外语教学与研究，2001（4）：268-275.

［14］ 吴继锋. 试析有什么好X的[J]. 海外华文教育，2012（4）：421-425.

"（你）V 你的吧"格式的语用考察

武警警官学院训练基地

周青

摘　要："（你）V 你的吧"格式是现代汉语口语中常用高频表达式。本文运用构式语法理论分析"（你）V 你的吧"，将其构式义归纳为"说话人告知对方自己的看法，建议对方开始某种新的状态（改变）V_1 或者保持原来的状态（不必改变）V_0"。根据整体语义、表达意图和情感强烈程度，"（你）V 你的吧"构式分为三类：A 类表"建议"的构式、B 类表"劝阻"的构式和 C 类表"无所谓"的构式。本文还考察该构式的句法功能以及语境对该构式表义的影响。

关键词："（你）V 你的吧"；语义分类；语用功能

一、引言

（一）"（你）V 你的吧"格式的构成

在探讨之前，有必要廓清"（你）V 你的吧"格式的范围。看例句：

（1）我对不起你，你不要再这样拼死拼活了，求求你，你走你的吧……（杜善国《情缘难尽》）

（2）你等你的吧！我反正不来！（琼瑶《梦的衣裳》）

（3）大娘，你忙你的吧！我给你烧火。（冯德英《苦菜花》）

（4）你快睡你的吧！（冯德英《苦菜花》）

"（你）V 你的吧"构式是由第二人称单数代词"你"、动词 V、助词"的"、语气词"吧"构成，表达的整体意义不能从构成成分推测出。哥德堡（Adele Goldberg，1995：4）对构式做出的定义为："C 是一个构式，当且仅当 C 是一个形式和意义的匹配体<Fi，Si>，而其形式 Fi 也好，意义 Si 也好，所具有的某些特征不能全然从 C 的组成成分或先前已有的其他构式所推知。"①因此"（你）V 你的吧"是构式。我们发现该格式具有以下特点：

一是构式中的第一个人称代词"你"，可以省略；但第二个人称代词"你"，通常不可省略。即在这一结构中，以下说法是成立的：

你走你的吧≈走你的吧

你管你的吧≈管你的吧

二是在 BCC、CCL 和人民日报语料库中检索该结构发现，能够进入该格式的动词多为单音节的自主动词。

三是在少数情况下，单字自主动词前面会出现副词和时间名词，如"快""就""现在"，表示强调或催促，如：

（5）你快睡你的吧！（冯德英《苦菜花》）

（6）你就吃你的吧！（自拟）

（7）你现在忙你的吧！（自拟）

我们把"V 你的吧""（你）+Adv+V 你的吧"看作"（你）V 你的吧"构式的变式。此外还有一种"V+你的+N 吧"构式，即"你的"后出现名词。在"（你）V 你的吧"构式中，"你的"省略后面的受事"N"，体现了语言的经济原则，此处 N 是言语双方都知晓的。"V+你的+N 吧"构式不在本文研究范围之内。

（二）研究现状

通过检索 CNKI 知网及方正数据库，发现目前尚无研究"（你）V 你的吧"构式的成果。原云（2003）②考察了"V+你的+N 吧！"格式。

---

① Goldberg, A, *Constructions:A Construction Grammar Approach to Argument Structure*(Chicago: University of Chicago Press, 1995), p.4（译文引自陆俭明《构式：论元结构的构式语法研究·中文版序 2》，吴海波译（冯奇审订）《构式：论元结构的构式语法研究》，北京：北京大学出版社，2007）

② 原云：《"V+你的+N+吧！"语义分析》，《天中学刊》2003 年第 18 卷，第 115-116 页。

文章认为，语义成分"你的"义值已经虚化，该句式特殊语境为"说话人隐含预设，即听者应执行 VN，而不是当前行为"，动词"V"必须能与"N"搭配，形成"你+V+N"的语义结构。同时，文中将"你的 N"这种表领属关系的偏正结构视为向心结构，认为采用这一结构旨在排斥"你"与"VN"之外行为活动的施受关系，使听者感受到言者对当前非"VN"行为的强烈否定和要求其执行"VN"的不可违抗性，句式具有双重表义功能。在此，我们认同原云对成素"你的 N"的观点，即体现的领属关系是说话者希望强调的、提请听者注意的，听话者"如若不 V"则是越界行为，不可接受的。郝彦（2009）③对能够进入"V 你的 N"祈使句的 V 和 N 做了形式考察，指出"V"动作性强，具有［+人］［+可控］［+自主］语义特征。

二、"（你）V 你的吧"构式义及其分类

（一）"（你）V 你的吧"构式的整体意义

"（你）V 你的吧"表达说话人告知对方自己的看法，建议对方开始某种新的状态（改变）V_1 或者保持原来的状态（不必改变）V_0。如：

（8）所有所有的这些，能瞒着刘泓的，江鲁都尽量瞒着，就连最初的打工，他也是昼伏夜行，早去早归，不让刘泓觉察。可终于有一天，刘泓还是从一位熟人口里知道了所有的"内幕"。在长期病痛的折磨中始终咬紧牙关，无半点泪水溢出的姑娘，再也挺不住了："鲁哥，我对不起你，你不要再这样拼死拼活了，求求你，你走你的吧……"（杜善国《情缘难尽》）

（9）可是，达明不放过她。她回去后，给他打电话，说："算了吧，你不是已结婚了吗？你过你的吧。"达明问她："你是说我以后再也不会有你了吗？"茜青不说话。（百合《哭泣的色彩》）

"走"是说话者对听话者开始新行为状态 V_1 的建议；"过"是说话者对听话者保持原来状态 V_0 的劝诫。无论是让对方开始新的行为状态 V_1 的建议，还是让对方继续保持过去行为状态 V_0 的建议，V 都具有［+行动］［+自主］［+持续］语义特征。

（二）"（你）V 你的吧"构式的语义类型

"（你）V 你的吧"构式表达说话人告知对方自己的看法，但说话人告知对方自己的看法的意图、情感态度不同。根据整体语义、表达意图和情感强烈程度的不同，我们将"（你）V 你的吧"构式分为三类：A 类表"建议"的构式，其中 V 为未然动作或状态 V_1，即"说话人劝听话人开始某一个新的动作"；B 类表"劝阻"的构式，其中 V 为已然动作或状态 V_0，即"说话人劝听话人保持原来的动作或状态"；C 类表"无所谓"的构式，其中 V 通常为听话人计划进行的未然动作或状态 V_1，即"说话人对听话人计划中的某种动作状态采取消极、无所谓的态度"。

1. A 类构式

"A 类构式"表示"说话人建议听话人采取某种新的行为（V_1）"，说话人主观认为听话人如果 V_1，将有利于听话人。在此基础上，说话人对 V_1 的应然性进行了肯定，即建议对方去做某件事（V_1）。如：

（10）"你的黑瞎子讲完没有？"萧队长笑问老孙头。"完了完了，队长，"老孙头眯着左眼说："你说你的吧。"（周立波《暴风骤雨》）

（11）"人和厂子，没有别的地方可去！"这一句话说尽了祥子心中的委屈，羞愧，与无可奈何。他没别的办法，只好去投降！一切的路都封上了，他只能在雪白的地上去找那黑塔似的虎妞。他顾体面，要强，忠实，义气；都没一点用处，因为有条"狗"命！

老程接了过来："你走你的吧。这不是当着王二，你一草一木也没动曹宅的！走吧。到这条街上来的时候，进来聊会子，也许我打听出来好事，还给你荐呢。你走后，我把王二送到那边去。有煤呀？"（老舍《骆驼祥子》）

（12）"妈！你好啦吧？""好啦，你走你的吧。已经晚了吧？"温都太太的脸不那么红了，可是被太阳晒得有点干巴巴的难过；因为在后院抱着拿破仑又哭了一回，眼泪都是叫日光给晒干了的。（老舍《二马》）

从上述例句可以看出，A 类构式的主要特点是：第一，构式中的谓词是未实现的动作或状态 V_1，如例（10）的"说"。说话人主观认定这种尚未开始的动作状态 V_1 是有利于听话人的，因此，A 类构式是表达自己站在听话人立场上的一种建议和肯定。在某些情况下，构式整体也传达出无奈的意味，说话人基于某种无力改变的现状或事实，V_1 是"不得已选择"。例（11）"老程"基于"祥子"的困境，无奈建议他"走"；例（12）一来情绪得到缓和，二来担忧听话人可能因为自己的情况而迟到，所以"温都太太"建议对方"走"。

2. B 类构式

如果将 A 类构式视为正向鼓励、肯定某事（V_1），则 B 类构式可视为反向劝阻、否定听话人当前的行为状态，建议听话人应立即停止当前的某种行为动作，返回到原来 V_0 的动作状态。如：

（13）他讨好地望着朱瑞芳，说："快寄信去吧，待会我带去给你发！"朱瑞芳站了起来，瞪了他一眼："不敢劳你的驾，你忙你的吧！"她匆匆上楼去了。梅佐贤讨了个没趣，望着她的背影，悔恨交集，说不出一句话来。（周而复《上海的早晨》）

（14）娟子看着姜永泉，两人会意地笑了。"大娘，你忙你的吧！我给你烧火。"姜永泉说着坐在灶前的小板凳上，烧起火来。（冯德英《苦菜花》）

（15）可是，达明不放过她。她回去后，给他打电话，说："算了吧，你不是已结婚了吗？你过你的吧。"达明问她："你是说我以后再也不会有你了吗？"莘青不说话。你不是已说过了吗？她觉得他太虚伪。（百合《哭泣的色彩》）

从上述例句可以看出，B 类构式的主要特点是：构式中的 V_0 往往是已经出现过的、原来的动作或状态，如例（13）—例（15）"忙""过"。说话人主观认定听话人原来的动作状态 V_0 是有利于听话人的，因此，B 类构式是表达自己站在听话人立场上、对听话人改变这一动作状态的劝阻、否定。同时，由于说话人意识到听话人当前的动作状态已经发生改变或即将发生改变，所以 B 类构式才起到劝阻的作用。

3. C 类构式

相较 A、B 两类构式，C 类构式在情感强烈程度、否定力度上达到最高值。说话人放任听话人计划进行的行为状态 V_1，表达对此"毫不在意、无所谓"的态度；情感上表达"对听话人某种行为的不满、否定"。在构式上下文语境中，听话人不合理的话语、行为让说话人失望不满，且说话人认为好言好语无法起到规劝、阻止作用，只能通过"（你）V 你的吧"表达"你 V_1 与我无关""你后果自负"的意思。如：

（16）"随便你。"他说："你有不来的自由，但是，我有等你的自由！""你等你的吧！我反正不来！"她招手要算账。（琼瑶《梦的衣裳》）

（17）"我觉得好过多了。再兜两三圈，我就能逮住它。"他的草帽被推到后脑勺上去了，他感到鱼在转身，随着钓索一扯，他在船头上一屁股坐下了。你现在忙你的吧，鱼啊，他想。你转身时我再来对付你。海浪大了不少。不过这是晴天吹的微风，他得靠它才能回去。（海明威《老人与海》）

（18）老半天，他好像才反应过来，说，"小芳，我好不容易才做通了工作……再说，我去《北方》编辑部的事已经基本决定了……"我气恼地说："那你留你的吧！反正我要回去！"他惶惑地望着我，一下子不知该说什么了。（路遥《你怎么也想不到》）

从上述例句可以看出，C 类构式的主要特点是：构式中的 V_1 往往是听话人准备做的动作或状态，如例（16）—例（18）"等""忙""留"。由于某些原因，说话人主观否定听话人预备采取的行为状态，因此，采用 C 类构式表达自己对听话人这种计划的"无所谓"态度。

"（你）V 你的吧"构式基本意义是建议，其中，A、B 两类构式义均属于"建议"范畴，通过建议此 V_1/V_0 达到否定彼 V' 的作用；C 类形式上仍为建议句式，说话人态度是否定的，表现为预先提醒听话人某种不好的后果。造成 A、B、C 三类构式语义功能差异的主要原因是构式义、情感强烈程度的差别。从 A 到 B 再到 C 的意义发展区间中，我们不难发现"建议"的核心意义始终存在，表达"建议"的力度和情感强度逐渐加强，感情态度也从积极肯定发展到消极否定。在表 A 类构式义的情况下，建议的行为状态是未发生的 V_1，为达到建议的目的，较多的情况下是给出建议"（你）V 你的吧"之后，顺带给出如此建议的原因。B 类构式的重点在于建议对方回到原来的状态 V_0，这一状态是双方都清楚的，故不需要太多上下文提供依据。C 类构式通常表达制止，由于带上强烈的"无所谓""不耐烦"态度和情绪，所以多以单独成句的形式出现，让语义和形式的共振效果更加明显。

通过统计现有检索到的语料，发现"（你）V你的吧"构式义中，最常见的构式义为 B 类"劝阻义"（62.5%）；其次为 A 类"建议义"（25%）；C 类"无所谓"义占比为 12.5%（图 1）。

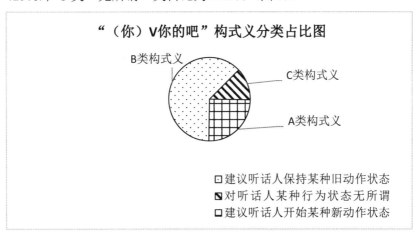

图 1 "（你）V 你的吧"构式义分类占比图

三、"（你）V 你的吧"构式中 V 的语义特征和句法功能

（一）"（你）V 你的吧"构式中 V 的语义特征

进入"（你）V 你的吧"这一构式的"V"须具有[+述人][+自主][+行动][+持续]的语义特征。通常人作主语时，动词具有[+述人]的语义特征，谓语动词可以是人的行为动作或某种状态。[+自主]指的是动作行为或状态可以由发出者自行决定、支配。"（你）V 你的吧"的构式义决定了其动词具备[+自主]语义特征。

（二）"（你）V 你的吧"构式的句法功能

通过对 BCC、CCL 和人民日报语料库、剧本等检索到的语料考察发现，"（你）V 你的吧"在具体句法环境中，可分为以下几种句法功能（表1）。

表1　"（你）V 你的吧"构式义及句法功能分类占比表

"（你）V 你的吧"构式义及句法功能	类型占比
A 类构式义	25%
充任小句	18.75%
单独成句	6.25%
B 类构式义	62.5%
充任小句	31.25%
单独成句	31.25%
C 类构式义	12.5%
充任小句	6.25%
单独成句	6.25%
总计	100%

1. A 类构式

A 类构式可单独成句，这一用法的占比为 6.25%。如：

（19）老程接了过来："你走你的吧。这不是当着王二，你一草一木也没动曹宅的！走吧。到这条街上来的时候，进来聊会子，也许我打听出来好事，还给你荐呢。你走后，我把王二送到那边去。有煤呀？"（老舍《骆驼祥子》）

A 类构式更多的句法功能是充任小句，该情况占比约为 18.75%。如：

（20）周文明顽皮地咧嘴笑了笑，说："没什么，兄弟，你吃你的吧，你交了好运啊！不过，你可小心郑大卫扇你的耳刮子！"他又顽皮地吹了一声口哨，朝食堂后面喊："爸！我的菜炒好了没？"（路遥《在困难的日子里》）

2. B 类构式

B 类构式可单独成句，这一用法的占比为 31.25%。如：

（21）"哪儿来的？"他眼睛在房间里来回巡视。"你就吃你的吧。谁像你……"妻子显出了她特有的妩媚和温柔。李良玉赔了一笑，接着便大口大口地吃起来。（《读者》合订本）

B 类构式同样可充任小句，该类用法占比约和单独成句相等。如：

（22）他们说："我们的心在蒙蔽中，不能了解你对我们的教导，我们的耳朵有重听；在我们和你之间有一道屏障。你干你的吧，我们必定要干我们的！"（《古兰经》）

3. C 类构式

C 类构式可单独成句，这一用法的占比为 6.25%。如：

（23）"随便你。"他说："你有不来的自由，但是，我有等你的自由！""你等你的吧！我反正不来！"（琼瑶《梦的衣裳》）

C 类构式同样可在复句中充任小句，占比为 6.25%。如：

（24）"好吧，你走你的吧，"斯锐匹欧傲慢他说，"不出一天，你就会完蛋的，你这个鼠目寸光的废铁桶！"（乔治·卢卡斯《星球大战》）

四、"（你）V 你的吧"构式的语用分析

"（你）V 你的吧"所在语境对构式义主要起到两个作用：一是印证构式义，使构式义更加明确；二是分化构式义，使构式义分类更加清晰。以 B、C 两类构式义的区分为例，"（你）V 你的吧"构式所在的语境主要包括劝阻、制止，虽然二者都具有否定义，但辨别二者的语境差异可使构式义得到更明显细致的分类。例如：

（25）谢辉说："哥，你刚回来，事情多，就不用在这儿陪我们了。我们都收拾好了，退了房子我们就动身了。"秋红也说："你忙你的吧。韩大哥知道我们今天走，他正开会，我们就不辞行了，你见到他代我和谢辉道个谢。"丁元英合上皮箱说："行，我就不送你们了。路上车子不要开太快，注意安全，到了家给我打电话报个平安。"说话间，几个人都站了起来。（电视剧《天道》）

（26）"喂！"斯锐匹欧叫了一声。阿图没有理会，继续向前走着。"你往哪儿乱闯呀？"等斯锐匹欧精疲力竭地追了上来，阿图才停下，用电子语言对他解释了一番。等他解释完毕，斯锐匹欧表态说："可是我不要去那儿。那里岩石太多。"他指了指他们刚才走过来的那个和石山相反的方向，说："那条路好走多啦。"他又不屑地向着高耸的方山摆摆金属手，问道，"你认为那儿会有人烟，究竟根据什么呢？"从阿

图体内深处发出好长一阵嘘嘘声。"你别和我啰唆这么多细枝末节,"斯锐匹欧警告说,"你那些个主意,我差不多受够了!"阿图嘟嘟地叫了一声。"好吧,<u>你走你的吧</u>,"斯锐匹欧傲慢他说,"不出一天,你就会完蛋的,你这个鼠目寸光的废铁桶!"他轻蔑地推了阿图一下。阿图从小丘上翻滚着摔下去。(乔治•卢卡斯《星球大战》)

例(25)的"不用""不辞行"等词语,表达了说话人的态度,印证了"你忙你的吧"具有"建议对方回到原来行为状态"的构式义,使 B 类构式义得以彰显。同理,例(26)说话人斯锐匹欧和阿图意见相左,说话人见双方争辩仍无法达成统一意见,便提出之后的路程分道扬镳的建议,即"你走你的吧"。通过上下文语境中的"不要""相反""啰唆""警告""受够了""傲慢""完蛋""轻蔑地推"可以看出,"你走你的吧"显示的是说话人听凭对方如何、自己也无所谓的态度,但同时提醒对方要承担 V 的不良后果,不难判断说话人对听话人行为状态的强烈否定,表达 C 类构式义。因此,语境对于区分、判定构式义有积极作用,值得深入探究。

参考文献

[1] Goldberg, A. *Constructions: A Construction Grammar Approach to Argument Structure*[M]. Chicago: The University of Chicago Press, 1995:4 .

[2] 郝彦. "V+你的+N"歧义的形式化考察[D]. 南昌:江西师范大学,2009,38-39.

[3] 陆俭明. 构式:论元结构的构式语法研究•中文版序 2[A]. 吴海波,译(冯奇,审订). 构式:论元结构的构式语法研究. 北京:北京大学出版社,2007.

[4] 原云. "V+你的+N+吧!"语义分析[J]. 天中学刊,2003(S1),115-116.

汉语构式"还得是 X"的语义语用功能

南开大学汉语言文化学院

黄洁　董淑慧

摘要：构式"还得是 X"主要表达对人、事物或时间、处所、条件等在某方面超越其他同类的主观看法或主观评价。说话人可以运用"还得是 X"构式针对某个话题表达看法或观点，即认为"X 在某方面超越其他同类"，也可以进一步表达自己传达出对于"X 超越其他同类"的评价，按照情感态度的不同可大致分为肯定性评价和否定性评价。构式"还得是 X"语义的表达与识解依赖于语言语境、物理语境和常识性知识语境。构式"还得是 X"实现了从[知域]到[言域]的映射。

关键词："还得是 X"；语义功能；语用；语境

一、解题

随着网络的发展，"还得是 X"逐渐成为口语中的高频构式。它指的是诸如以下表达：

（1）恋爱还得是看别人谈。（微博）

（2）论唱功，还得是京剧演员李玉刚。

（3）人们纷纷赞扬道："关键时刻，还得是共产党员！"（

例（1）表达"看别人谈恋爱"相较于"自己谈"而言，更能感受到恋爱的美好，例（2）表达说到唱功，首先想到的就是京剧演员李玉刚等，例（3）表达"关键时刻，共产党员超越其他人，表现最好"。

以上诸例的"还得是 X"的语义已经无法从其构成成分中获得[①]。它符合哥德堡（Adele Goldberg，1995：4）对构式做出的定义："C 是一个构式，当且仅当 C 是一个形式和意义的匹配体<Fi，Si>，而其形式 Fi 也好，意义 Si 也好，所具有的某些特征不能全然从 C 的组成成分或先前已有的其他构式所推知。"[②]本文主要对构式"还得是 X"进行研究。

二、"还得是 X"的构式义及变项"X"的特征分析

（一）"还得是 X"构式义

本文认为，"还得是 X"表达对人、事物或时间、处所、条件等在某方面超越其他同类的主观看法或评价。例如：

（4）今天买了 85 度的拿破仑，严重不好吃！蛋糕还得是 Cheese 的！

（5）许多中国人不得不入乡随俗过圣诞、放长假，但真正能找到过年感觉的还得是中国农历新年。

（6）史书之中，论辞藻文采，还得是《晋书》。（微博）

例（4）表达说话人认为在所有蛋糕品牌中，Cheese 蛋糕在口味方面超越其他品牌的蛋糕，例（5）意在表明在所有节日中，中国农历新年最有过年的感觉，例（6）表达说话人认为《晋书》的辞藻华丽、文采特异，在辞藻文采方面超越其他史书。

构式"还得是 X"表达"X 在某方面超越其他同类"，蕴含极性量特征，它可以和表达"超过一切同类的人或事物"义的极性量副词"最"共现。如：

（7）对我来说性价比最高的线下还得是巡演。（微博）

（8）口淡，最好吃的还得是米线。（微博）

---

① 实际语言生活中存在一些其他的"还得是 X"，如：一个连爱都没有的民族，早晚还得是奴隶。（BCC 语料库）"还得是 X"的语义可以从其构成成分中推知，并非本文所探讨的构式"还得是 X"。

② Goldberg, A, *Constructions: A Construction Grammar Approach to Argument Structure*(Chicago: University of Chicago Press, 1995)（译文引自陆俭明《构式：论元结构的构式语法研究·中文版序 2》，吴海波译（冯奇审订）《构式：论元结构的构式语法研究》，北京：北京大学出版社，2007）

（9）这简历里我最满意的<u>还得是照片</u>部分。

上例若去掉极性副词"最"，语义基本没有发生变化。但如果不使用构式"还得是 X"，只使用"最"，如例（7）使用"对我来说性价比最高的线下是巡演"来表达，虽然同样表达说话人的主观认识，但主观评述的意味已经大打折扣了。①

（二）变项"X"的特征

变项"X"以名词或名词性结构、介词结构为主。事实上"X"也可以是动词和动词性结构，但进入构式"还得是 X"后，便实现了指称化、事物化（王冬梅，2001：28—31）②。"X"通常用来表示人、事物、时间、处所、方式、条件等，请看例子：

（10）发刀子<u>还得是余华老师</u>啊！看《活着》我恨不得把他笔掰了，写一个死一个。（微博）

（11）二十多天陆陆续续吃瓜，感觉已经见完了前二十多年分量的乐子人和老油条，果然电视剧体量虽大，但是要论情节丰富、角色立体、冲突激烈，<u>还得是电影</u>。（微博）

（12）热天泡脚泡到脑门子冒密汗并不能是一种享受，泡脚<u>还得是冬天</u>。（微博）

（13）逛街<u>还得是实体店</u>，有时间还是得逛街。（微博）

（14）高铁上真的形形色色的人都有，千奇百态。出差要想睡一觉，<u>还得是在飞机上</u>。（微博）

（15）这个小米手环真差劲，小米手机也很差劲……骑行<u>还得是用码表</u>。（微博）

---

① 沈家煊（2001）指出，"主观性"（subjectivity）是指语言的这样一种特性，即在话语中多多少少总是含有说话人"自我"的表现成分，并将研究分为"说话人的视角"、"说话人的情感"和"说话人的认识"三方面。构式"还得是 X"具有强主观评述意味，体现说话人的视角、情感和认识。参看沈家煊：《语言的"主观性"和"主观化"》，《外语教学与研究》2001 年第 4 期。

② 王冬梅（2001）指出，名词指称事物，动词陈述关系，但是有时候也需要指称关系，这就是动词的指称化。指称关系时我们把关系看作"抽象的"事物，把关系作为一个整体来勾勒而不凸显动作过程内部随时间而发生的变化。参看王冬梅：《现代汉语动名互转的认知研究》，博士学位论文，中国社会科学院，2001。

（16）治愈心情<u>还得是跑步</u>，跑他个昏天黑地，大汗淋漓，痛快！（微博）

（17）西湖<u>还得是坐船</u>。（新浪微博）

例（10）—例（13）的"X"是名词或名词性结构，"余华老师""电影""冬天""实体店"分别表示人、事物、时间、处所。例（14）、例（15）中的"X"是介词结构，"在飞机上"表示"睡觉"的地点，"用码表"表示"骑行计数"所使用的工具。例（16）、例（17）的"X"是动词或动词性结构，"跑步"表示的是治愈心情的方式，"坐船"表示"（游）西湖"的方式。

"X"为形容词或形容词结构的情况不多，且形容词一般不能单独使用：

（18）小女孩<u>还得是惆怅点</u>有气质、漂漂亮。

（19）这张脸一点都看不出科技感啊，<u>还得是天生丽质</u>最吃香。（微博）

笔者认为，以上句中，形容词不表示描写性，而主要表现出区别性（陆丙甫，2003）①。在以上语境中，说话人将"惆怅点的小女孩"与其他类型的小女孩区别开来，将"天生丽质的人"与"后期整容的人"区别开来，为的是突出说话人主观上认为具有 X 性状的人或事物等在某些方面超越其他同类。

三、"还得是 X"的适用语境

（一）表达主观认识

"还得是 X"表达说话人主观看法，即说话人认为"X"在某些方面超越其他同类。说话人的认识往往围绕一个话题展开，句中会出现"说到……""要说……""论……"等，"还得是 X"的重音为逻辑重

---

① "描写性"从内涵去修饰核心成分，告诉听话者"怎么样的"；"区别性"强调所指的外延，告诉"哪一个/些"（陆丙甫，2003）。实际上进入构式"还得是 X"中的的"的"字结构都可以这样理解，如例（4）。参看陆丙甫：《"的"的基本功能和派生功能——从描写性到区别性再到指称性》，《世界汉语教学》2003 年第 1 期。

音，说话人侧重于信息的表达，强调是"X"而不是其他，如：

（20）要说手机好用，<u>还得是 Nokia</u>。

（21）要说倒霉，<u>还得是我和周幸运</u>。（新浪微博）

（22）别说三亚物价贵了，他们顶多是做得不合我北方人的胃口，论贵<u>还得是北京</u>，点个外卖心疼死我了。（新浪微博）

（二）表达主观评价

由于说话人认为"X"在某些方面超越其他同类，因此，对于"X"，说话人常常会传达出情感态度上的倾向性，即构式"还得是 X"可以传达出评价义，此时"还得是 X"的重音在"还"上，表达说话人强烈的情感态度，例（20）重音放在"还"上，则侧重于表达说话人对诺基亚（Nokia）手机好用的肯定性评价。根据情感态度的不同，大致分为两种：

1. 肯定性评价

构式"还得是 X"表达出说话人认为，"X"在某些好的方面超越其他同类，进而表达出对"X"的肯定、夸奖、赞扬等，如：

（23）BGM <u>还得是甄嬛传</u>。（新浪微博）

（24）精排软烂脱骨，生蚝鲜嫩大个，绝了，<u>还得是山姆</u>。（新浪微博）

（25）<u>还得是有文化底蕴的大师们</u>，我这压根没看明白啊。（新浪微博）

（26）百事可乐真的好难喝，<u>还得是可口可乐</u>！（新浪微博）

2. 否定性评价

构式"还得是 X"也可以表达出说话人认为，"X"在某些不好的方面超越其他同类，进而表达出对"X"的否定、不满、嘲讽等，如：

（27）<u>还得是你</u>，呵呵白眼狼。（新浪微博）

（28）论茶里茶气这事<u>还得是小三</u>，舞到原配面前的她必须有姓名。（新浪微博）

（29）论不要脸<u>还得是你们公司</u>啊，这种公司能活着，全中国人都有错。（新浪微博）

（30）两杯星巴克 70？啊？<u>还得是你们大城市</u>。（新浪微博）

不过，肯定性与否定性的评价在使用上表现出了明显的不对称性：第一，在使用频率上，表肯定评价义的"还得是 X"明显高于表否定评价义的"还得是 X"[①]；第二，从上下文可知表主观评价义的"还得是 X"是肯定性评价还是否定性评价。例（23）仅出现个"BGM"[②]，我们能够理解表达的是对《甄嬛传》作为 BGM 的肯定。在选择影视剧作为 BGM 时，人们往往认为《甄嬛传》经典、好看，作为 BGM 更加舒适，即在作为 BGM 方面，《甄嬛传》超越了其他影视剧。

（三）话语功能

对于任何一个构式，如果孤立地考察构式本身，只能获得有限的句法信息。特定的构式具有特定的话语功能，体现了说话者对特定语境的识解，因而是构式解析不可或缺的重要方面（吴为善、夏芳芳，2011）[③]。构式"还得是 X"的语义表达与语义解读有赖于语境。无论是言内语境还是言外语境，都在一定程度上制约着语义的选择。同时，也对语义的阐发提供了支持（文健，2016）[④]。我们采用黄衍（2012）根据语境来源划分出的类，将语境分为"语言语境""物理语境"与"常识性知识语境"[⑤]，并分别论述其对于构式"还得是 X"语义表达与解读的作用。

1. 语言语境

语言语境指的是书面语中的上下文和口语中的前言后语。在这方面，构式"还得是 X"具有两个鲜明特点。

---

① 在 BCC 语料库中未检索到表否定评价义的构式"还得是 X"。

② BGM：background music 的缩写，指"背景音乐"。影视作品中随着事件发展会出现不同的背景音乐烘托氛围、表达情感。现在流行将影视剧中的背景音乐类比到生活中，如"我写作业离了这广播剧当背景音乐是平静不下来的（新浪微博）"，指的就是"我"在写作业时播放广播剧，"写作业"为主要事务，而广播剧就如同影视剧中的背景音乐一般，起到一个烘托氛围的作用。

③ 吴为善，夏芳芳：《"A 不到哪里去"的构式解析、话语功能及其成因》，《中国语文》2011年第 4 期。

④ 文健：《语用学引论》，云南大学出版社，2016，第 47—49 页。

⑤ 黄衍：《语用学》，外语教学与研究出版社，2012，第 13—14 页。

　　构式"还得是X"前常常对其他事物某方面进行否定，从而引出"X"，并表达说话人看法："X"在某方面超越其他同类，如：

　　（32）那种长得有点小帅、性格开朗、天天麻将喝酒的男的也就图一乐，真正结婚<u>还得是温柔体贴的人夫感男</u>。（新浪微博）

　　（33）手机开始变得无聊了起来，<u>还得是上班好玩啊</u>。（新浪微博）

　　（34）今天给大家测了一下麦当劳新出的全鸡块套餐，四款蘸料，花里胡哨没一个能打的，<u>还得是经典酸辣椒</u>。（新浪微博）

　　从语境可知，例（32）说话人认为在"结婚"这方面，"温柔贴的人夫感男"超越其他类型的男性，是最优选择，并表达出对"温柔贴的人夫感男"的肯定性评价。余例类推。

　　由于构式"还得是X"表达说话人主观看法或评价，因此它的前后常常出现说话人评述的理据，它能够对说话人的看法或评价进行解释，如：

　　（35）虽然在酒吧可以一边喝着啤酒一边享受歌手的弹唱，但饭馆同样亦有此形式，一些走街串巷的江湖艺人经常提着二胡站在饭馆门口献艺，只需给他1元钱，便可听到他演奏的《二泉映月》，此价格仅是在酒吧点一首歌价格的几十分之一。所以，要说经济实惠，<u>还得是饭馆</u>，特别是那种门口没有霓虹灯招牌、没有停车位的饭馆。（孙睿《草样年华》）

　　（36）说到御寒，<u>还得是奶奶手缝的棉衣啊</u>。今天回家，找到了一件奶奶亲手做的棉衣，朴实可以说是普通，但穿在身上，温暖胜过任何一件羽绒服。

　　（37）你瞧，到底是人家书香门第呀，弟弟做了错事，大哥出面自责；这样，就是再不知道理的人，也不敢再做错事了呀，若不怎么<u>还得是老户人家</u>呢，家风就是好！就为了这事，塘沽的各界人士几乎要给我们家再挂一块匾，连词儿都想出来了："圣贤家风"，只是后来到我们家一看，我们家门外的匾太多了，没有地方再挂了，这样才拉倒了。

　　2. 物理语境

　　物理语境指的是交际者说出话时的物理环境。说话人有时面对

"X"的同类事物时，也会发出"还得是 X"的认识或评价，话语中暗含对该事物表现不满意的情感态度，这种语义的解读需要结合物理语境，如：

（38）（此时正在看电影版《想见你》）还得是剧版啊，也就回忆杀了一波。（微博）

（39）（配图：三得利乌龙茶）还得是东方树叶小青柑。（新浪微博）

（40）（此时不是在地质宫打球）打球还得是地质宫啊…这汗出的，比汗蒸还蒸呢。

从纯语言角度来看，例（38）—例（40）可以看成是说话人认为"X 超越其他同类事物"的主观看法或评价。但结合语境来看，就能知道还存在一层言外之意，即说话人对当下事物某方面的表现并不满意。例（38）说话人正在看电影版《想见你》，却说"还得是剧版"，在表达对"剧版"肯定的同时，也表达出对"电影版"的不满意。余例类推。

3. 常识性知识语境

说话人在使用"还得是 X"表达主观评价时，有时无须明说 X 在哪一方面超越其他事物，听话人依然能够准确把握意思。例（41）a 所肯定的是"东方树叶小青柑"的口味，而不是其他什么方面。这种语义的识解有赖于常识。"东方树叶小青柑"作为茶饮，显著特征就是口味，相较于其他特征，这一特征是作为主体被突显的，因此总是优先被识解。如果说话人要强调 X 在其他特征上超越同类事物，则必须提供更多信息，明确比较的方面，试比较：

（41）a. 还得是东方树叶小青柑！（微博）

　　　　b. 论价格，还得是东方树叶小青柑！（自拟）

在实际生活中，我们也常常看到人们使用"还得是 X"表达对 X 的肯定，虽然抽象程度很高，但我们仍能把握大概意思，如：

（42）还得是沈腾马丽！（网络）

（43）出来混还得是韦小宝……（网络）

（44）还得是夏天的云。（微博）

（45）还得是三得利和东方树叶啊！（微博）

对以上句子语义的解读，依赖我们的背景知识：沈腾、马丽是著名的喜剧演员；韦小宝是一个在黑白两道都混得如鱼得水的人；夏天紫外线强烈且天气多变，常常出现大朵的、丰富的云彩；三得利和东方树叶是受欢迎的茶饮。这些都是事物的显著特征。例（42）表达的是对沈腾马丽演艺水平的肯定，例（43）表达对韦小宝"混社会"能力的肯定，例（44）是对夏天云彩的漂亮丰富进行肯定，例（45）则是对三得利和东方树叶口味的肯定。如果缺乏背景知识，就很难理解这些话的意思。

四、构式义的认知解释

（一）构式成因

"还得是 X"构式义与其构件有关。吕叔湘（1999：255）对"还是"的解释是："表示经过比较、考虑，有所选择，用'还是'引出所选择的一项"[①]。邵明亮（2013）提出"还是"的元语用法便是引出某种说法、想法、建议或主张，而引出的这种说法、想法、建议或主张是说话人或当事人经过比较、考虑的。经过比较、考虑后做出选择，明显具有"非断然"的特点[②]。"还得是 X"构式恰是"还是"元语用法的体现。之所以"还得是 X"能表达对人、事物或时间、处所、条件等在某方面超越其他同类的主观看法或评价，是基于"还是"引出的话是说话人或者当事人经过比较、考虑后做出选择。与"非断然"的"还是"不同的是，"还得是"具有断然性。吕叔湘（1999：166）把"得"的认识情态意义解释为"会；估计必然如此"[③]。也就是说，说话人可以用"得"来进行在一定证据基础上的[必然]性推断（彭利贞，2005：76）[④]。作为情态动词，"得"存在道义情态[必要]与认识情态之间[必然]的多义特征（彭利贞，2005：75）[⑤]。构式"还得是 X"

---

① 吕叔湘：《现代汉语八百词（增订本）》，商务印书馆，1999。
② 邵明亮：《副词"还是"的元语用法》，《语言教学与研究》2013 年第 4 期。
③ 吕叔湘：《现代汉语八百词（增订本）》，商务印书馆，1999。
④ 彭利贞：《现代汉语情态研究》，博士学位论文，复旦大学文学院，2005。
⑤ 同上。

的"得"表达的是认识情态"必然"。试比较：

（46）古籍部分两个阅览室，普通古籍、民国书刊阅览室只要有借书证就可以了，但古籍善本阅览室则需要单位介绍信、本人身份证，<u>而且还得是专业人士</u>。

（47）<u>还得是专业人士</u>，分析得太有道理了！（微博）

例（46）"还得是专业人士"是客观上的要求，进入古籍善本阅览室要求符合"是专业人士"的条件，"得"表达"必要"义，"还得是X"不是我们界定的构式；例（47）"还得是专业人士"则表达说话人主观上的认识，能做到"分析有道理"必然是专业人士，"还得是X"是我们界定的构式。

表认识情态"必然"的"得"使得"还是"所引出的某种说法、想法、建议或主张"断然性"得到强化，带有强烈的主观评述意味。"得"与"还是"共同作用，传递说话人对人、事物或时间、处所、条件等在某方面超越其他同类的主观看法或评价。

（二）概念域的映射

我们的概念系统中存在三个不同的概念域，即行域、知域、言域。这三个概念域之间的区别和联系在语言的许多方面都有反映（沈家煊，2003）[①]。我们认为，"还得是X"实现了概念域间的映射。

（48）这个活动要求不仅得是男性，还得是共产党员。[行域]

（49）这个活动，（要求是男性、共产党员，其他人都不是，）还得是小明。[行域/知域]

（50）这个活动，（要求是男性、共产党员，小李、小王、小明都符合，）<u>还得是小明</u>。[知域]

（51）这个活动，论参赛经验，<u>还得是小明</u>。[知域/言域]

（52）这个活动小明拿了第一名，<u>还得是小明啊</u>！[言域]

例（48）的"得"具有[+客观性][+强制性]的语义特征，属于道义情态，"共产党员"指的是一个客观条件，指的是共产党员的条件符

---

① 沈家煊：《复句三域"行、知、言"》，《中国语文》2003年第3期。

合从事某种行为（参加该活动），与行为相关，"还得是 X"属于[行域]，还不是构式。例（49）说话人判断小明需要参加这个活动的依据是客观条件，我们认为此处是属于[行域/知域]，[行域]和[知域]可以交叉（沈家煊，2003）①。例（50）中的"得"具有[主观性][+可选择性]的语义特征，属于认识情态，"还得是小明"是说话人的主观看法，属于[知域]。例（51）可以看成是说话人的主观看法，即说话人认为"小明的参赛经验多于其他人"；也可以看成是说话人对小明具有很多参加经验的肯定，两种不同理解下的"还得是 X"重音不同，这种语境可以看成是[知域]与[言域]的交叉。例（52）是说话人对小明的评价，此时的"还得是小明"是个"表达"的言语行为，属于[言域]。

因此，我们认为，"还得是 X"实现了从[行域]到[知域]再到[言域]的映射。构式"还得是 X"主要体现在[知域]和[言域]，用于表达说话人"X 在某方面超越其他同类"的主观看法或评价。

五、结语

本文主要探讨了构式"还得是 X"。我们认为，构式"还得是 X"主要表达表达对人、事物或时间、处所、条件等在某方面超越其他同类的主观看法或评价。伴随句子抽象化程度的加强，其语义表达与解读对语境的依赖很大。构式"还得是 X"实现了概念域的映射，当它表达主观看法时，属于[知域]，表达说话人对于"X 超越其他同类"的认识或观点；当它表达主观评价时，属于[言域]，表达说话人对于"X 超越其他同类"的肯定或否定。目前，在网络上和口语表达中，表主观评价的构式"还得是 X"使用频率相当高。

参考文献

[1] Goldberg A. E. Constructions: *A construction grammar approach to argument structure*[M]. University of Chicago Press, 1995: 4.

[2] 黄衍. 语用学[M]. 北京：外语教学与研究出版社，2012：13-14.

① 沈家煊：《复句三域"行、知、言"》，《中国语文》2003 年第 3 期。

［3］ 陆丙甫. "的"的基本功能和派生功能——从描写性到区别性再到指称性[J]. 世界汉语教学, 2003（1）: 14-29.

［4］ 陆俭明. 构式: 论元结构的构式语法研究·中文版序 2[A]. 吴海波译（冯奇审订）. 构式: 论元结构的构式语法研究. 北京: 北京大学出版社, 2007.

［5］ 彭利贞. 现代汉语情态研究[D]. 上海: 复旦大学, 2005: 75-76.

［6］ 邵明亮. 副词"还是"的元语用法[J]. 语言教学与研究, 2013（4）: 75-82.

［7］ 沈家煊. 语言的"主观性"和"主观化"[J]. 外语教学与研究, 2001（4）: 268-275, 320.

［8］ 沈家煊. 复句三域"行、知、言"[J]. 中国语文, 2003（3）: 195-204+287.

［9］ 王冬梅. 现代汉语动名互转的认知研究[D]. 北京: 中国社会科学院研究生院, 2001: 28-31.

［10］ 文健. 语用学引论[M]. 昆明: 云南大学出版社, 2016: 47-49.

［11］ 吴为善, 夏芳芳. "A 不到哪里去"的构式解析、话语功能及其成因[J]. 中国语文, 2011（4）: 326-333, 383.

框式结构"看谁 X"的探究

中共天津市东丽区委办公室

龙晓阳

摘要:"看谁 X"是一个主观性强的框式结构,语义功能为"说话人主观认为或希望情况 X 不会出现"。"看谁 X"既可以单独成句,也可以作小句的谓语和复句的分句,"X"全部为动词性词语,"看谁 X"往往带有"还""再""敢"等词语标记,语用价值较大。

关键词:"看谁 X";语义功能;句法特征;主观性

一、研究对象和研究现状

先看一组例句:

(1) 哪个不服,尽管去告,<u>看谁肯来管闲事</u>?

(2) 住口!没有我的话,<u>看谁胆敢自己找婆家</u>!(老舍《青蛙骑手》)

例 1"看谁肯来管闲事"表达的意思并不是"看""谁""肯来管闲事"语义的简单加合,整个结构具有特殊的语义功能,表示说话人认为"没人肯来管闲事"。例 2"看谁 X"也同样表达特殊的语义功能,表示说话人认为"没人敢自己找婆家"。我们将其码化为"看谁 X"。"看谁 X"是一个口语化程度高、生成能力强、使用频率高的框式结构。

张建新的《汉语口语常用格式例释》(2008)将"看谁 X"看作一个格式,并根据具体语义的不同,将"看谁 X"大致划分为两类。第一类表示说话人期待最终的结果,往往带有不服气、要跟对方比一比的语气。第二类表示说话人自信地认为"没有人 X",语句多含有威胁或挑衅的意味。①"看谁 X"的句法特征有二：一是 X 为动词性词语；二"谁"前可以有复数人称代词。

"看谁 X"具有很大的研究空间和研究价值。本文将"看谁 X"看作构式，它符合哥德堡（Adele Goldberg，1995：4）对构式做出的定义："C 是一个构式，当且仅当 C 是一个形式和意义的匹配体<Fi, Si>，而其形式 Fi 也好，意义 Si 也好，所具有的某些特征不能全然从 C 的组成成分或先前已有的其他构式所推知。"②本文拟探讨该框式结构构件的性质，考察框式结构"看谁 X"的语义功能、句法特征和语用功能，深化对"看谁 X"的认识。

二、语义分析

"看谁 X"的语义功能可以概括为"说话人主观认为或希望情况 X 不会出现"。其构式义具体可分两种：一是"没有人 X"，表示对未来的预测，说话人通过对自身条件或对现有情况的认知，主观认为没有人 X；二是"不允许有人 X"，表示对动作的禁止，说话人通过某些言语行为等表达自己的主观意志。如：

（3）小菲想，我就赖到底，<u>看谁把个耍赖的能怎么法办</u>。（严歌苓《一个女人的史诗》）

（4）两旁近侍刚想上前，德格类突然站立起来，拔出腰刀，大喝一声："<u>看谁敢来绑他</u>！"（李文澄《努尔哈赤》）

例（3）小菲认为只要赖到底就"没有人能把个耍赖的怎么办"，是小菲对未来情况的预测。例（4）表示"不允许有人来绑他"，是德格类对"绑他"行为的禁止。

（一）构式义"没有人 X"

构式义"没有人 X"具体可分三种情形：

---

① 张建新：《汉语口语常用格式例释》，北京语言大学出版社，2008。

② Goldberg, A, *Constructions: A Construction Grammar Approach to Argument Structure*(Chicago: University of Chicago Press, 1995), p.4（译文引自陆俭明《构式：论元结构的构式语法研究・中文版序 2》，吴海波译（冯奇审订）《构式：论元结构的构式语法研究》，北京：北京大学出版社，2007）

1. 情形一

情形一为"说话人在某方面做得非常好或者某方面能力具有绝对优势，没有人能够挑战、替代、否定或者超越"。如：

（5）牛尚周马上求饶道："别打了，打坏了，我看谁给你找婆娘？"（陈廷一《宋氏家族全传》）

（6）我还给贴身佣人一年二十磅的年金。我死后，看谁能够找得出我一件亏心事！（萨克雷《名利场》）

"看谁给你找婆娘"说明说话人在"找婆娘"方面的能力非常强，缺了他就没人能办成"找婆娘"这件事情。"看谁能够找得出我一件亏心事"说明说话人认为自己在对待佣人这方面做得非常好，别人挑不出毛病。

2. 情形二

情形二为"由于客观情况发生变化导致没有人 X"。如：

（7）谢金河更坦言，国民党桩脚几乎都是菜篮族，股市一翻，看谁投你。（《海峡新干线》2012 年 5 月 31 日）

（8）比赛强度大了，本身就是体能测试，看谁愿意吃这个亏。

"看谁投你"的意思是"没有人投你"，这种情况产生的原因是发生了"股市一翻"的变化。"看谁愿意吃这个亏"的意思是"没有人愿意吃这个亏"，这种情况产生的原因是发生了"比赛强度大了"的变化。

3. 情形三

情形三为"X 表示的情况之前有过，说话人希望采取一些措施达到没有人再 X 的效果"。如：

（9）红娘子先从这些姑娘们头上执法，看谁还敢不听令。（姚雪垠《李自成》）

（10）又怕被偷了，就专门定制了一条粗铁链当车锁使，耳钉对车锁的坚固度很满意，特意留了张条"看谁还能偷"。（《郭德纲相声集》）

例（9）"还"说明"不听令"这种情况之前发生过；为达到"没有人不听令"的预期效果，"红娘子"采取"先从这些姑娘们头上执法"的措施；例（10）"还"说明"偷"这种情况之前发生过，说话人"专门定制了一条粗铁链当车锁使"来达到"没有人能偷"的预期效果。

（二）构式义"不允许有人 X"

构式义"不允许有人 X"具体可分两种情形：一是"说话人对即将发生的动作的禁止"；二是"说话人对正在进行的动作的禁止"。

1. 情形一为"说话人对即将发生的动作的禁止"。如：

（11）有人要清我的账，还有的狂到要扒我的房，我<u>看谁敢</u>？除非他不要命了！（《中国农民调查》）

（12）便拔出腰间的手枪，冲天打了一发，大声喝着："<u>看谁敢动</u>？"（李国文《冬天里的春天》）

例（11）"清帐""扒房"这些动作即将发生，说话人禁止这些动作的发生。例（12）表示说话人认为有人可能会动，说话人警告并禁止听话人"动"。例（11）、例（12）的"看谁 X"表示"说话人对即将发生的动作的禁止"。

2. 情形二为"说话人对正在进行的动作的禁止"。如：

（13）给我停住，都给我停住，<u>看谁敢动我们的茶叶</u>。碰一片，我都不会饶过他！（王旭烽《茶人三部曲》）

（14）住声！我<u>看谁敢再哭那个臭娘们</u>！哭？她早就该死！（老舍《四世同堂》）

例（13）说明有人正在动他们的茶叶，说话人要求听话人停止"动茶叶"。例（14）"哭"正在进行，说话人是要求听话人停止"哭"。例（13）、例（14）"看谁 X"表示"说话人对正在进行的动作的禁止"。

三、句法分析

（一）构件"X"的分析

可变项"X"的具体情况有所不同。为了方便分析，将两种构式义的"看谁 X"标为"看谁 X①"和"看谁 X②"。

1. X①

"看谁 X①"的构式义为"说话人认为没有人 X"，构件 X①全部为动词性词语。X①可以是动词、动补短语、连谓短语和状中短语。X

①为状中短语时，其状语成分可以是副词、能愿动词、介词短语及其构成的多层状语，中心语是动宾、连谓、动词等成分。

（15）你去问问看谁相信；我是不信的。（弗朗索瓦·拉伯雷《巨人传》）

（16）驴不打上几个滚儿，看谁擎得去！（刘玉民《骚动之秋》）

（17）那你就弄碗农药给我喝了算了，看谁来同情你。（电影剧本《凤凰琴》）

X①常出现副词"还"和"再"，表示动作和情况的重复或继续；还常出现能愿动词"能够"和"肯"。如：

（18）等儿子出息了，看谁还敢怠慢您，欺负您！（王海鸰《新结婚时代》）

（19）咱们爷儿俩站在一块，看谁再敢来欺负咱们！（老舍《方珍珠》）

（20）看谁能够证明错处在我。不妨就请你来证明。（萨克雷《名利场》）

（21）哪个不服，尽管去告，看谁肯来管闲事？

2. X②

"看谁X②"的构式义为"不允许有人X"。构件X②全部为动词性词语。但和X①有所不同，X②相对统一。X②可以由"敢"一个词构成，也可以由"敢"作状语的状中短语构成，中心语部分可以是动词、连谓、动宾等。

（22）占楼道？我看谁敢？！（孙力、余小惠《都市风流》）

（23）孙知县：（急了）我看谁敢去搜县衙门！（老舍《神拳》）

（24）后面传来一声断喝："停！我看谁敢拆！"（电视剧本《冬至》）

（25）大声吼道，我看谁敢推我！（六六《蜗居》）

（26）威尔面对众人，脸色依然温和，但他那双浅蓝色的眼睛却好像在说，看谁敢对他未来的妻子说三道四。（玛格丽特·米切尔《飘》）

综上，"看谁X"中的X具有一些明显特点。首先，框式结构"看谁X"中的构件X全部为动词性词语。其次，框式结构"看谁X"带有"再""还""敢"等词语标记。

（二）框式结构"看谁 X"的句法功能

1. 作谓语

"看谁 X"可以在小句中作谓语成分。如：

（27）我偏要她捶腿！她敢不捶？<u>我看谁敢把我怎么样</u>？（王火《战争和人》）

（28）王爷说："你敢，我就拧锁，<u>我看谁敢打</u>！"（《中国传统相声大全》）

2. 作单句

因口语化程度极高，交际活动中的语境铺垫和环境渲染较为充分，框式结构"看谁 X"可加上句调单独成句。如：

（29）铁信石立刻护住银箱，和长栓拦住众人，厉声道："不行！<u>看谁敢动</u>！"（电视剧本《乔家大院》）

（30）最有趣的是小农，他说："<u>看谁敢提个不字</u>？"那劲头，真是忠心耿耿于莲敏感……（李国文《冬天里的春天》）

3. 作分句

框式结构"看谁 X"还可以充当复句中的分句，和其他分句整合起来表示一个具有逻辑性的连贯的、整体的意义。

（31）咦，我们要像大树，在土里生根，<u>看谁能将我们拔掉</u>！（莱蒙特《农民们》）

（32）她放下杯子扫一眼桌子周围的客人，<u>看谁还好意思继续劝她父亲进酒</u>。（严歌苓《一个女人的史诗》）

四、框式结构"看谁 X"的语用分析

（一）主观性分析

沈家煊（2001）提出语言的主观性主要表现在三个方面：一是说话人的视角；二是说话人的情感；三是说话人的认识。语言中的韵律变化、语气词、词缀、代词、副词、时体标记、情态动词、词序、重复等手段都可以用来表达主观性。①框式结构"看谁X"作为口语化程度极高的语言成分，其主观性也很明显，体现在个人视角和个人情感等方面。

1. 个人视角

框式结构"看谁X"的说话人视角主要可以从两方面来分析：一是说话人与听话人的关系；二是说话人看待事件的"体"视角。

首先，根据具体的框式结构"看谁X"，可以明显看出说话人对自身与听话人之间关系的定位。一种是说话人认为自身与听话人属于同一立场，面临相同的情况。如：

（33）咱爷儿俩还就不回来了，住在主家。<u>看谁还不让咱住</u>？（刘震云《一句顶一万句》）

另一种是说话人认为与听话人是对立的立场，双方有矛盾冲突，且说话人期望通过言语或行动来让对方服从自身的意志。

（34）我是杰生·康普生，<u>看谁敢阻拦我</u>。（福克纳《喧哗与骚动》）

其次，可从说话人的"体"视角来看框式结构"看谁X"的主观性。沈家煊（2001）对"体"视角解释为：说话人从"现在"（即说这句话的时刻）出发来看这个动作及其结果，主观上认为它跟"现在"有关系。②说话人在说出框式结构"看谁X"时，就可能已经将现在和过去以及未来联系到一起，体现出说话人对于事件的逻辑性思考。副词"再""还"以及情态动词"敢"等往往可以体现说话人对事件过去、现在和未来的逻辑贯通。如：

（35）好珠子，咱们爷儿俩站在一块，<u>看谁再敢来欺负咱们</u>！（老舍《方珍珠》）

例（35）说话人立足现在，却又连贯过去和未来，在他的话语中可以看出他对待事件的逻辑性看法。"再敢来欺负咱们"传递出之前有人欺负过他们，在他看来要是做到"咱们爷儿俩站在一块"，就能够在未来达到"没有人敢欺负咱们"的期望。

---

① 沈家煊：《语言的"主观性"和"主观化"》，《外语教学与研究》2001 年第 4 期。
② 同上。

2. 个人情感

框式结构"看谁 X"体现的个人情感强烈。先看一组例句：

（36）没有人敢阻拦我。

（37）我看你敢阻拦我。

（38）<u>看谁敢阻拦我</u>。

例（36）"没有人敢阻拦我"是说话人视角直接陈述事实，句子蕴含个人情感度低。例（37）"我看你敢阻拦我"中"看"的施事主体是"我"，"阻拦"的施事主体是"你"，话语关涉对象为"我"和"你"，"我"传递给"你""不允许你阻拦我"的信息，句子情感较为强烈。例（38）"看谁敢阻拦我"中"看"的施事主体是包括"我/你"在内的公众，"阻拦"的施事主体是包括"你"在内的所有人，"不允许阻拦我"的信息是传递给所有人的，说话人主观意志极强，要求所有人都服从自己的意志，而且所有人都会看到这样一种场面，句子传递出的个人情感极为强烈，具有震慑全场的作用。

"看谁 X"能传递强烈的情感，与"看"的韵律重音有密切关联。从韵律角度来看，框式结构"看谁 X"的语流重音全部都在"看"上。《现代汉语词典》（第七版）"看"第 8 个义项是"用在表示动作或变化的词或词组前面，表示预见到某种变化趋势，或提醒对方注意可能发生或将要发生的某种不好的事情或情况"①。这个义项分成两层：一层是表示对未来情况的"预见"；另一层是对某种不好情况的"警示"。框式结构"看谁 X"表达"说话人期望通过采取一些措施来达到没有人 X 的效果"。既然是期望通过采取措施达到某种效果，那么这种期望自然就包含了说话人对未来情况的预见以及在预见基础上的警示。那么"看谁 X"结构语义就在"看"上，所以语流重音放到了"看"上，传递出强烈的个人情感。

除此之外，框式结构"看谁 X"出现时，说话人通过行动或言语表达预见或警示之义，这些行动或言语出现在先行句和后续句中。如：

---

① 中国社会科学院语言研究所词典编辑室：《现代汉语词典》（第七版），商务印书馆，2016，第 729 页。

（39）掏出腰间的手枪，冲天打了一发，大声喝着："<u>看谁敢动</u>？"（李国文《冬天里的春天》）

（40）从露意丝身边跳起，挡在她面前，怒不可遏，"<u>看谁敢动一动</u>!"举起带鞘的宝剑，用剑柄挥打法警。（席勒《阴谋与爱情》）

例（39）先行句出现的"冲天打了一发""喝"，例（40）前后句"跳""挡""怒不可遏""挥打法警"等配合框式结构"看谁 X"，传递强烈的个人情感。

（二）语境分析

框式结构语法强调构式义对语境具有强烈的依赖性。邵敬敏（2011）将框式结构的特点归纳为三点：一是它们都由变项和常项组成，且整个框式结构具有能产性；二是整个具有整体性的、特殊的语法意义；三是它们在使用时跟语境结合紧密，表示某种特定的语用功能。①根据框式结构的第三个特点可以看出，框式结构"看谁 X"作为口语性极高的语言成分，和说话时的具体语境密切相关。

框式结构"看谁 X"语境类型大致分为三类：一是说话人遭受到不满意的待遇，渴望通过完成某些事情来得到实质性的改变；二是说话人认为自身在某方面具有特殊优势，别人无可替代、无可超越，是说话人在表达和证明这种情况；三是说话人面临紧张性、冲突性的局面，通过威胁性动作、警示性话语来制止别人侵犯自身的利益和违背自身的意志。如：

（41）儿啊，妈盼着你长成个顶门立户的男子汉，<u>看谁还敢欺负咱们</u>!（霍达《穆斯林的葬礼》）

（42）打吧，照我脑袋打！打死了，<u>看谁给你做鞋做饭</u>，伺候老人？（梁斌《红旗谱》）

（43）我是杰生·康普生，<u>看谁敢阻拦我</u>。看你们选出来的当官儿的敢阻拦我。（福克纳《喧哗与骚动》）

例（41）语境是"说话人遭受到不满意的待遇，渴望通过完成某

---

① 邵敬敏：《汉语框式结构说略》，《中国语文》2011 年第 3 期。

些事情来得到实质性的改变"。例（42）语境是"说话人认为自身在某方面具有特殊优势，别人无可替代、无可超越，是说话人在表达和证明这种情况"。例（43）语境是"说话人面临紧张性、冲突性的局面，通过威胁性动作、警示性话语来制止别人侵犯自身的利益和违背自身的意志"。

参考文献

［1］Goldberg A E. *Constructions: A construction grammar approach to argument structure*[M]. University of Chicago Press, 1995: 4.

［2］陆俭明. "句式语法"理论与汉语研究[J]. 中国语文，2004（5）：412-416+479.

［3］陆俭明《构式：论元结构的构式语法研究·中文版序 2》[J]//Goldberg. 吴海波，译（冯奇，审订）《构式：论元结构的构式语法研究》，北京：北京大学出版社，2007.

［4］邵敬敏. 汉语框式结构说略[J]. 中国语文，2011（3）：218-227.

［5］邵敬敏. 关于框式结构研究的理论与方法[J]. 语文研究，2015（2）：1-6.

［6］沈家煊. 语言的"主观性"和"主观化"[J]. 外语教学与研究，2001（4）：268-275.

［7］张建新. 汉语口语常用格式例释[M]. 北京：北京语言大学出版社，2008.

［8］中国社会科学院语言研究所词典编辑室编. 现代汉语词典（第 7 版）[M]. 北京：商务印书馆，2016：729.

构式"小OV着"的语义认知研究

1.华中师范大学语言与语言教育研究中心；郑州大学国际教育学院
2.郑州大学文学院

吕兆格 [1]　　唐远远 [2]

摘　要： 本文主要对构式"小OV着"的组成结构、语义特征、语用色彩进行分析，认为其构式义是具有主观评价的舒适度描写，从认知语言学和语言自身特点的角度分析"小OV着"形成的动因和机制，并对与之类似的相关构式进行比较分析。

关键词： "小OV着"；构式义；主观评价；形成机制

汉语是SVO型语言，但由于语言表达的需要，有时也会出现O前置于V的情况，即OV语序现象。如：

（1）音乐放着，电脑开着，可是没见人。

（2）广场舞跳着，眉眼飞着，这群大妈们啊！

（3）小游戏玩着，小咖啡喝着，你这上班真舒服啊！

（4）小曲儿听着，小酒喝着，啥事儿不用操心，大爷可自在了。

O前置于V的情况中，"小OV着"这类结构比较特殊，OV前用了"小"，其后用了"着"。这种新奇的句法结构，产生了新的语义内涵和语用功能，表明对一种舒适生活状态的描述，该描述可激发对某种状态的评价。"小OV着"的"评价"功能无法从其构成成分直接推知，因此"小OV着"是一个典型构式。[①]本文以构式语法为理论基础，

---

① 罗耀华, 周晨磊, 万莹：《构式"小OV着"的构式义、话语功能及其理据探究》，《语言科学》2012年第4期。

以 BCC 和 CCL 语料库及网络媒体为语料来源[①]，对"小 OV 着"的组构成分、句法特征和语义进行详细解析，从而了解"小 OV 着"句法形式的特殊性、语义认知的整合性和语用功能的修辞性。

一、构式"小 OV 着"的结构类型

现代汉语中，"小 OV 着"是一种常见的口语表达，其结构有两种类型：

第一种：

（5）孩子们小脸仰着，小手举着，可爱极了！

（6）你看他，小嘴儿撅着，小脚丫翘着，真是一个小可爱。

（7）小行李箱拉着，小墨镜戴着，小皮鞋穿着，帅帅的酷酷的。

（8）小腰扭着，小步迈着，眉眼飞着，台上的妹子很有挑逗性。

此类"小 OV 着"的描写对象多为小孩儿或女性，O 多指身体部位或者是小孩及女性所用之物。此处的"小"意义实在，对客观事物的性质进行描述，具有"表量义"，表示在面积、体积、强度、数量等客观属性方面的特征，是与"大"相对的性质形容词。在一般人的认知中，小的个体更容易激发人们的同情心和保护欲望，更容易得到人们的喜爱。因此，"小 O"常带有一定的感情色彩，表达说话人的喜爱之情。

第二种：

（9）小风吹着，小麻将搓着，小嗑儿唠着，太惬意了！

（10）小太阳晒着，小狗狗陪着，小零食吃着，你这日子可真美！

（11）小酒喝着，小风吹着，小歌听着，小菜吃着，小姑娘陪着，小钱进着，一个字"美"！

（12）刘太生手提驳壳枪从庙里搜索一下走出来说道，"这地方后有窗户前有门，飕飕的小风吹着，真是个歇凉的好地方！"（冯志《敌后武工队》）

上例"小风吹着"中的"小"意思是强度不大，例（11）"小姑娘陪着"中的"小"可能指姑娘年龄小，也可能是身材娇小。而"小嗑

---

① 注：没有注明出处的例句，皆来自微博，文中不再一一注明。

儿""小酒""小歌""小钱"等中的"小"客观意义不太明显,"唠嗑"时间有长短,无大小;"酒"有浓烈,无大小;"歌"有长短,也没有大小;"小钱"指钱不多,也不是指钱本身的大小。例(10)"小太阳照着"中的"小"指太阳光不那么强烈,不是指"太阳"本身小,太阳实际上比地球还大。因此,这里的"小"语义已经虚化,不表示具体事物客观属性方面的特征,而是呈现出较强的主观性,主要表达说话人的情感态度,表示一种舒适、惬意的生活状态,或者轻化动作行为。

"小 OV 着"可对举连用,也可单用。"对举是构成平行结构的一种形式,当两个语言片段对举时,人们善于把有联系、相互衬托的两个片段当作一个意义单位来看待,进行整体考察。"[①]对举连用时,有联系的片段依次呈现,形成整体画面,如例(9)"小风吹着""小麻将搓着""小嗑唠着"连用,展现了环境的舒适、生活状态的悠闲。例(11)"小酒喝着""小风吹着""小歌听着""小菜吃着""小姑娘陪着""小钱挣着",多个"小 OV 着"对举连用,列举了一系列的行为,表达了一种惬意舒适的生活状态,别无他求、非常满足的心情,主观性更加明显。"小 OV 着"连用越多,表明其舒适度越高。

二、构式"小 OV 着"的语义特征

认知语言学家兰盖克(Langacker,2004)认为"意义不等于真值条件,但等于认知的操作"[②],所以语义应该从语言使用者的认知结构、背景知识等方面加以描写。我们借助相关语料对"小 OV 着"构式的句法功能和语义特征进行描写分析,发现该构式具有主观评价义,对该构式的理解必须诉诸人们的感知体验和百科知识。

(一)常项"小""着"的语义特征

1. "小"的语义特征

人们在语言使用过程中会把用于描述客观事物性质的词扩大到

---

① 张国宪:《论对举格式的句法、语义和语用功能》,《淮北煤师院学报》1993 年第 1 期。

②R. W. Langacker, *Foundations of Cognitive Grammar Volume I* (Beijing: Peking University Press, 2004), PP: 82-83.

用于描述抽象的主观感受，使之感情色彩增强，"小"的使用就是手段之一。

"小"是汉语中比较常用的一个形容词，表示"不及一般或不及比较对象"。"小 OV 着"中的"小"，在语义上，使名词所对应的动词动作性减弱，表示的程度、强度降低，表达了说话者轻松、喜爱的主观情感。在认知上，"小"经历了从指向客观世界到指向人的心理世界，从客观描述到主观评价的认知转变，意义变得空灵。在主观性上，"小 O"表达了说话人对事物和属性的主观态度。

罗耀华等（2012）认为"小 OV 着"构式中，"非单音节名词前，由于没有韵律上的要求，'小'的隐现十分自由"，意思是非单音节名词前，"小"可用可不用。不过，我们考察发现，用与不用"小"，句子语用功能略有不同。如：

（13）a. 空调吹着，电视看着，零食吃着，你哪有心思写作业啊？

b. 空调吹着，电视看着，零食吃着，你的生活真舒服啊！

c. 小空调吹着，小电视看着，小零食吃着，他的生活自在着呢。

例（13）中 a 句是批评孩子的语气，不用"小 OV 着"形式，因为安逸的生活条件与需要专心努力地写作业不一致；b 句和 c 句都是评价对方生活很舒服，让人羡慕。b 句用"OV 着"形式，c 句用"小 OV 着"形式，两者相比，c 句用"小"强化了舒适状态，令人羡慕的主观程度加强。可见，如果不用"小"，"OV 着"形式表达的意思可褒可贬，即"OV 着"后面的意思可以是正向的也可以是负向的，构式义的浮现由"OV 着"后的分句补充说明，整个句子的焦点重心落在最后一个分句上。如果用"小"，"小 OV 着"后面的意思一般是正向的，表达褒义的评价，凸显了说话人的羡慕之情。此时"小"的意义虚化，表示情感评价，虚化程度较高。

当多个"小 OV 着"对举使用时，"小 OV 着"后的分句不出现，其主观评价义，人们也可以通过自身的认知结构和背景知识来获得，能够感知"生活自在、惬意"之义。如：

（14）今天天气好好呀～小风吹着，小太阳照着。

（15）又来到这家酒吧，小酒喝着，小烟抽着，小歌唱着。

（16）同样是风云人物、业界传奇，你看人楚留香，业务能力比咱差一大截，可人家照样<u>小酒喝着，小妞泡着，小游艇开着</u>……（宁财神《武林外传》剧本）

通过对上述例句的分析可以发现，"小"在"小 OV 着"中的构式义主要体现在其轻化功能、主观性和感情色彩三个方面。"小酒喝着""小歌儿唱着""小妞泡着""小太阳照着"表现出很强的主观性，因为酒、歌儿、妞、太阳等是没有具体的标准来划分其大小的，全凭说话者的主观感受，用"小"轻化了"量"或"度"，展现了一种轻松、悠闲、舒适的生活状态。

人类在用语言进行交际时，会自然地遵循经济原则，尽可能使用简洁、明确的词或句子来沟通交流，以便达到更好的交流效果。如果词语 O 中已经带有"小"字，为了避免重复以及遵循语言经济性原则，词语中的"小"与"小 OV 着"中的"小"合二为一，只使用一个"小"字。如下例中的"小品""小说"：

（17）<u>小品演着</u>，小日子过着，他是工作生活两不误。

（18）<u>小说读着</u>，小音乐听着，小零食吃着，这就是他的周末。

2."着"的语义特征

"着"在现代汉语中表示动作行为状态的持续或者是动态的持续，可以看作一个持续体标记。如：

（19）门锁着，窗户关着。

（20）小菜吃着，小酒喝着，小烟抽着～郎里格郎～

例（19）表示动作完成后，事物所呈现的状态的持续，是种静态的持续。类似的动词还有"写""贴"等，马庆株（1992）将这类词归为弱持续性动词，即这类动词加"着"既能表示动作行为本身的延续，又能表示动作行为造成的状态的持续，单用也能表示瞬间完成的行为，具有[+持续][+状态]的特点。例（20）是动作行为"吃""喝""抽"的持续，表示开始到结束的持续或尚未结束的持续。又如：

（21）<u>小火锅吃着，小酒喝着</u>……突然坐我旁边的女生递过一卷纸巾，原来她发现我流鼻涕了。

（22）我说话的时候看到他，<u>小头点着，小手拍着</u>，真的很赞成这个决定。

例（21）中表示在吃火锅和喝酒的时候收到纸巾，但是吃火锅和喝酒的过程并未结束。例（22）中表示点头和拍手的动作在"我"说话的过程中反复出现。"小""着"的使用让"小OV着"描写的场景动态化了。

此外"着"还是OV特殊语序标记的需要，否则"小OV"无法完句[①]。如：

　　＊小酒喝　　＊小风吹　　＊小舞跳　　＊小歌唱

王艳（2017）认为：OV语序也是汉语的一种语法手段，且具有特殊效用。在句法上，纯粹的OV语序受到排斥，只有在一定的句法环境中OV语序才能成立，因此，OV要借助一些方式，如借助助动词、状语、补语或时态助词等来完句。相对于VO语序，OV语序表现出陈述性减弱、描写性增强的特征，因陈述性降低，V的动词范畴受到磨损，所以很难单独作谓语或独立成句。"小OV着"就是用加时态助词"着"的方式来修复V的范畴磨损，使其能够自足成句。

（二）变项O与V的语义特征

现代汉语中，并不是所有的VO结构都可以进入"小OV着"构式中。变项O与V是在"语义一致性原则"基础上的相互选择，从理论上讲，具有[+及物性][+可控性][+持续性]的多数行为动词及其所带宾语可进入"小OV着"构式。但是O与V在语义信息上要与"小""着"具有吻合点，在语义特征上要相互选择，才能进入构式。

1. "小OV着"中V的语义特征

我们对BCC和CCL语料库中出现的"小OV着"结构进行了整理，发现进入该构式的动词多为单音节动词，而且是日常生活中较为常见的表示休闲消遣娱乐活动的动作行为，能进入此构式的动词以动作动词为典型成员，如"吃、喝、玩、开、唱、听、穿、跳"等，动词的及物性较强，因此及物性是进入该构式的一个条件。于是，"小OV

---

① 注：歌词、戏曲等特殊形式的文本除外。

着"基本上都可以还原为 VO 形式，如：

　　小酒喝着——喝酒　　　小歌唱着——唱歌　　小汽车开着——开汽车

　　"喝酒""唱歌""开汽车"这些动作行为是人们主观上可以控制的，因此 V 具有可控性，是自主动词。另外，"小 OV 着"结构中 OV 表示的动作行为应在规约性状态下给人以舒适感，这种舒适感来自日常生活的体验或社会评价。根据日常生活经验，"喝酒、聊天、打牌"等为消遣休闲行为，是人们的娱乐方式，让人感到放松、舒服、惬意。在社会的普遍价值观中，"开汽车、住洋楼"在规约状态下给人以物质方面的生活享受，舒适，令人羡慕，可以说"小汽车开着""小洋楼住着"。让人不舒服的行为一般无法进入此构式，如"吃药"，"吃"虽然是常见的动作动词，但不说"小药吃着"，因为吃药在人们的生活体验中不是令人愉悦的行为。同理，"生病"不能说"小病生着"。首先生病是自己无法控制的，另外生病也不是舒适的状态，因此不能进入此构式。又如"卖东西"是个挣钱的途径，某种意义上是个职业，可以说"小东西卖着"，但不可以说"小东西买着"，因为买东西需要付出金钱，根据日常生活的体验和社会评价，"买东西"不是规约状态下的舒适、休闲行为，不能进入该构式。

　　因此，V 具有[+及物][+自主可控][+可持续]的特点。

　　2."小 OV 着"中 O 的语义特征

　　"小 OV 着"结构中的 O 一般为具体名词，单音节双音节都有，但单音节居多，而且是与人们生活相关的物品居多。构式中的 O 可为施事、受事，也可以是工具。如"小酒喝着""小歌唱着"的"酒""歌"为受事宾语，表示动作行为"喝"和"唱"直接支配涉及的对象；"小空调吹着""小太阳晒着"中的"空调""太阳"为施事宾语，表示动作行为"吹""晒"的发出者；"小毛笔练着"中的"毛笔"为工具宾语，表示动作行为"练字"的使用工具。

　　同样的动词，所带宾语不同，进入构式的情况也不同。如动词"做"：

　　做手工—— 小手工做着

做饭—— ＊小饭做着

我们可以说"小手工做着",却不能说"小饭做着"。因为做饭需要一定的工序和时间,虽然有人喜欢做饭、享受做饭的过程,但做饭并不是规约状态下人们普遍感到舒适、悠闲、惬意的事情。

"小O"前也可以用修饰语,如"飕飕的小风吹着""暖暖的小太阳晒着",修饰语的使用加深了说话人的主观情感。

表示天气时,可以说"小雪/雨下着""小风刮着",但不说"小天阴着",因为阴天容易让人忧郁,与正向积极的情感不相匹配,与"小"暗含的语义不一致。

结合汉语水平考试(HSK)词汇表,我们整理了"小OV着"结构中的动宾情况(表1):

表1 "小OV着"结构的动宾搭配情况表

常见动宾搭配	"小OV着"例子
喝/品+饮品	小酒喝着、小茶品着
吃+食物	小包子吃着、小苹果吃着
吹+风	小风吹着
穿+衣服	小衬衫穿着、小皮鞋穿着
唱/哼/听+歌/曲儿/戏	小歌唱着、小曲儿听着
坐/开+交通工具	小汽车开着、小轮船坐着
养+动物	小猫小狗养着
看+电视/电影/手机/动漫/报纸等	小电视看着、小报纸看着
抽+雪茄(烟)	小雪茄抽着
打/踢+球/牌	小球打/踢着,小牌打着
跳+舞	小舞跳着
住+洋楼/宾馆	小洋楼/宾馆住着
卖+小商品	小鲜花卖着、小玩具卖着
聊/唠+天/嗑	小天聊着、小嗑唠着
其他娱乐项目等	小风筝放着、小秋千荡着、小游戏玩着、小琴弹着、小公园逛着、小妞泡着、小麻将搓着

（三）"小OV着"的构式义

"小OV着"构式中，如果动词表示中性意义，名词表示中性意义并且"小"没有实义，那么构式一般表示积极意义。我们把该构式义表达为说话人对事件状态的主观呈现或评价，具有喜爱、轻松、舒适、令人羡慕的描述义。

1. 构式传达出一种舒适休闲状态

构式"小OV着"中，O置于V前，描述性加强，陈述性减弱，营造出一种背景氛围。"小"的使用，使其客观性减弱，主观性加强。如：

（23）小风吹着，小酒喝着，小烟抽着，小牌打着，这种生活真惬意！

（24）你现在日子过得好了，小皮鞋穿着，小茶杯端着，小曲儿哼着，多神气！

例（23）描绘了生活惬意的状态，说话人有种心理上的满足感。例（24）描述了人的精神面貌，由服饰到声音，都展示了一种轻松、舒适的生活状态，让人羡慕。这种构式在汉语表达中常用于烘托情感、营造氛围，使句子描写更生动，易产生情感共鸣。同种构式连用，积极意义叠加，可以强调说话人的主观评价，从而传达令人羡慕或满足之意。

2.构式具有主观评价义

在人际交往中，人们会不自觉地表现出自己的立场和态度，体现在语言、神态、肢体动作等各个方面，语言是说话人在自身视角下个人态度最直白的体现，含有自己的立场、态度和情感等。例如"喝酒"一词，有多种表达方式："喝着酒""酒喝着""小酒喝着""喝着小酒"，都包含"喝酒"这一动作，不同的表达方式能够共存，是因为各种表达所带有的情感意义不同，或对客观情况加以叙说的视角或出发点不同。而"小酒喝着"比其他方式的主观化程度更高，传达出一种舒适的场面。

"小"进入构式"小OV着"以后，不再单一地表示事物的尺寸或力量的大小，而是赋予该事物以主观情感，由客观属性域进入主观评价域，由客观描述到主观评价，"小"的意义不断虚化，从而使"小 OV着"产生主观评价义。因此可以说，构式"小 OV 着"描述了当下某种舒适的状态，传递了说话者的主观感受和评价。

三、"小 OV 着"认知基础和整合机制

人类认识现实世界、命名现实世界的思维方式离不开整合，形式和意义匹配的认知机制是人们的心理空间和概念的整合，意义是在具有创造性和想象力的心理过程中被动态地建构起来的。同其他语言表达方式一样，"小 OV 着"这种构式的出现是一种语言现象，同时也是一种认知现象，有其认知心理和认知基础。探讨构式形式和语义的匹配机制，挖掘构式形成背后的认知理据和动因，有助于理解汉语句法语义整合的机制，深化对汉语句法结构规律的认识。

（一）"小 OV 着" 的认知基础

认知语言学认为，隐喻由始源域和目标域构成，将始源域中熟悉的、容易理解的图式映像到不熟悉的、抽象的目标域，形成不同认知域之间的投射，达到认知的目的。在"量"这个概念里，"小"表示具体名词的"不及一般或不及比较对象"，也可以表示力度上的"微、弱、少、薄"等特征。如"小风""小雨""小雪"等，与"大风""大雨""大雪"相对，因此，"小"这一个概念逐渐具有了主观义。

"小 OV 着"构成的一大要素是"小"的主观化程度加强。构式"小OV 着"中的"小"虚化，几乎失去"小"表示尺寸的实义，将整体构式义抽象化、场景化。"小 OV 着"将表动作的 VO 描述为状态，形成一个整体抽象图式，"小"和具体名词组合，在语义上指向具体事物，这些具体事物可以通过人们的生活经验加以感知。O 置于 V 前，产生一定的被动意义，加上"着"表状态，再加上"小"失去实义，映射到目标域中，就给状态增添了描写性。

因此，当数个"小 OV 着"连用时，人们的理解要借以联想和想象，在联想和想象的心理活动中，进行语码转换，或填补，或校正，

从而获得如实理解。罗耀华等（2012）认为"小 OV 着"是先次第扫描，再总括扫描。这是由于人类认知不同范畴的方式不尽相同，"总括扫描"是宏观、整体的观测方式，"次第扫描"是沿着认知对象的行为路径，感知各个阶段的表现，如"小风吹着"，"小风"居于主位，得到凸显，成为前景信息，"吹着"是"小风"的存在状态，是伴随性信息。"V 着"具有静态属性，置于 O 后，从"图形-背景"理论看，"V着"已由图形转为背景，用于描绘动作完成后所呈现的状态。若干"小OV 着"连用，"经次第扫描依序进入观察者脑海，后经总括扫描，各图像组接，形成整体画面——生活的状态"。观察者根据自身在日常生活和特定社会文化背景下产生的经验知识，形成对该生活状态的主观评价。说明构式"小 OV 着"是以体验和认知为基础建立的，反映了人们对主观感知的互动体验。

（二）"小 OV 着"形成的动因

语言现象的产生是多方面共同作用的结果，我们可以根据语言演化的一般规律来推知其演变过程，描述"小 OV 着"这个特定语言现象的成因。从语言整合理论来分析"小 OV 着"形成的动因。

典型的 VO 描述的是日常生活中常见的、在规约状态下具有舒适感的行为。这样的行为限制了"小"的褒义主观性的表达；反过来，"小"的强主观性使构式的舒适感增强。因此"VO"与"小"相互影响、相互制约。

（25）宝宝的<u>小手举着</u>，<u>小脸仰着</u>，可爱极了。

（26）幼儿园里，<u>小桌子摆着</u>，<u>小椅子摞着</u>，<u>小被子叠着</u>，干净整齐。

（27）东北人，<u>小酒喝着</u>，<u>小唠唠着</u>，冬天清闲得很。

（25）中"小"用的是本义，"小 OV 着"描述的是客观情况，有"可爱"之义，却不能激发"舒适"的生活评价，这个就是构式的原型。（26）"小"的主观性增强，由客观说明发展到主观评价。"摆桌子""摞椅子""叠被子"描述的是人们日常生活中常见的事情，在规约性状态下并不能给人以舒适感，但是"小"的主观化和"VO"语序的改变，激发了"舒适的"生活义，构式"小 OV 着"得以形成。"VO"作为背景信息，为"小 OV 着"做出说明。

例（27）中"着"限定的是语义主体动作"喝"的持续进行之义，而当话语理解者进行话语识解时，看到话语中时态助词"着"所表现出来的限定内容是时态的状态，就会判断出话语限定的是语义主体动词"喝酒"的持续的时态状态，即话语表达者的意向性，意向态度决定意向内容的表达方式。

在语义主体和助词"着"的整合过程中，助词"着"一定会紧贴它所限定的语义主体，也就是其表示时态的动词，不可距离过远，否则会产生混乱的现象。在进行话语整合时，语言的层级性原则、经济性原则和递归性原则都会得到体现。话语识解离不开话语的整体功能和目标。在话语的识解过程中，则需要话语理解者运用自身的主观认知（包括主观情感和语境）对"小 OV 着"的语义做进一步整体性的补足，以期更加准确地探究话语表达者的意向性。

四、"小 OV 着"语用分析

"小 OV 着"主要出现在口语性较强的文学作品中，或者网络社交媒体中。这在很大程度上与小说语体中大量的语境信息或者网络社交媒体中当下的对话语境信息有关，这些背景信息可以帮助理解句子的语义，避免产生歧解。

"小 OV 着"潜在的语用心理因素有"羡慕、满足、赞美、讽刺"等，具有丰富的语用修辞价值。这种修辞价值是在当代社会人们特有的语言交际目的、交际环境、交际手段和社会文化心理下产生的。语用上，"小 OV 着"常出现在非正式场合，主要用在口语中，这也是日常话语中修辞手段的重要体现。这种构式是修辞动因与语法结构的完美结合。

"小 OV 着"多出现在陈述句和感叹句中，大多表示对氛围的赞美或对状态的满意、羡慕，如：

（28）小嗑唠着，小火锅吃着，也很幸福。

（29）小秧歌扭着，小手帕转着，很像那回事儿。

例（28）中，描写的是边吃火锅边唠嗑的状态，给人一种惬意的感受。在陈述句中，"小 OV 着"通过替换变项部分，能够简洁地表达主观感受，是表达修辞色彩的手段之一。在日常交际中，人们使用此构式多是描述一种轻松的状态，表达自身的喜爱、羡慕之意，是由说话人的主观感受来决定的。"小 OV 着"在语句中所具有的修辞色彩，需要根据上下文语境来推测。如：

（30）谁也不能一辈子独占鳌头，谁都有完的那一天。你已经活得很有点豪杰的味道了，不是杀过人就是奸过人，占上哪条都够人尊敬的，都算没白活。瞧瞧别人，有杀人比你杀得多的，好人不比你奸得少的，现在不也都安分随时地打着太极拳，跳着'的士高'，小酒喝着小觉睡着，冷眼看上去也就是糟老头子一个。拿出点末路英雄的劲儿。（王朔《玩儿的就是心跳》第 15 章）

这里的"小酒喝着小觉睡着"描述了一种轻松、清闲的状态，对应后半句的"糟老头子"，其修辞色彩就变为贬义，是对"糟老头子"悠闲生活的讽刺，有轻蔑之意。

通过调查我们得知，"小 OV 着"结构口语性强，能够凸显主观情绪。多出现在人们的日常生活中，语言形式新颖，表义通俗易懂，经常在较为轻松、随意的场合使用。因此，具有口语色彩的"小 OV 着"不会出现在一些具有较强客观性的、专业性较强的文体或书面语中。

五、结语

从某种程度上讲，"小 OV 着"这种构式形式给整个语言系统带来活力，这种变化了的语言结构反映了语言系统内部的变化，也是一个民族语言充满活力的表现。本文将现代汉语语言事实的描写与认知语言学的解释结合起来，对构式"小 OV 着"的结构进行分析，"小"意义的虚化给构式带来了积极意义，其构式义是具有主观评价的舒适度描写。在认知上，该构式通过客观世界主体隐喻把主观感受映射到抽象的概念，从而达到认知的目的，增强交际效果。"小 OV 着"因其独特的构式具有可复制性和传播性，在口语和网络语言中出现频率较高，在具体的语境中也带有不同的修辞色彩。

参考文献

[1] R. W. Langacker. *Foundations of Cognitive Grammar Volume I* [M]. Beijing: Peking University Press, 2004. 82-83.

[2] 曹贤文. 汉语 VO 复合动词与构式框架的"套合"研究[J]. 语言科学, 2016, 15（2）：140-149.

[3] 陈文博. 现代汉语新型构式的语义认知研究[M]. 北京：中国书籍出版社, 2016.

[4] 董秀英. 非 N 式"小 N"的构成理据[J]. 暨南大学华文学院学报, 2007（4）：37-42.

[5] 郭倩. "小+X"构式的认知分析[J]. 郑州航空工业管理学院学报（社会科学版）, 2019, 38（1）：94-101.

[6] 李鲜鲜, 王琴. "浅 X 一下"构式义及形成动因机制探析[J]. 南昌师范学院学报, 2023, 44（2）：80-85.

[7] 李艳霞. 语言与时尚——"小"字新用折射出的审美与价值取向[J]. 文教资料, 2006（21）：114-115.

[8] 刘雪琴, 范荣. 论认知语言学视角下的识解方式[J]. 重庆广播电视大学学报, 2012（3）：73-76.

[9] 陆庆和. 实用对外汉语教学语法[M]. 北京：北京大学出版社, 2006.

[10] 罗耀华, 周晨磊, 万莹. 构式"小 OV 着"的构式义、话语功能及其理据探究[J]. 语言科学, 2012, 11（4）：359-366.

[11] 马庆株. 汉语动词和动词性结构[M]. 北京：北京语言学院出版社, 1992.

[12] 孟莉红. "小+X"的构式语法研究[J]. 现代语文（语言研究版）, 2015（12）：57-58.

[13] 潘海华. 焦点、三分结构与汉语"都"的语义解释[A]. 语法研究和探索（十三）. 北京：商务印书馆, 2006：163-184.

[14] 王艳. 汉语 OV 语序手段及其效用研究[D]. 武汉：华中师范大学, 2017.

[15] 张国宪. 论对举格式的句法、语义和语用功能[J]. 淮北煤师院学报（社会科学版）, 1993（1）：96-100.

［16］ 张硕. 现代汉语新兴"小+X"构式研究[D]. 扬州：扬州大学，2018.

［17］ 赵艳芳. 认知语言学概论[M]. 上海：上海外语教育出版社，2001.

［18］ 郑洁. 现代汉语助词的认知运作机理研究[D]. 上海：上海外国语大学，
2021.

"除了 A 还是 A""除了 A 就是 A"的语义语用研究

天津外国语大学附属滨海外国语学校

胡雅雪

摘要：汉语中存在着大量的框式结构，框式结构的使用频率也越来越高。本文认为，"除了 A 还是 A"强调"人或事物在某一特定范围内涵盖的范围、具有的性质、进行的行为是纯粹的、高度一致的，强调无可排除"；"除了 A 就是 A"强调"人或事物在某一特定范围内，涵盖的范围、具有的性质、进行的行为是无可选择的，强调只有一种情况，凸显无可选择"。本文还探讨了"除了 A 还是 A""除了 A 就是 A"语体色彩和感情色彩。

关键词："除了 A 还是 A"；"除了 A 就是 A"；语义功能；语体色彩

一、引言

语言范畴化的研究是认知语言学中的一个重要领域。现有的研究大多关注语言中已完成的范畴化过程，即从已经成为化石状的语言范畴化事实在共时层面表现出的变异中，模拟与再现其范畴化过程经历的不同阶段，从而对范畴化的动因与机制进行解释。

另外,有学者关注当前的语言使用中存在的正在经历着的范畴化,如陈文博[①]、温锁林、行玉华（2013）[②]、温锁林、张佳玲（2014）[③]分别探讨了"有一种 X 叫 Y""不是所有的 X 都叫 Y""A 并 B 着"等。

框式结构"除了 A 还是 A""除了 A 就是 A"使用频率越来越高，但学术界的研究大部分集中于"除"字句的研究。其中，前人对表排除关系的"除了……还（是）……"和表选择关系的"除了……就是……"关注较多，对"除了 A 还是 A"和"除了 A 就是 A"的关注不够。本文将"除了 A 还是 A""除了 A 就是 A"看作构式，符合哥德堡（Adele Goldberg，1995：4）对构式做出的定义："C 是一个构式，当且仅当 C 是一个形式和意义的匹配体<Fi，Si>，而其形式 Fi 也好，意义 Si 也好，所具有的某些特征不能全然从 C 的组成成分或先前已有的其他构式所推知。"[④]本文以构式语法为理论基础，通过北京大学现代汉语语料库和北京语言大学现代汉语语料库、现当代文学语料库，利用微博、网络等资源搜集相关语料对两个框式结构"除了 A 就是 A""除了 A 还是 A"进行量化考察和分析。

二、"除了 A 还是 A""除了 A 就是 A"的语义分析

朱军、盛新华（2006）对汉语"除了"句式所表示的语义关系进行总结，"除了"式隐含排除、加合、选择和等义关系，其中将框式结构"除了 A 还是 A"概括为"等义关系"。将框式结构"除了 A 还是 A"或"除了 A 就是 A"的语义关系简单概括为"等义关系"。[⑤]本人认为这一观点有待商榷。从两框式结构的表面形式来看，构件 A 的确是重复出现的，但形式上的重复出现是否意味着两框式结构表示的语义关系是等义关系呢？邵敬敏（2011）指出构式义不是其结构成分语

① 陈文博：《"有一种 X 叫 Y"构式的语义认知考察——从语法构式到修辞构式的接口探索》，《当代修辞学》2012 年第 2 期。

② 温锁林、行玉华：《当代汉语排除式范畴化现象的认知与修辞动因》，《当代修辞学》2013 年第 1 期。

③ 温锁林、张佳玲：《新兴构式"A 并 B 着"研究》，《语文研究》2014 年第 1 期。

④ Goldberg, A, *Constructions: A Construction Grammar Approach to Argument Structure*(Chicago: University of Chicago Press, 1995)（译文引自陆俭明：《构式：论元结构的构式语法研究·中文版序 2》，吴海波译（冯奇审订）《构式：论元结构的构式语法研究》，北京：北京大学出版社，2007）

⑤ 朱军、盛新华：《"除了"式的语义研究》，《语言研究》2006 年第 2 期。

义的简单相加，而是发生了"语义增值"①。从句法形式上看，A在前后位置上的重复出现，的确是"等义"的一种体现，但两种构式表达的语义功能绝不仅仅局限于形式上的"等义"，而是超越句法形式本身，实现语义增值。

（一）"除了A还是A"的语义功能分析

1. "除了A还是A"的语义功能

黄佩文（2001）按照A的词性将语义功能概括为"一种动作的无休无止""百分之百地""范围内无一例外"3种语义类型②。上述概括按照A词性的不同，进行了具体的语义概括，本人认为前人的概括是合理的，但对"除了A还是A"的语义总结并没有完全揭示两个框式结构的本质。"除了A还是A"从形式上看似乎是矛盾的，既然已经"除了A"，为何"还是A"？此格式中，人们期待的"新信息B"并未出现，"信息A"与"新信息B"合二为一，两者重合，强调"信息A"的唯一性。下面我们分析"除了A还是A"的语义功能。

（1）河之两岸，<u>除了山还是山</u>，一座座山神奇得好像巧夺天工的群雕。

（2）月光仿佛X光，穿透了她的胸膜，映照出了她的心，她的心里堆积着的<u>除了孤独还是孤独</u>。（冯积岐《村子》）

（3）世界杯的生活是如此简单，<u>除了看球还是看球</u>，单调却丰满，像是上苍给予我们的4年一次的遁世绝俗。（网络）

例（1）的A为名词"山"，除了山还是山，强调河的两岸全部都是山，一方面说明山的数量多，一方面强调"河的两岸"只有山，无一例外。"河的两岸"是特定区域，在这一特定区域内，除了山别无其他。例（2）的A为形容词"孤独"，"除了孤独还是孤独"强调孤独充斥着她的内心世界，可见在"她的内心"这一特定范围内"孤独"的程度之深。例（3）的A为动词性词组，强调"看球"这一行为贯穿于

---

① 邵敬敏：《关于框式结构研究的理论和方法》，《语文研究》2015年第2期。

② 黄佩文：《介绍句式"除了A还是A"》，《汉语学习》2001年第1期。

世界杯期间,"世界杯期间"这一特定期间内的生活就是看球。事实上是,世界杯期间的生活并不只是看球,"除了看球还是看球"强调了在世界杯期间看球占据了日常生活的大量时间,并且持续时间长,含有夸张意味。

框式结构"除了 A 还是 A"成立的前提是已经确定了一个固定辖域或是特定的范围,强调"人或事物在某一特定范围内涵盖的范围、具有的性质、进行的行为是纯粹的、高度一致的,强调无可排除"。

2. "除了 A 还是 A"与"除了 A 还是 B"

"除了 A（外）还是 B"构成排除句式,表示"加合",即"在同一辖域内,存在旧信息 A 和新信息 B"。如:

（4）他之所以能获得这样大的成就,除了天赋的条件,更多地还是靠实践和勤奋。

（5）在这个时期我出版的音像制品,除了盒式磁带外,最多的还是塑料薄膜唱片和胶木唱片。

"除了 A 还是 A"这一构式是不符合人们的心理预期的,也就是所谓的"反预期",听话人在期待新信息 B（BCD）时,却获得了重复信息 A。"除了 A 还是 A"是在"除了 A 还是 B"基础上演化而来。"除了 A 还是 B"结构中,除已知信息 A,人们获得了符合心理预期的新信息 B,甚至还有新信息 C,新信息 D,新信息 B（CD）是所要表达的重点。如:

（6）曾先生除了重事业外,还是个重感情的人。

（7）除了汉语和文学,她还是一个研究中国古塔的专家。

（8）我除了担任本公司的总裁,还是总统的经济顾问。（郑渊洁《我是钱》）

（9）因为看电视除了娱乐休息之外,还是一种接受知识和信息的最轻松最机械的方式。

例（6）曾先生"重事业",是人人皆知的信息,曾先生"重感情"则是该句子表达的新信息,人们都知道曾先生"重事业","重感情"却不是人人都知道的,也就是人们在听到"重事业"后所期待的新信息,这种表达是符合人们的心理预期的;例（7）她是"汉语和文学专家",是已知信息 A,"研究中国古塔的专家"则是新信息 B。人人皆知,看电视是一种"娱乐休息"方式,同时,也是一种"接受知识和信息的最轻松最机械的"方式,如例（9）,后者则是人们在预期范围内想要获取的新信息 B。当然,新信息 B 有可能不止一项,"除了 A 还是 B"是符合人的心理预期的,采用排除标记。

概括起来说,"除了 A 还是 B"是"人或事物在某一特定范围内涵盖的范围、具有的性质、进行的行为是信息 A 和信息 B（C D…）的加合"（图 1）,此种说话方式也符合人的心理预期;"除了 A 还是 A"则是"反预期"的表达,只强调"信息 A",旨在突出"说话人试图强烈表达人或事物在某一特定范围内涵盖的范围、具有的性质、进行的行为是纯粹的、高度一致的",无任何特例可以排除。"除了 A 还是 A"将信息 B（C D……）与信息 A 合并为一个（图 2）,听话人所期待的信息落空,这就使得凸显效果更加明显。

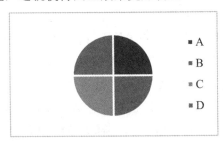

图 1 "除了 A 还是 B（C D）"的语义分析图

图 2 "除了 A 还是 A"的语义分析图

（二）"除了 A 就是 A"的语义功能分析

1. "除了 A 就是 A"的语义功能

目前尚无对"除了 A 就是 A"的具体研究。大部分论述都是针对"除了 A 就是 B"结构，并将其概括为"选择关系"。听话人在听到"除了……就是……"时，认为可以获取除了信息 A 以外的另一个选择项，即信息 B。A 和 B 两个选择项的获取，是符合人们的心理预期的。然而，"除了 A 就是 A"构式将 A、B 两个选择项合并，合二为一。

（10）一到卡拉拉，映入眼帘的<u>除了大理石就是大理石</u>。

（11）陆涛在边儿上看着，他<u>除了点头就是点头</u>。（石康《奋斗》）

（12）村外也没的可玩，<u>除了地就是地</u>，都那么黄黄的；只看见三四株松树，还是在很远的地方。（老舍《牛天赐传》）

例（10）卡拉拉只有大理石，除了大理石，别无选择，然而当听话人听到"除了大理石就是……"时，预期范围内会出现另外一个选择项 B，实际上并未出现；例（11）陆涛重复的动作只有点头，听话人预期范围内的另一个动作并没有出现；例（12）听话人在听到"地"这一选择项时，预期范围内会出现另一个选择项，然而结果却是"除了地就是地"，别无选择。

"除了 A 就是 A"将听话人预期范围内的 A 和 B（C……）合二为一，这不是简单的合并、重复，而是为了强调"人或事物在某一特定范围内，涵盖的范围、具有的性质、进行的行为是无可选择的，强调只有一种情况，凸显无可选择"。

2. "除了 A 就是 A"与"除了 A 就是 B"

"除了 A 就是 B"采用选择标记，在可选择的特定范围内（A、B 为选择项），非 A 即 B。

（13）这个城市的人大多以车代步。在这里，街道上步行的人除了流浪汉就是旅游者。

（14）在"哈佛"的最初日子里，他从来没有娱乐活动（连电影也不看），除了上课就是打工，他别无选择。

（15）这样的话她从未听到过，平时充塞她耳际的除了同学们的数落、嘲弄，就是母亲的谩骂。

（16）这个女生大学四年，从一进学校就只为考研，学习十分疯狂，除了吃饭就是读书，每天熬到夜里两三点，把自己的全部赌注下在考研上。（网络）

"这个城市街道上步行的人"是由"流浪汉"和"旅行者"两个选择项组成的，即"街道上步行的人=流浪汉+旅游者"。"她平时听到的话"是由"同学们的数落、嘲弄"和"母亲的谩骂"两个选择项组成的，即"她平时听到的话=同学们的数落、嘲弄+母亲的谩骂"。"他在哈佛的生活"是由"上课"和"打工"两个选择项组成的，即"他的哈佛生活=上课+打工"。"大学四年的生活"是由"上课"和"打工"两个选择项组成的，即"大学四年的生活=吃饭+读书"。在某一特定范围内，只提供了 A 和 B 两个选择项。

"除了 A 就是 B"，强调"非 A 即 B"，只有 A 与 B 两个选择项（图 3）。听话人在获取信息 A 后，若符合预期，接下来获取的必然是信息 B。而"除了 A 就是 A"则将 A、B 两个选择项合并，合二为一（图 4），强调"人或事物在某一特定范围或内，涵盖的范围、具有的性质、进行的行为是单一的，凸显无可选择"。

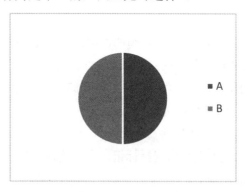

图 3 "除了 A 就是 B"的语义分析图

图 4   "除了 A 就是 A"的语义分析图

3. "除了 A 还是 A""除了 A 就是 A"与相近格式表义功能的差异

综上所述,"除了 A 还是 A"采用排除标记,本人将其构式义概括为"人或事物在某一特定范围内涵盖的范围、具有的性质、进行的行为是纯粹的、高度一致的,强调无可排除";"除了 A 就是 A"采用选择标记,凸显只有一种情况,本人将其构式义概括为"人或事物在某一特定范围内,涵盖的范围、具有的性质、进行的行为是无一例外的、单一的、重复的,凸显无可选择"。"除了 A 还是 A""除了 A 就是 A"与"只有 A""都是 A"在表义功能上呈现出差异性,前两者更能体现说话人的主观情绪、态度与情感。如:

(17)上面号召大伙发家致富,咱这儿除了山还是山,种粮没水,有木材可运不出去。

(18)水泥的重压下是沉闷的生活,除了琐碎还是琐碎,除了无聊还是无聊。(网络)

(19)一开口除了借东西就是借东西。我真懒得说什么了。(微博)

《现代汉语八百词》(增订本)(1999:126)中提到,"除了"后常用"不""没[有]",强调唯一的事物或动作[①],如:我晚上除了自学外语,不做别的事。将例 17-19 中的"除了 A 还是 A""除了 A 就是 A"换作以下句子:

(17')咱这儿除了山,什么都没有。

---

① 吕叔湘主编:《现代汉语八百词》(增订本),商务印书馆,1999。

（18'）生活除了琐碎和无聊，没有其他可言。

（19'）除了借东西，就没有其他事了。

与"除了 A 还是 A""除了 A 就是 A"相比，听话人从例（17）—例（19）感受不到说话人强烈明显的态度、感情倾向。例（17）—例（19）侧重客观陈述。若从语言经济性角度出发，将例句中的"除了 A 还是 A""除了 A 就是 A"换作"只有 A""都是 A"，表义功能是否具有一致性呢？

例（17）"除了山还是山"不仅说明"当地除了山一无所有"的环境，还表现出说话人对当地自然资源贫乏、经济落后贫穷的一种无奈；若换作"都是山"，只是在描述该地的"全是山，只有山"的资源状况，不带有说话人的主观态度。例（18）"除了琐碎还是琐碎，除了无聊还是无聊"，相比"只有琐碎，只有无聊"的平淡陈述，更能表现生活"沉闷"的程度之深，也表现出说话人对这种沉闷生活的不满甚至厌烦的情绪。结合上述例句，将"除了 A 还是 A""除了 A 就是 A"换作"都是 A""只有 A"等，在表义功能上具有差异性。"都是 A""只有 A"客观地陈述，侧重陈述某一事件或行为；"除了 A 还是 A""除了 A 就是 A"除了具有"陈述事件与行为"的功能外，侧重表现说话人主观态度与主观感情，达到"意在言外"的效果。

三、"除了 A 还是 A""除了 A 就是 A"的语用分析

（一）"除了 A 还是 A""除了 A 就是 A"的语体色彩

语体是实现人类直接交际中最原始、最本质属性（亦即确定彼此之间关系和距离）的语言手段和机制。[①]"除了 A 还是 A""除了 A 就是 A"构式口语化色彩颇浓。搜集到的语料大部分来自报刊、网络语料以及口语化色彩较浓的文学作品中。除了北京大学现代汉语语料库和现当代文学语料库，本人对北京语言大学现代汉语语料库单独进行了统计，发现"除了 A 还是 A""除了 A 就是 A"构式在微博中出现

---

① 冯胜利：《语体语法及其文学功能》，《当代修辞学》2011 年第 4 期。

最多，其次是文学作品（口语化强、对话性强的文学作品）、报刊、科技文。

总体来看，"除了 A 还是 A""除了 A 就是 A"两个框式结构具有口语化强的特点，目前常出现在微博或口语化较强的文学作品中，在年轻人这一群体中颇为流行。

本人对北京语言大学现代汉语语料库进行分类统计，"除了 A 还是 A"构式共 5726 条，其中微博语料 4707 条，文学作品语料 754 条，报刊语料 142 条，科技语料 123 条（图 5）。

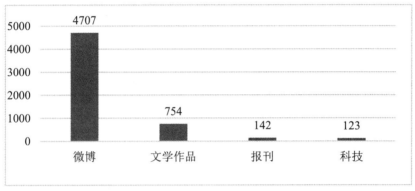

图 5　"除了 A 还是 A"在各体裁中的分布

"除了 A 就是 A"构式共 754 条，"除了 A 就是 A"在微博语料中搜集到 644 例，文学作品语料中搜集到 102 例，在报刊语料中搜集到 3 例，在科技文献中搜集到 5 例（图 6）。

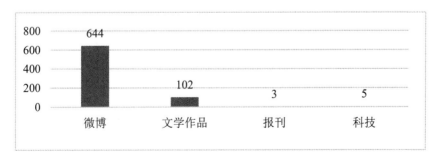

图 6　"除了 A 就是 A"在各体裁中的分布

通过图 5 和图 6 数据和图表分析，"除了 A 还是 A""除了 A 就是

A"多分布于微博和文学作品中，较少出现在报刊和科技语料中。微博中涌现出两种构式的大量语料，因微博具有便捷性、原创性、草根性的特点，深受当下年轻人的喜欢。两种构式中，A 的构成是非常灵活的，A 的可替换性说明"除了 A 还是 A""除了 A 就是 A"具有能产性的特点，进入该构式的 A 以双音节词为主，名词、动词、形容词、代词均可进入。随着社会的发展，新词的不断出现，人们对两构式的运用也越来越灵活。从搜集的语料来看，出现在微博中的语料最多，人们在使用两种构式进行表达时会结合时下流行的表达方式。如"除了二还是二""除了 shopping 还是 shopping""除了东方神起还是东方神起""除了二就是二""除了 vip 就是 vip""除了 4S 就是 4S"。这些形式紧密联系实际，反映了当今生活，它们的出现是语用方面创新的要求。近年来随着时代的进步、语言的发展变化，两种构式常出现在新闻标题中。如：

（20）郭台铭：<u>除了道歉还是道歉</u>，<u>除了痛惜还是痛惜</u> 富士康集团董事长郭台铭在 26 日下午 1 时左右举行的"第三届海峡两岸心理暨社会学专家团调研座谈会"上表达了对 11 名坠楼者的歉意（财新网，2010 年 5 月 26 日）

（21）街采"火车东站第一印象" <u>除了大还是大</u>（新浪网）

（22）重庆官场"无间道"：<u>除了丑恶还是丑恶</u>（法制网，2012 年11 月 27 日）

（23）杜淳首当监制直言太操心：<u>除了累还是累</u>（中国新闻网，2017 年 11 月 17 日）

分析两种构式的句法功能时，"除了 A 还是 A""除了 A 就是 A"作小句时通常是以复句中的一个分句出现的。以上标题中出现的"除了 A 还是 A"都是单独出现的，更加醒目，更具强调意义，更易引发读者关注。读者会好奇"除了丑恶还是丑恶""除了大还是大""除了累还是累"等标题背后的故事以及原因，提高读者的阅读兴趣。

（二）"除了 A 还是 A""除了 A 就是 A"的感情色彩

框式结构"除了 A 还是 A""除了 A 就是 A"，强调人或事物在某一特定范围内涵盖的范围、具有的性质、进行的行为"无可排除"或"无可选择"，说话人在运用这两个框式结构进行表达时都具有一定的主观性，渲染、强化某种情绪，表达更加强烈、明显的感情色彩。"除了 A 还是 A""除了 A 就是 A"在表达感情色彩时，有褒义、贬义、中性之分。

（24）我们制定的目标是保八争六，现在已经超额完成了"保八争六"的任务，心情当然是特别高兴，除了高兴还是高兴。（新华社 2001 年 10 月份新闻报道）

（25）我对他除了爱就是爱，没有任何条件，没有任何要求。（微博语料）

例 24 "因超额完成任务而感到高兴"，使用了"除了高兴还是高兴"，显而易见，表达的感情色彩是褒义的。例 25 为了强调"爱之深"，使用"除了爱就是爱"这一构式，表达的感情色彩也是褒义的。"A"表达的感情色彩是褒义时，如祝福、高兴、惊喜、感谢、感动等，该两构式所表达的感情色彩一般也是褒义的，讽刺意味的除外。

（26）这种大字报，除了血口喷人还是血口喷人！（《破壁记》）

（27）赵樱空，我要跟你决斗，你这个胆小鬼，除了逃避就是逃避！（网络小说《无限之召唤师传奇》）

"除了血口喷人还是血口喷人"说明大字报内容不真实、不实事求是，表达说话人的不满、愤怒的情绪，含贬义色彩。"除了逃避还是逃避"表现赵樱空的软弱，也是贬义的。

（28）这个夜晚，空荡荡的帐篷里感受不到一点温暖，除了奇寒还是奇寒。

（29）车中青年此时却双目闪现着冰冷的光芒，脸上除了冷静就是冷静，丝毫没有别的表情。

"除了奇寒还是奇寒"反映出夜晚帐篷里温度低，强调极寒冷，无褒贬色彩，是中性的。"除了冷静还是冷静"说明车中青年极淡定，面部表情冷静，也没有褒贬色彩，是中性的。

此外，"除了 A 还是 A""除了 A 就是 A"的感情色彩受到语境的制约。有时同一个构式在不同的语境中表达不同的感情色彩。

（30）他们这一代的北军没有出战的机会，每天<u>除了训练还是训练</u>，这次有机会大展拳脚怎么不兴奋异常？

（31）就是自己都不想回部队去啊，天天<u>除了训练还是训练</u>。

（32）近 10 天来陈永刚连运动员村的国际区都没有去过，<u>除了训练还是训练</u>。（新华社 2004 年 9 月新闻报道）

"训练"一词本身为中性词，不带有褒贬色彩。"除了训练还是训练"也只是强调训练的"唯一性"，只有结合具体语境，我们才能更好地分析"除了训练还是训练"所要表达的感情色彩。例（30）"除了训练还是训练"突出强调他们为了大展拳脚"刻苦训练"，是褒义的；例（31）"除了训练还是训练"则突出强调了"因机械重复的训练而感到枯燥乏味"，是贬义的；例（32）"除了训练还是训练"是为了强调陈永刚"训练量大"，来到国际村后"只有训练"，没有时间做其他事情，是中性的。

（33）好想回到以前的日子，没有烦恼，<u>除了上班就是上班</u>，和姐妹们嬉戏打闹，无忧无虑。（微博）

（34）一转眼 13 年就过去了，这一天到晚，<u>除了上班就是上班</u>！（微博）

"上班"一词没有褒贬色彩，"除了上班就是上班"若不结合语境，也无法准确判断其感情色彩。例（33）表达生活单纯，无忧无虑，"除了上班就是上班"感情色彩是褒义的；例（34）表达生活枯燥，与例（33）截然不同，感情色彩是贬义的。

"除了 A 还是 A""除了 A 就是 A"结合不同的语境表达不同的感情色彩，但两种构式多用来表示贬义，表现说话人主观的消极态度、情感、情绪等。本人对 202 条"除了 A 还是 A"语料和 218 条"除了 A 就是 A"语料表达的感情色彩进行了统计分析，统计发现，"除了 A 还是 A""除了 A 就是 A"多出现在消极语境中，多表示贬义。如图 7、图 8 所示。

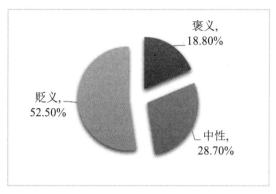

图 7 "除了 A 还是 A"的感情色彩分布图

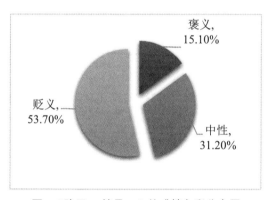

图 8 "除了 A 就是 A"的感情色彩分布图

  框式结构之所以极为流行，最重要的原因是"在表达客观事态时能够凸显说话人的主观情态"。框式结构"除了 A 还是 A""除了 A 就是 A"本身具有主观性，再加上框式结构对语境具有强烈的依赖性，更加体现主观性。"除了 A 还是 A""除了 A 就是 A"相比"只有 A""都是 A"，更加明显地表现出说话人的主观态度、情绪、感情倾向。我们结合具体语境对两框式结构的感情色彩进行分析，褒贬倾向更加明显，这也体现了"除了 A 还是 A""除了 A 就是 A"的主观性特点。

四、结语

  框式结构"除了 A 还是 A""除了 A 就是 A"都是"反预期结构式"，前者凸显"无可排除"，后者凸显"无可选择"。两框式结构都体现出强烈的主观性，表现说话人的主观态度、情绪或感情倾向，多用来表示贬义。它们具有主观性、经济性、能产性的特点。此外，两框式结构对语境有强烈的依赖性，用最简单的表达方式实现语境效果的最大化，传达言外之意。

参考文献

[1] 陈文博."有一种 X 叫 Y"构式的语义认知考察——从语法构式到修辞构式的接口探索[J].当代修辞学，2012（2）：19-26.

[2] 冯胜利.语体语法及其文学功能[J].当代修辞学，2011（4）：1-13.

[3] 黄佩文.介绍句式"除了 A 还是 A"[J].汉语学习，2001（1）：20.

[4] 吕叔湘.现代汉语八百词（增订本）[M].北京：商务印书馆，1999：126.

[5] 邵敬敏.汉语框式结构说略[J].中国语文，2011（3）：1-6.

[6] 温锁林，行玉华.当代汉语排除式范畴化现象的认知与修辞动因[J].当代修辞学，2013（1）：29-36.

[7] 温锁林，张佳玲.新兴构式"A 并 B 着"研究[J].语文研究，2014（1）：23-29.

[8] 朱军，盛新华."除了"式的语义研究[J].语言研究，2006（2）：74-76.

汉语"小 V 一下"构式研究

天津师范大学国际教育交流学院

张媛

　　摘　要："小 V 一下"是现代汉语口语的一个典型构式。本文利用 BCC 语料库的语料，对"小 V 一下"构式义、动词的语义特征、句法功能进行考察分析。"小 V 一下"表示说话人故意将动词所表示的动作量往小里说，带有说话人的主观感情色彩；本文还将"小 V 一下"与表义相似构式"小V""小小 X 一下""浅 X 一下""浅浅+X 一下"等构式进行比较，发现它们在 X 的词性、动词的音节方面有明显差异。

　　关键词：小 V 一下；形容词；动词语义特征；比较

一、解题及研究现状

　　汉语构式"小 V 一下"是近年来在口语中较为流行的一种用法，多见于微博、百度贴吧、小红书等网络社交软件。如：

　　（1）你说你们现在在这儿该多好，晚上咱们还能<u>小聚一下</u>。（微博）

　　（2）咱们今天去<u>小逛一下</u>，看个电影如何？（微博）

　　（3）我一直觉得我应该跟杞子和雪辉<u>小聚一下</u>、小喝一点、<u>小聊一下</u>、<u>小发泄一下</u>，哈哈，是不是？（微博）

　　（4）你先去梳洗，然后<u>小歇一下</u>精神会比较好，下午我带你去拜访一位朋友。（《我的小女人》）

　　（5）每旬要<u>小测一下</u>太子是否有将这些四书五经念进去。（李葳《爱错皇帝表对情》）

　　例句1—5中的"小聚一下""小逛一下""小喝一下""小聊一下"

"小发泄一下""小歇一下""小测一下"是本文要讨论的构式"小 V 一下"。哥德堡（Adele Goldberg，1995：4）对构式做出的定义为："C 是一个构式，当且仅当 C 是一个形式和意义的匹配体<Fi, Si>，而其形式 Fi 也好，意义 Si 也好，所具有的某些特征不能全然从 C 的组成成分或先前已有的其他构式所推知。"①从上述例句来看，"小 V 一下"具有特殊意义，且整个结构表达的意义不能直接从构成成分推导出来，是典型的构式，"小""一下"是常项，"V"是变项。

在实际"使用"中，进入"小"和"一下"之间的可以是动词、名词、形容词，本文讨论范围限定为"小 V 一下"。目前有研究"小+X"的文章，如郭倩（2019）②、李艳霞（2006）③。而系统地研究"小 X 一下"结构和用法的，只有盛山女（2013）、尚金梦（2019）。盛山女（2013：11-39）指出大量的动词、形容词和少数具有特殊联想义的名词都可以进入"小 X 一下"构式，进入的动词和形容词都应该具有[+变化]的语义特征。该文还分析"小 X 一下"构式的产生机制与认知动因。④尚金梦（2019）对"小 X 一下"构式进行认定，发现进入构式的"X"一般都具有[+可计量]的语法特征。句法上，构式"小 X 一下"可用于单、复句中，充当主语、谓语、宾语和定语，也可充当独立小句；语义上，"小 X 一下"表示说话人有意对"X"所表示的"量"进行轻化，凸显一种随意和小可爱；最后运用结构主义分析法对构式"小 X 一下"进行分析，从共时分布、历时发展、结构层次等方面说明"小 X 一下"是一个内层述补结构，外层状中结构的构式。⑤胡为飞（2017）专门讨论构式"小 V 一下"，指出"小 V 一下"是由"小

---

① Goldberg, A, *Constructions: A Construction Grammar Approach to Argument Structure*(Chicago: University of Chicago Press, 1995)（译文引自陆俭明《构式：论元结构的构式语法研究·中文版序 2》，吴海波译（冯奇审订）《构式：论元结构的构式语法研究》，北京：北京大学出版社，2007）

② 郭倩：《"小+X"构式的认知分析》，《郑州航空工业管理学院学报（社会科学版）》2019 年第 1 期。

③ 李艳霞：《语言与时尚——"小"字新用折射出的审美与价值取向》，《文教资料》2006 年第 21 期。

④ 盛山女：《"小 X 一下"构式研究》，硕士学位论文，华中师范大学，2014 年。

⑤ 尚金梦：《构式"小 X 一下"及其相关问题研究》，硕士学位论文，上海师范大学，2019。

V"和"V 一下"在结构形式上截搭，语义上糅合而形成的。①

已有文献从语义特征和形成机制方面研究了"小 V 一下"，还存在深入研究的空间。本文拟考察"小 V 一下"构式的意义和动词的语义特征，分析"小 V 一下"的句法表现，并对比"小 V 一下""小 V"两种构式以及"小 V 一下""小小 V 一下""浅 V 一下""浅浅 V 一下"四种构式的异同。

二、"小 V 一下"构式义

"小 V 一下"构式义是说话人故意将动词所表示的动作量往小里说，带有说话人的主观感情色彩。如：

（6）明天我一定要说服你去小赌一下。（巴巴拉·卡特兰《爱情之光》）

（7）上课前小练一下弹钢琴，老师说我手指长喔，不知将来是否能成为钢琴家。（微博）

（8）逛累了小歇一下。（微博）

（9）最后一只馄饨，领导在那喊：谁最瘦的吃掉。我内心小纠结一下举手高声道：我最瘦我来吃！（微博）

"小赌一下"既可以表示赌博时间短也可以表示赌博所涉及的额度小；"小练一下"指弹钢琴这个动作持续的时间短；"小歇一下"表示休息时间短；"小纠结一下"表示"纠结"持续的时间短。

"小 V 一下"构式的常项是"小"和"一下"。"小"在《现代汉语词典（第七版）》中的解释为"稍微、略微少于"②。玄玥（2021）指出"小"是低量、减量程度副词，可以修饰动作动词，表示动作低量③。吕叔湘《现代汉语八百词（增订本）》（2010：565-566）指出，动量词"下"用于动作次数时有两种格式：一种是"动+数+下"，如"钟敲了

---

① 胡为飞：《"小 V 一下"的构式鉴定及形成动因》，《现代语文（语言研究版）》2017 年第 9 期。

② 中国社会科学院语言研究所词典编辑室编：《现代汉语词典（第七版）》，商务印书馆，2016，第 1439-1441 页。

③ 玄玥：《偏小量程度副词的功能分化与"小"的兴起》，《世界汉语教学》2021 年第 3 期。

三下"；另一种是"动+一下"表示短促的动作，如"帮我拿一下"①。相原茂（1984）把"V+一下"的"一下"分为"一下₁"和"一下₂"，"一下₁"表示确数义，"一下₂"表示时间短②；甘智林（2008）认为"一下₂"表示动作随意、语气轻松、缓和的主观少量③。"小 V 一下"构式的整体意义是常项"小"和"一下"共同作用的结果。

三、"小 V 一下"构式动词的语义特征及句法表现

（一）动词的语义特征

根据马庆株（1988）对动词的划分标准，自主动词表示有意识的或有心的动作行为，非自主动词表示无意识、无心的动作行为。④自主动词的语义特征为[+自主]、[+动作]，非自主动词的语义特征为[+动作]、[+属性]/[+变化]（马庆株，1992：20）⑤。能进入"小 V 一下"构式的动词可以是自主动词，也可以是非自主动词。举动词为自主动词例句如下：

（10）今天几个高中同学要<u>小聚一下</u>。（微博）

（11）节后第一天上班（上课），记得劳逸结合，<u>小歇一下</u>哦！（微博）

（12）明年，要颠狂了吗？好吧，我就勉强<u>小期待一下</u>吧！（微博）

例 10-12"聚""歇""期待"的动量与时量是说话人主观可控的。"小聚一下""小歇一下""小期待一下"是说话人有意缩短动作的时量，小化动作的动量，表示说话人主观上认为"聚会""歇""期待"的动量和时量是"小量"。再举动词为非自主动词例句：

（13）两个都很完美，完全无瑕疵，还没通电，是安全，科学的方式，<u>小普及一下</u>……（微博）

（14）我想我内心的阴暗面还没有渗出我的脸，只是偶尔<u>小爆发一</u>

① 吕叔湘主编：《现代汉语八百词（增订本）》，商务印书馆，2010。
② 相原茂：《数量补语"一下"》，《汉语学习》1984 年第 4 期。
③ 甘智林：《论动量词"下"的语义特征》，《湖南工业大学学报》2008 年第 4 期。
④ 马庆株：《自主动词和非自主动词》，《中国语言学报》1988 年第 3 期。
⑤ 马庆株：《汉语动词和动词性结构》，北京语言学院出版社，1992，第 20 页。

下。(微博)

（15）快点让我小感冒一下，真的想请假啊！(微博)

（16）豆瓣影评当小说似的看啊看，估摸着我有 4、5 个小时没说话了（小夸张一下啦）。(微博)

"普及""爆发""感冒""夸张"表示无意识的动作行为或属性、变化。这些非自主动词进入"小 V 一下"构式，说话人可以主观控制动作行为的时量和动量大小。因此由非自主动词构成的"小 V 一下"构式也表示说话人主观上认为某个动作或状态动量小、时量短。

（二）"小 V 一下"带宾语情况

"小 V 一下"在句中可带宾语，也可不带宾语。对 BCC 语料库例句的统计如下（表 1）：

表 1　"小 V 一下"构式是否带宾语情况统计表

"小 V 一下"是否带宾语	带宾语	不带宾语
总计	76	502

例句如下：

（17）大郎就小试一下牛刀，一试才知留过洋的原来也就是那么一回事。(秦风《死疙瘩》)【带宾语】

（18）我很喜欢这句话，所以即使要哭，也只在下午小哭一下，夜间要去看星，是没有时间哭的。(三毛《谈心》)【不带宾语】

带宾语的动词多为及物动词（朱德熙 1982：58），除例 17 外，还有"小刷一下屏""小熬一下夜""小逃一下课""小逛一下书店""小玩一下游戏""小酝酿一下情绪""小伸一下懒腰等"不带宾语的动词多为不及物动词，除例 18 外，还有"小感动一下""小休息一下""小聚一下"等。

（三）"小 V 一下"的句法功能

从句法功能看，"小 V 一下"可以用于单句中，也可以用于复句中。单句里大多用作谓语，其次是作主语和定语（表2）。

表2　"小 V 一下（+O）"作句法成分统计表

句法成分	单句			复句
	作谓语	作主语	作定语	作分句
总计	578	2	3	127

例句如下：

（19）这个天，和朋友们<u>小聚一下</u>！（微博）【谓语】

（20）好巧好巧今天去弄手机，顺便和老妈<u>小逛一下</u>，发现老妈和我越来越有话聊了。（微博）【谓语】

（21）<u>小玩一下</u>累得直喘，原来当个忍者挺累的，即便只是切水果！有人来我家玩吗？（微博）【主语】

（22）中午请以前部门的同事去吃京福华，好撑，觉得偶尔<u>小聚一下</u>的感觉真的挺好！（微博）【定语】

（23）11、12、13、似乎又一个值得<u>小纪念一下</u>的日子 Omega（欧米茄）。（微博）【定语】

（24）侯门一入深似海，从此萧郎是路人。又想起崔郊的这首诗，<u>小感叹一下</u>，世界每天一更新。（微博）【分句】

（25）豪华和区仔拍拖去了，留下我和啊玉，中午饭后走了下校园，<u>小留念一下</u>，乐中的操场还是很宽阔舒服的。（微博）【分句】

四、对比"小 V""小 V 一下"两种构式

祁阳、孟祥婷（2022）认为"小 V"构式主要凸显行为动作的主观感受，其构式义为突出行为动作的主观小量，从而凸显行为动作主体的主观感受。①"小 V""小 V 一下"同为表主观"小量"的框式结构，二者之间有何差异？首先是例句数量的差异，笔者对北京语言大学 BCC 语料库"小 V 一下"构式例句进行穷尽性调查，统计到总共有 710 条语料。然而"小 V"构式在 BCC 语料库中的语料则有上万条

---

① 祁阳、孟祥婷：《"小+V"的组配性质》，《辽东学院学报》2022 年第 2 期。

之多，说明"小 V"构式使用频率更高、范围更广。其次是语体的差异，笔者筛选出与"小 V 一下"构式例句数量相同的前 710 条语料，对"小 V""小 V 一下"语料来源做分类统计（图 1）。

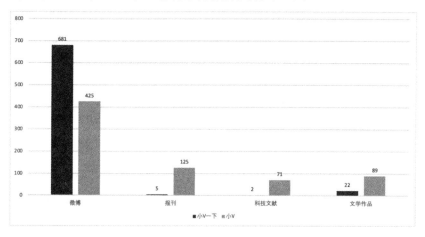

图 1　BCC 语料库"小 V""小 V 一下"语料来源分布图

如图 1 所示，BCC 语料库"小 V""小 V 一下"的例句中，语料来源均可分为四类：微博、报刊、科技文献、文学作品。两者的微博语料占比在总体中最大，"小 V 一下"有 681 例，"小 V"有 425 例；报刊语料中，"小 V 一下"有 5 例，"小 V"有 125 例；科技文献中，"小 V 一下"有 2 例，"小 V"有 71 例；文学作品中，"小 V 一下"有 22 例，"小 V"有 89 例。以上统计结果显示出"小 V""小 V 一下"的语料来源差异，实则是两种构式的语体差异，"小 V 一下"常在口语中出现，"小 V"在口语和书面语中均可使用。例句如下：

（26a）你们何妨弯下腰来，拉着孩子的手，一同进入他们的世界。你们何妨小试机锋，把你们特长的幽默、尖刻、细致、雄浑的如椽大笔，来描写……（冰心《冰心文集》）

（26b）想要外出旅行的童鞋们不妨小试一下。不对称的衣摆的卫衣，潮酷的街头风格。（微博）

（27a）消溶，消溶，消溶——溶入了她柔波似的心胸！音节之又如《落叶小唱》：一阵声响转上了阶沿（我正挨近着梦乡边）；这回准

是她的脚步了。(苏雪林《徐志摩的诗》)

(27b)中午<u>小唱一下</u>,我也喜欢他唱的这首。(微博)

例(26a)、例(27a)"小试""小唱"所属的"小 V"这类构式可以在文学作品、报刊、科技文献中出现,而例(26b)、例(27b)"小试一下""小唱一下"所属的"小 V 一下"这类构式更多出现在微博中,这表明"小 V"构式更正式、典雅,"小 V 一下"比较随意。

五、"小 V 一下""小小 V 一下""浅 V 一下""浅浅 V 一下"构式的异同

在日常交际中,除"小 V 一下"构式之外,还有"小小 V 一下""浅 V 一下""浅浅 V 一下"也可表达与之相近的语义,甚至可以替换使用。下文对"小 V 一下""小小 V 一下""浅 V 一下""浅浅 V 一下"①构式义、"X"词性以及动词音节的差异进行分析。

(一)"小 V 一下""小小 V 一下""浅 V 一下""浅浅 V 一下"表义差异

郭琼(2017)认为"小小+谓语成分"表达说话者认为轻微的动作或性状,体现说话人低调、含蓄的言说态度。②此结构常与动量成分连用,其中使用最多的是"一下"③。由此,"小小 V 一下"构式的意义概括为说话者主观表达动作或性状的低程度量。和"小 V 一下"相比,"小小 V 一下"表示的时量、动量更短,程度更轻。牛利、李亚雪(2023)认为"浅 VP"格式用来说明动作行为付出的量较小,花费的时间较短,耗费的精力较少。④

---

① 据统计"小小 V 一下"构式例为 183 例,"浅 V 一下"构式例为 30 例,"浅浅 V 一下"构式例为 19 例。

② 郭琼:《"小小"的副词化及相关问题》,《汉语学习》2017 年第 3 期。

③ 此处"一下"采用相原茂(1984)、甘智林(2008)中"一下 2"的用法。

④ 牛利、李亚雪:《表低程度动作行为的"浅/浅浅 VP"句式探究》,《汉字文化》2023 年第 7 期。

"浅 V 一下"构式的意义概括为说话者主观认为动作行为的程度低，对动量和时量进行轻化。"浅浅 V 一下"比"浅 V 一下"表示的语义程度更轻，主观性更强。"小/小小/浅/浅浅+V 一下"构式语义具有相同点，都表示说话人主观上感觉动量小、时量短、程度轻。如：

（28a）训唔着，一口气睇完了那些年我们一起追的女孩小说，百味杂陈啊，<u>小期待一下</u>电影，有无人要一齐去睇？（微博）

（28b）日剧资讯上视居然会录播红白！<u>小小期待一下</u>，不知道字幕有没有。（微博）

（29a）<u>浅分享一下</u>最近的用车体验。（汽车之家论坛）

（29b）<u>浅浅分享一下</u>我的穿搭经验。（知乎）

例（28a-b），"期待"的对象都是"电影"或者"电视剧"，"小/小小期待"表明说话人心理上对某种事物的"期待"是小量的，程度比较轻。但是相比而言，"小小期待一下"比"小期待一下"体现出的"期待"的程度更轻。例 29a-b 中，动词"分享"的宾语都是说话人某方面的经验，"浅/浅浅分享一下"都体现出说话人谦逊的态度，表明所分享的经验是"少量的"或"浅显的"。"浅浅分享一下"比"浅分享一下"涉及的动量更短、时量更小。

"小/小小/浅/浅浅+V 一下"构式义的差异和"小/小小/浅/浅浅"四个副词的词义有关。曾琼（2011：17-20）论证了重叠式副词"大大"比基式副词"大"的程度深、时间量大、频度大、表数大。[①]重叠式副词"小小"与曾文中重叠式副词"大大"语义相对，同理，"小小"比"小"的程度浅、时间量小。"小/小小+V 一下"构式中"小/小小"［+程度深］［+时间量大］［+动量长］的语义特征排序为：小>小小。"浅/浅浅"与"小/小小"同为表程度的副词，在"浅/浅浅+V 一下"构式中，"浅浅"比"浅"的程度轻、时间量小、动量短。"浅/浅浅+V 一下"构式中"浅/浅浅"［+程度深］［+时间量大］［+动量长］的语义特征排序为：浅>浅浅。

① 曾琼：《常用 AA 重叠式副词的多角度研究》，硕士学位论文，上海外国语大学，2013。

（二）"小/小小/浅/浅浅+X 一下"构式"X"词性的差异

根据笔者对四种构式例句的筛选发现，"小/小小/浅/浅浅+X 一下"构式中"X"的词性有显著差异（如表3）。能进入"小 X 一下"构式的"X"有动词、形容词、名词三类，如"小聚一下、小睡一下""小自私一下、小沮丧一下""小淑女一下、小广告一下"。"小小 X 一下"构式中"X"有动词和名词，如"小小挪动一下、小小探索一下""小小臭美一下、小小贡献一下"，形容词不能进入该构式，"*小小自私一下、*小小沮丧一下"不能说。"浅 X 一下"构式中"X"只能是动词，如"浅笑一下、浅咳一下"；名词和形容词不能进入"浅 X 一下"构式，如"*浅淑女一下、*浅广告一下""*浅自私一下、*浅沮丧一下"不能说。"浅浅 X 一下"构式中"X"只能是动词，如"浅浅分享一下、浅浅记录一下"；形容词和名词不能进入该构式，如"*浅浅甜一下、*浅浅自私一下""*浅浅淑女一下、*浅浅广告一下"不能说。

表3　"小/小小/浅/浅浅+X 一下"构式"X"词性分类表

	X 的词性		
	为 V	X 为 adj	X 为 N
小 X 一下	+	+	+
小小 X 一下	+	−	+
浅 X 一下	+	−	−
浅浅 X 一下	+	−	−

从表3中可以看出，动词在"小/小小/浅/浅浅+X 一下"构式中的运用最灵活，其次是名词，形容词和这四种构式的搭配受到的限制最多。

（三）"小/小小/浅/浅浅+V 一下"构式动词音节的差异

"小/小小/浅/浅浅+V 一下"例句的统计数量有显著差异，"小 V 一下"构式例句数量最多，说明该构式在日常交际中使用频繁；其次是"小小 V 一下"和"浅 V 一下"；"浅浅 V 一下"相比前三个构式在交际中的使用有一定限制（如表 4）。

表 4　"小/小小/浅/浅浅+V 一下"构式动词音节统计表①

构式分类	动词音节分类		总计
	V（单音节）	V（双音节）	
小 V 一下	460	249	710
小小 V 一下	17	166	183
浅 V 一下	29	1	30
浅浅 V 一下	3	16	19
总计	509	432	942

　　单音节动词和双音节动词都可以进入"小/小小/浅/浅浅+V 一下"构式，"小 V 一下②"和"浅 V 一下"这两个构式的单音节动词例句居多，如"小逛一下、小推一下""浅尝一下、浅穿一下"；"小小 V 一下"和"浅浅 V 一下"构式的双音节动词例句较多，如"小小拥抱一下、小小更正一下""浅浅了解一下、浅浅对比一下"。能进入"浅 V 一下"的双音节动词只有"分享"，构成"浅分享一下"。为什么单音节动词和双音节动词进入"小/小小/浅/浅浅+V 一下"构式时会体现出差异性？原因在于单音节动词和形容词"小/浅"搭配，双音节动词和副词"小小/浅浅"搭配是为了协调音步，突显音节韵律。

六、结语

　　"小 V 一下"构式表达出说话人有意对动词所表示的时量和动量进行小化、轻化，突显动作的时量短、动量小，具有强烈的主观感情色彩。自主动词和非自主动词都能进入并体现出不同的语义特征。"小 V 一下"在句中充当动词性成分时，可以带宾语，也可以不带宾语；作句法成分时，单句中能作主语、谓语、定语，复句中用作分句。我

---

　　① 表 4 的语料来源为 BCC 语料库，"浅 V 一下""浅浅 V 一下"构式部分语料来源于百度搜索中的"小红书 app、抖音 app、bilibili、芒果 TV、百度知道、什么值得买社区、TapTap Android 站、网易游戏、汽车论坛之家、全民小视频、大象网、小米游戏中心、腾讯视频、QQ 音乐、知乎"等。

　　② BCC 语料库中有一个三音节动词也可进入"小 V 一下"构式，例句为"小舍不得一下"。

们发现"小 V"构式比"小 V 一下"构式使用频率高,"小 V"在口语和书面语中均可使用,"小 V 一下"大多数情况下只能在口语中使用;"小/小小/浅/浅浅+V 一下"四种相似的构式在表义、"X"词性、动词音节方面均存在差异,"小 V 一下"是四种构式中使用频率最多的一种构式。

参考文献

[1] Goldberg, A. *Constructions:A Construction Grammar Approach to Argument Structure*. Chicago: The University of Chicago Press. 1995: 4.

[2] 甘智林. 论动量词"下"的语义特征[J]. 湖南工业大学学报,2008(4):130-132.

[3] 郭倩. "小+X"构式的认知分析[J]. 郑州航空工业管理学院学报(社会科学版),2019,38(1):94-101.

[4] 郭琼. "小小"的副词化及相关问题[J]. 汉语学习,2017(3):105-112.

[5] 胡为飞. "小 V 一下"的构式鉴定及形成动因[J]. 现代语文(语言研究版),2017(9):61-62.

[6] 李艳霞. 语言与时尚——"小"字新用折射出的审美与价值取向[J]. 文教资料,2006(21):114-115

[7] 吕叔湘. 现代汉语八百词(增订本)[M]. 北京:商务印书馆,2010.

[8] 马庆株. 自主动词和非自主动词[J]. 中国语言学报,1988(3):157-180.

[9] 马庆株. 汉语动词和动词性结构[M]. 北京:北京语言学院出版社,1992.

[10] 牛利,李亚雪. 表低程度动作行为的"浅/浅浅 VP"句式探究[J].汉字文化,2023(7):19-21.

[11] 祁阳,孟祥婷. "小+V"的组配性质[J]. 辽东学院学报,2022(2):95-100.

[12] 尚金梦. 构式"小 X 一下"及其相关问题研究[D]. 上海:上海师范大学,2019.

[13] 盛山女. "小 X 一下"构式研究[D]. 武汉:华中师范大学,2014.

[14] 玄玥. 偏小量程度副词的功能分化与"小"的兴起[J]. 世界汉语教学,2021(3):348-361.

［15］相原茂. 数量补语"一下"[J]. 汉语学习，1984（4）：20-31.

［16］曾琼. 常用 AA 重叠式副词的多角度研究[D]. 上海：上海外国语大学，
2013.

［17］中国社会科学院语言研究所词典编辑室编. 现代汉语词典（第七版）[M].
北京：商务印书馆，2016.

［18］朱德熙. 语法讲义[M]. 北京：商务印书馆，1982.

"行走的 X" 构式语义语用特征考察

南开大学汉语言文化学院

陈茜茜

摘 要:"行走的 X"是网络新兴构式。本文以哔哩哔哩网站上获取的实时构式语例为语料来源,结合互动构式语法和模因论对该构式进行了定性和定量相结合的分析。研究发现:从互动视角来看,"行走的 X"构式中本无移动能力的"X"被赋予了虚拟位移义,构式整体表达了说话人的主观评价,其中褒义占主导。从模因论视角来看,有关"行走的 X"构式的网络科普教育和知识传授、该构式本身的创新运用和其在跨语言和跨文化的交流中出现,都促成了"行走的 X"构式的复制和传播。

关键词:"行走的 X";言内互动;模因论;主观构式

一、引言

近年来,"行走的表情包""行走的荷尔蒙"和"行走的 CD"等说法频现于网络媒体和社交平台。如例(1)—例(3):

(1)史上最全行走的表情包合集,不只有小李(网络)

(2)"行走的荷尔蒙"朱亚文:与沈佳妮结婚 8 年,如今事业爱情双丰收(网络)

(3)【林俊杰】行走的 CD,简直了(网络)

"行走"在《现代汉语词典》(第七版)中的释义为"走",依照词典释义①,"行走"是不能和本身无移动能力的"表情包、荷尔蒙、CD"搭配使用的。而在上述"行走的 X"格式中,"行走"不仅可以和这些"无法独立行走"的对象作搭配,同时整体格式还具有主观义和虚拟位移义。此格式的很多特征,都不能完全从这个格式的组成成分或另外的先前已有的构式推知,符合哥德堡(Adele Goldberg,1995:4)对构式做出的定义:"C 是一个构式,当且仅当 C 是一个形式和意义的匹配体<Fi,Si>,而其形式 Fi 也好,意义 Si 也好,所具有的某些特征不能全然从 C 的组成成分或先前已有的其他构式所推知。"②因此可将其称之为"行走的 X"构式。

已有研究成果分别从语法、语义和语用角度讨论了"行走的 X"构式的特点。如叶忠星(2019)分析了"行走的 X"构式中的隐喻与转喻③。徐筱帆(2020)关注了"行走的 X"构式的语用特征,从社会性、能产性、文化性和流行性层面进行了研究和讨论④。徐筱帆(2022:55-80)基于去范畴化理论构建整合—压制—隐转喻—社会性模型(简称 BCM+模型)研究了"行走的 X"构式特征⑤。魏在江、张英(2022)研究发现,"行走的 X"构式在言内互动和言外互动的共同作用下呈现出积极评价义和虚拟位移义⑥。

以上研究的语料多来源于网络新闻网站或已有语料库,目前学界还未专门定量分析过青年网民在视频网站上使用"行走的 X"构式的

---

① 中国社会科学院语言研究所词典编辑室编:《现代汉语词典》,商务印书馆,2016,第 1467 页。

② Goldberg, A, *Constructions: A Construction Grammar Approach to Argument Structure*(Chicago: University of Chicago Press, 1995)(译文引自陆俭明《构式:论元结构的构式语法研究·中文版序 2》,吴海波译(冯奇审订)《构式:论元结构的构式语法研究》,北京:北京大学出版社,2007)

③ 叶忠星:《"行走的 XXX"构式中的隐喻与转喻》,《湖州师范学院学报》2019 年第 9 期,第 81-87 页。

④ 徐筱帆:《语言社会性视域下"行走的 X"构式语用特征》,《重庆电子工程职业学院学报》2022 年第 29 期。

⑤ 徐筱帆:《基于去范畴化理论"行走的 X"构式的 BCM~+模型分析》,硕士学位论文,四川外国语大学,2022,第 55-80 页。

⑥ 魏在江、张英:《"X 是行走的 Y"的互动构式语法研究》,《外语与外语教学》2022 年第 6 期。

情况，故本文以"行走的"为关键词，收集哔哩哔哩网站①（以下简称"B 站"）中的相关视频标题，建立了具有 985 条语料的语料库，以互动构式语法中的言内互动视角分析"行走的 X"构式的结构功能特征，在模因论的视角下探讨"行走的 X"构式的语用特征。

二、语料处理

本文选取 B 站视频标题为主要语料，借助自编 Python 程序，以"行走的"为关键词，检索"行走的 X"构式的相关语例，共获取有效语料 985 条，经人工筛查，去除不符合构式要求的语料 442 条，包括不符合"行走的 X"形式的语料 267 条，符合"行走的 X"形式但不符合构式义的语料 175 条，以上统称为"行走的 X"结构，如例（4）、例（5）：

（4）<u>行走在人间的恶魔</u>，莱因哈德·海德里希②（网络）

（5）女孩拥有神奇能力，走到哪雨就下到哪，堪称<u>行走的雨神</u>！（网络）

最终统计到"行走的 X"构式的语料 533 条，如例（6）、例（7）：

（6）什么叫盘亮条顺？！这个时期的他简直就是<u>行走的衣架子</u>！（网络）

（7）我愿称范丞丞为<u>行走的弹幕</u>：走到哪里他都要吐槽两句（网络）

同时还获取了"行走的 X"变式③语料 10 条，如例（8）、例（9）：

（8）【时代少年团】<u>行走人间的小表情包们</u>（网络）

（9）<u>行走中的五十万</u>（网络）

语料总体情况如图 1：

---

① 哔哩哔哩是中国年轻世代高度聚集的综合性视频社区，被用户亲切地称为"B 站"。根据艾瑞咨询报告，2020 年 B 站 35 岁及以下用户占比超 86%。截至 2021 年第四季度，B 站月均活跃用户达 2.72 亿。（哔哩哔哩官网：https://www.bilibili.com/blackboard/aboutUs.html）

② 未标注来源的语料均来自 B 站。

③ 与"行走的 X"构式核心语义相同、形式略有变化的相关构式，我们称之为"行走的 X"变式。

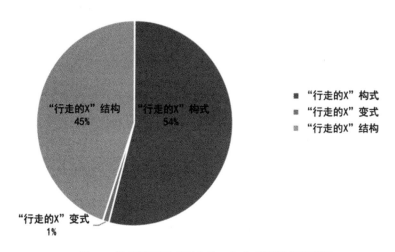

图 1 B 站视频标题"行走的 X"构式语料处理情况

三、言内互动视角下"行走的 X"构式的结构功能特征

哥德堡（Goldberg，1995：50）提出，词汇和构式具有互动关系，她强调构式对词汇有压制作用，使词项融进构式[1]。施春宏（2018：529-530）认为，所有构式都是多重因素互动作用的结果，他论述了构体互动关系，补充了诸多影响构式的言内和言外因素，可概括为：立足整体，重视还原，强化多重互动关系的整合机制分析，由此构建了新构式理论，即互动构式语法[2]。魏在江、张英（2022）在"互动构式语法"基础上提出"构式形成的多重互动模型"，其中言内互动发生在语法层面，指的是构式义与构件义之间、构式内部构件之间以及构式与构式之间进行的互动。互动的方式有压制[3]和承继[4]。

---

[1] Goldberg A, *Constructions: A Construction Grammar Approach to Argument Structure*(Chicago: The University of Chicago Press, 1995), p. 50.

[2] 施春宏：《形式和意义互动的句式系统研究——互动构式语法探索》，商务印书馆，2018 年，第 529-530 页。

[3] 压制指的是一个构式的凸显信息迫使另一构式的结构、意义或功能的某一方面发生改变。（参看魏在江、张英，2022）

[4] 承继是一种概括关系，即构式将其凸显信息强加给另一构式，使具有相同形式或意义特征的不同构式关联到一起。（参看魏在江、张英，2022）

因此可从言内互动的视角、用定量的方法分析"行走的X"构式的结构功能特征及不同类型构式间的互动。

（一）"行走的X"构式的形式

利用"汉语助研"软件的"例句分析"功能，我们提取了构式中"X"的词种①及频次②、词类分类情况。其中，总词种数为223个，总词语次数是431次。

我们整理了构式中"行走"的前10个搭配词语的频次及占比，最终结果见表1：

表1　构式中"行走"的前10个搭配词语的频次及占比

词语	频次	出现频率
表情包	41	7.69%
荷尔蒙	40	7.50%
衣架（子）	37	6.94%
五十万（50万/50w）	29	5.44%
CD	28	5.25%
人民币	13	2.44%
春药	7	1.31%
教科书	7	1.31%

注：1. 出现频率=对应词语频次/语料总条数（533条）。

表1体现了构式"行走的X"与构件"X"、构件"行走的"与构件"X"的言内互动。

首先，"行走的X"构式的完整表达应该是"某话题对象是行走的X"，属于主观断言的格式，一般来说，话题对象与构件"X"的所指应当一致才符合客观事实，但实际上，大部分"行走的X"构式的话题对象指[人]，构件"X"指[物]。这种"错配"触发了整体构式义的压制，为满足构式整体需"协调一致"的要求，本身不指[人]的"X"

---

① 词种指的是所调查的"X"中不重复的词语种类（不区分同形词）。
② 频次指的是构式中"行走"的右侧搭配词在"X"中出现的次数。

通过隐喻或转喻的概念机制来指向话题对象为[人]，以便构式表达变得合理合规，如例（10-12）：

（10）医生：行走的教科书！（网络）

（11）这就是行走的歇后语吧，就问有谁不服？（网络）

（12）感受来自院士团带来的压迫感吧！认识"行走的参考文献"（网络）

以例（10）为例，话题对象是医生，属于人的范畴，构件"X"是"教科书"，属于物的范畴，所指不同的两者在构式义压制的作用下，使得本身不指[人]的"教科书"通过隐喻指向话题对象为[人]的"医生"，句中的"教科书"作为源域凸显了话题对象"医生"专业的属性特征。类似的还有例（11）和例（12）。

其次是"行走的"与"X"的互动，在构式中，"行走的"修饰描述的对象自身不一定具有移动能力，而是由说话者主观上赋予了"X"[+移动]的特征，例如例（13）：

（13）盘点姆巴佩搞笑时刻，姆总简直是行走的表情包（网络）

例（13）中的"表情包"客观上无法自主移动，进入构式后可以用来指代"表情丰富的人"，整个构式可以理解为"发生位移的表情丰富的人"。

我们还整理了构式中"行走的"右侧搭配词语常用词性分布统计结果，见表2：

表 2　构式中"行走"的右侧搭配词语词性统计

词性	词种数（/个）	词种数比例	词次（/次）
名词	124	55.61%	274
动词	30	13.45%	40
形容词	14	6.28%	20
数词	6	2.69%	16

注：受"汉语助研"软件分词准确度影响，表2不能完全反映真实情况，但可供大致参考。

由表 2 可知，与"行走的"搭配的名词占比超过一半，动词、形容词、数词等也能与"行走的"进行搭配，体现了"行走的 X"构式的以下特点：构式中"行走的"与"X"的互动，扩大了"X"的选择范围。"行走的"带有[+移动]的语义特征，但在构式中可以选择客观上不能移动的一些"X"，将其拟人化，使之产生"虚拟位移"。如例（14）：

（14）27 段歌词的河北民歌《小放牛》——纪录片《<u>行走的歌谣</u>》花絮（网络）

在例（14）中，歌谣本身不会移动，但和"行走的"搭配后具有了人的特点，获得了[+移动]的语义特征，是说话者用形象化的修辞形容在口口相传中不断传播的歌谣。而真实位移与虚拟位移的区别与主体是否为生命体有关。因此我们以是否属于生命类的范畴对该构式的话题对象和构式中的"X"进行了划分，得到表 3：

表 3　"行走的 X"构式中"话题对象"和"X"的结构类别及占比

话题对象		X	语例数	占比	举例
生命类	[+人]	非生命类	461	86.49%	<u>行走的人民币</u>：在缅北诈骗园抓到一个中国人，这辈子能吃喝不愁！（网络）
	[−人]	非生命类	12	2.25%	<u>行走的肌肉结构</u>（网络）
非生命类		非生命类	60	11.26%	《庆余年》范闲带钢针，毒药简直就是<u>行走的武器库</u>（网络）

注：占比=对应语例数/总语例数（533 条）。

由表 3 可知，生命类的话题对象专门分为了[+人]类和[−人]类两种。

第一种是话题对象为[+人]类，此类构式是"行走的 X"构式中使用频率最高的类型，如例（15）：

（15）<u>行走的人民币</u>：在缅北诈骗园抓到一个中国人，这辈子能吃喝不愁！（网络）

　　　话题对象：人，X：非生命

第二种是话题对象为[-人]类，如例（16）：

（16）行走的肌肉结构（网络）

　　"X"为话题对象的一部分

同时语料中还存在话题对象和"X"均非生命的语例，如例（17）：

（17）《庆余年》范闲带钢针，毒药简直就是行走的武器库（网络）

　　话题对象和"X"均非生命体

构式之间的互动主要体现为承继关系。我们在自建语料库中发现了几类与"行走的 X"构式核心语义相同形式略有变化的相关构式，称为"行走的 X"变式，如表 4：

表 4　"行走的 X"变式统计及语例

变式类型	语例数	举例
行走（在）P 的 X	6	行走在人间的表情包（网络）
行走中的 X	2	行走中的五十万（网络）
行走的 X(X 为并列项)	2	唐钰小宝：阿奴行走的 ATM 机兼万能工具人（网络）

表 4 中的变式"行走（在）P 的 X""行走中的 X"和"行走的 X（X 为并列项）"核心义与"行走的 X"构式义是相同的，只是形式上有所差别，二者之间以特殊-一般的关系相连，体现了构式之间的互动关系。

（二）"行走的 X"构式的意义和语用色彩

魏在江和张英（2022）指出"X 是行走的 Y"构式表达的是虚拟位移和主观评价义，其意义主要来自两方面：一是常项"行走的"经过人的认知加工，被赋予了虚拟位移的语义特征，不管 Y 是否以具有[+生命]特征的人进入构式，"行走的"凸显的都是其[+移动]的语义特征；二是该构式以断言的形式表达了对话题对象 X 的主观评价。

与"X 是行走的 Y"构式相比，"行走的 X"构式并无显性的断言形式，其构式义为："行走的 X"构式中本无移动能力的"X"被赋予了虚拟位移义，表达了说话人的主观评价。在自建语料库的 533 条"行走的 X"构式语例中，主观褒义评价的语料有 435 条，贬义评价有 55 条，中性（或褒贬皆可）的有 43 条，"行走的 X"构式的主观评价总体情况如图 2：

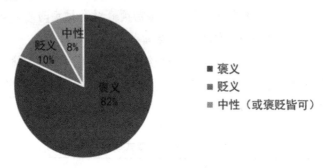

图 2　"行走的 X"构式主观评价情况

数据表明，"行走的 X"构式中褒义评价占主导，如例（18）、例（19）：

（18）［4k 珍藏］林俊杰《不潮不用花钱》现场版，JJ 真是行走的 CD，嗨翻了（网络）

（19）"阿瑟行走的衣架子"私服完美地踩在我的审美点上（网络）

例（18）中的"CD"用来指代拥有美妙歌声的林俊杰，以此肯定他的唱功好、现场效果好。（19）中"衣架子"指代拥有好身材的阿瑟，夸赞他穿什么衣服都好看。

但同时也有表贬义的"行走的 X"构式，如例（20）：

（20）红毯上的"排骨精"，个个都像行走的骷髅，瘦成这样真的好看吗？（网络）

例（20）中的"骷髅"是死人的全副骨骼，是死亡的象征，使用死亡的结果来指代造成结果的原因，即过度消瘦。因此，"行走的骷髅"指过瘦的人，含有夸张贬义的成分。

还有些语例，既可以表达褒义，也可以表达贬义，或者中性义，具体要看语境，如例（21）、例（22）：

（21）科普一下为什么管敌方间谍叫"行走的五十万"

（22）潮妈 8.12 直播 cut4 <u>行走的五十万</u>之五个点（萌公公）要买潮妈的项链给泰迪戴

例（21）中的"行走的五十万"指敌方间谍，是反派人物，含贬义。而例（22）中的"行走的五十万"指戴着价值五十万项链的泰迪，肯定了主人的大方、泰迪的贵气，如果换个语境，是观众看到了这只"行走的五十万"，有人可能无感，表达中性义，也有人可能觉得对方炫富，表达负面的讽刺义。

总之，"行走的 X"构式的主观倾向性需结合语境进行理解，褒贬义的主观评价只是其中一大方面，且要结合语境理解。

（三）"行走的 X"构式的生成机制

我们用互动构式语法的理论模型分析"行走的 X"，发现"X"受到构式整体的压制，通过隐喻或转喻建构起与话题对象的概念联系，进而表达说话人对话题对象的主观评价。

在自建语料库的 533 条"行走的 X"构式语例中，运用隐喻的语例有 361 个，运用转喻的语例有 172 个，"行走的 X"构式的转喻、隐喻运用占比情况如图 3：

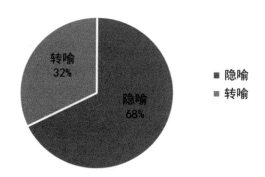

图 3　转喻、隐喻运用情况

由图 3 可见，隐喻的语例数量相当于转喻语例的两倍，说明"行走的 X"构式中更常用跨越不同范畴的隐喻进行主观表达。

莱考夫（Lakoff, 1980）将隐喻定义为：通过内在的结构将常规的心理意象映射到其他的心理意象的一种主要的隐喻①。隐喻相当于是两个不同的认知模型之间产生联系，一般是比较具体的概念（源域）对比较抽象的概念（目标域）的替换。

如例（23）中就是通过隐喻与话题对象建立联系的：

（23）兰花传奇 2：楚留香就是一颗会行走的春药。（网络）

（23）体现的是"人是药物"的概念隐喻。"春药"属于物品，"人"属于"生命"，二者分属不同范畴。而在中国文化中，"春"可以用来比喻情欲，因此"春药"在这里喻指勾人情欲的"楚留香"。我们将语料中的主要隐喻类型及典型示例总结为表 5：

表 5　"行走的 X"构式主要隐喻类型及示例

隐喻类型		语例
本体	喻体	
[+人]	[物品]类	家居用品	这是身高超过 1 米 9 的甜妹，是行走的衣架子！（网络）

本体	喻体		语例
[+人]	[物品]类	家居用品	这是身高超过 1 米 9 的甜妹，是行走的衣架子！（网络）
		容器	他是行走的 CD？用一首歌的时间回顾林俊杰的 20 年！（网络）
		药物或食物	兰花传奇 2：楚留香就是一颗会行走的春药。（网络）
			常熟阿诺嘲讽路人硬拉不行，殊不知自己练得一坨答辩，行走的猪头肉（网络）
		书籍或作品	医生：行走的教科书！（网络）
			行走的偶像剧——车银优（网络）
		机器或工具	【李亚鹏】21 岁到 50 岁的变化，年轻的他曾是行走的"女神收割机"（网络）
			【公开课】文献信息检索与利用——让你成为行走的搜索引擎（网络）
		图画	【赵寅成】行走的画报（网络）
		光源	唐诗逸‖神女降世，成为黑暗中行走的光
	[事件]类	小概率事件	指原莉乃：两度从地狱挣脱，行走的人形奇迹（网络）

---

① Lakoff G. M. Johnson, Metaphors We Live By (Chicago: University of Chicago Press, 1980), p. 3.

	获取知识		探里仁,明信仰—大学生"行走的思政课"比赛视频(网络)
[-人]	[空间]类	地点	杨洋娇兰晚宴视频合集,行走的 5A 级景区(网络)
	[物品]类	水源	八重装四摄魂,行走的移动泉水!!(网络)
		工具	行走的刑具│妮露的高跟鞋(网络)
	[空间]类	地点	"第一巨人"姚明开啥车,这座驾堪称行走的皇宫(网络)

在认知语言学框架内,拉登和科维切斯(Radden & Kovecses,1999:77-90)根据同一认知模型中转体与目标的关系,将转喻分为两大类[①]:

一是整体与各个部分之间关系的转喻,二是整体的各个部分之间互换而产生的转喻。

如例(24)就是通过转喻建立联系的语例:

(24)行走的五十万元!全网通缉,遇见此类人立即报警(网络)

在例(24)中,"五十万"作为犯罪分子的特征——官方悬赏价值五十万,激活了"价值五十万悬赏的犯罪分子"的话题对象,体现了范畴与其特征之间的转喻,构式整体凸显了有生命的"价值五十万悬赏的犯罪分子"行走时[+移动]的语义特征。

语料中的转喻类型及典型示例可以总结为表 6:

表6 "行走的 X"构式主要转喻类型及示例

转喻类型	语例	本体	喻体
特征-整体	【行走的超高音】亚当兰伯特那恐怖级的高音 居然还是参加选秀节目的时候(网络)	人	超高音(声音频率特别高——人的特征)
	行走的建筑艺术,给安藤忠	物	建筑艺术(建筑作品优秀——

---

① Radden G. Kovecses Z, "Towards a theory of metonymy" in Metonymy in Language and Thought, ed. Panther & Radden (Amsterdam: John Benjamins, 1999), p. 77-90.

	雄的作品装上轮子！（网络）	物的特征）
部分-整体	这八个国家的顶级男神，每一位都是<u>行走的荷尔蒙啊</u>！人（网络）	荷尔蒙（生命中的重要物质——人的一部分）
原因-结果	世界最瘦的女人，39岁体重仅有34斤，像一具<u>行走的骷髅</u>（网络）人	骷髅（死亡的象征，使用死亡的结果来指代造成结果的原因——人的过度消瘦）
所属转喻	<u>行走的人民币</u>：在缅北诈骗园抓到一个中国人，这辈子人能吃喝不愁！（网络）	人民币（表示其所属对象——拥有人民币的中国人）

四、模因论视角下"行走的 X"构式的语用特征

蔡少莲（2006）指出，模因论是基于达尔文进化论的观点解释文化进化规律的一种新理论[①]。它试图从历时和共时的视角对事物之间的普遍联系以及文化具有传承性这种本质特征的进化规律进行诠释。模因论最核心的术语是模因。

布莱克莫尔（Blackmore，1999：66）认为"任何一个信息，只要它能够通过广义上称为'模仿'的过程而被'复制'，它就可以称为模因了"[②]。我们可以把"模因"看作一种信息单位，通过模仿而得到复制和传播，它的表现形式是词语、音乐、图像、服饰、脸部表情等等。谢朝群、何自然（2007：31）指出[③]，我们可以认为语言本身就是一种模因，模因也寓于语言之中。通过前面对"行走的 X"构式的来源探究和结构特征分析可知，该构式通过模仿得到了复制和传播，可将其称之为"模因"。

何自然（2005：54）提出[④]，自然语言中的模因主要是从三个方面体现的：教育和知识传授、语言本身的运用和通过信息的交际和交流。

---

① 蔡少莲：《模因论与语言变异》，《广东外语外贸大学学报》2006 年第 3 期。
② Blackmore S, *The Meme Machine*(Oxford: Oxford University Press, 1999), p. 66.
③ 谢朝群、何自然：《语言模因说略》，《现代外语》2007 年第 1 期。
④ 何自然：《语言中的模因》，《语言科学》2005 年第 6 期。

接下来我们会据此三方面分析"行走的 X"构式在 B 站上的复制与传播的表现。

首先，网络新词语科普教育和网络热词知识传授使"行走的 X"构式在 B 站上得以快速复制和传播。B 站有一些 up 主专门科普网络词语，如例（25）：

（25）梗指南（up 主）：行走的 50 万是什么梗【梗指南】（网络）

同时，其他网络平台也有类似的科普体系，如百度百科上能检索到的最早的"行走的 X"构式是 2006 年播出的影视剧名《行走的鸡毛掸子》，搜狐网于 2016 年使用了"行走的 CD"作为标题的一部分，如例（26），用于夸赞歌手林俊杰现场唱功稳定，听其现场演唱仿佛和听 CD 播放原曲并无区别。

（26）行走的 CD 林俊杰典藏版 LIVESHOW　剧透将与 TFBOYS 合作（网络）

当"行走的 X"出现时，青年网民从不同平台学到了该构式，逐渐开始在日常的线上和线下交往中反复复制和传播，这正是模因的表现。比如"行走的表情包""行走的荷尔蒙""行走的衣架"这些热门表达，青年网民反复讨论使用、转发评论，这个过程就属于模因的复制传播。

"行走的 X"构式本身的创新运用促成模因的复制和传播。人们将存在于大脑中"行走的 X"构式的信息模因在语用中不断重复、增减、变换、传递，使得从最初只有"行走的鸡毛掸子"，到现在有各种类型的"行走的 X"构式及变式，如非生命类"X"指代"人"的"行走的三等功"、非生命类"X"指代非生命主体的"行走的乐谱——春江花月夜"，相关变式"行走中的荷尔蒙"。

目前"行走的 X"构式及其变式还在通过各种媒体不断地复制和传播，未来还有可能变换出新形式。

语言模因可以通过交际和交流形成，即民众根据语境即兴而发、随后得到广泛复制和流传。这类语言模因也有可能在跨语言和跨文化的交流中出现。即一种语言模因可以通过交际和交流而在另一种语言中传播。"行走的 X"构式比较典型的情况有：

英汉对译：walking dictionary——行走的字典、walking hormone——行走的荷尔蒙

英汉混用：行走的 OMG、行走的 emoji

总的来说，在语言模因作用下，"行走的 X"构式得到复制，创造新形式的创意也同样得到复制，形成了人和"行走的 X"构式的互动模式，我们从中可以窥探"行走的 X"构式的变化和发展。

五、结语

本文结合互动构式语法的言内互动理论和模因论，分别从结构和语用的角度讨论了网络新兴构式"行走的 X"的功能和语用特征。"行走的 X"构式义为："行走的 X"构式中本无移动能力的"X"被赋予了虚拟位移义，构式整体表达了说话人的主观评价，其中褒义占主导，同时也有贬义和中性义。构式中的"X"通过隐喻或转喻建构起与话题对象的概念联系。相较于转喻，"行走的 X"构式中更常利用跨越不同范畴的隐喻表达主观义。在模因论视角下，"行走的 X"的语用特征表现在：一是网络新词语科普教育和网络热词知识传授使"行走的 X"构式在 B 站上得以快速复制和传播；二是"行走的 X"构式本身的创新运用促成了模因的复制和传播；三是"行走的 X"构式在跨语言和跨文化的交流中出现，分为英汉对译和英汉混用两种情况。

参考文献

［1］ Blackmore, S. *The Meme Machine*[M]. Oxford: Oxford University Press, 1999: 66.

［2］ Goldberg, A. *Constructions: A Construction Grammar Approach to Argument Structure*[M]. Chicago: The University ofChicago Press, 1995: 4.

［3］ Lakoff, G. & M. Johnson. *Metaphors We Live By*[M]. Chicago: University of Chicago Press, 1980: 3.

［4］ Radden, G. & Kovecses, Z. *Towardsatheory of metonymy*[A]. Panther & Radden. *Metonymy in Language and Thought*. Amsterdam: John Benjamins, 1999: 77-90.

[5]　蔡少莲. 模因论与语言变异[J]. 广东外语外贸大学学报, 2006, 17 (3): 31-35.

[6]　陆俭明. 构式：论元结构的构式语法研究·中文版序 2[A]. 吴海波译（冯奇审订）. 构式：论元结构的构式语法研究. 北京：北京大学出版社, 2007.

[7]　陆俭明. 构式语法理论的价值与局限[J]. 南京师范大学文学院学报, 2008, (1): 142-151.

[8]　何自然. 语言中的模因[J]. 语言科学, 2005 (6): 54-64.

[9]　施春宏. 形式和意义互动的句式系统研究——互动构式语法探索[M]. 北京：商务印书馆, 2018: 529-530.

[10]　束定芳. 隐喻学研究[M]. 上海：上海外语教育出版社, 2003: 51-58.

[11]　魏在江. 转喻思维与虚拟位移构式的建构[J]. 外语教学与研究, 2018, 50 (4): 506-515+639.

[12]　魏在江. 宾语隐形构式的认知特征与语用功能[J]. 外语与外语教学, 2020 (5): 55-64+149.

[13]　魏在江, 张英. "X 是行走的 Y"的互动构式语法研究[J]. 外语与外语教学, 2022, (6): 49-58, 145-146.

[14]　谢朝群, 何自然. 语言模因说略[J]. 现代外语, 2007, 30 (1): 30-39+108-109.

[15]　徐筱帆. 语言社会性视域下"行走的 X"构式语用特征[J]. 重庆电子工程职业学院学报, 2020, 29 (4): 102-104.

[16]　徐筱帆. 基于去范畴化理论"行走的 X"构式的 BCM~+模型分析[D]. 重庆：四川外国语大学, 2022.

[17]　叶忠星. "行走的 XXX"构式中的隐喻与转喻[J]. 湖州师范学院学报, 2019, 41 (9): 81-87.

[18]　中国社会科学院语言研究所词典编辑室, 编. 现代汉语词典（第七版）[Z]. 北京：商务印书馆, 2016.

"V 一大/小下" 用法探讨

天津师范大国际教育交流学院　　南开大学汉语言文化学院

艾文燕　　　　　　董淑慧

　　摘　要：形容词"大、小"插入"V 一下"结构构成"V 一大/小下"。从语义功能来看，"大"是将 V 所表动作行为的力度、幅度或持续时间故意往大里说，"小"是将 V 所表动作行为的力度、幅度或持续时间故意往小里说。"V 一大/小下"带有说话人的主观感情色彩。"V 一大/小下"结构表达动作在时间延续、动作力度等方面呈现出差异，分四种语义小类。

　　关键词：形容词；"V 一下"；主观量

一、引言

　　近些年来，在动量词"一下"之前常插入形容词"大""小"，构成"V 一大/小下"结构，这一语言现象值得关注。如：

　　（1）我听到这儿，鼻子不禁<u>抽搭了一大下</u>。（网络）

　　（2）不过纪念卡被快递<u>折了一小下</u>。

　　用形容词"大""小"对"V 一大/小下"结构加以修饰，是对其所表达的量进行细化。对这一新兴用法，目前尚无人专门讨论。本文拟考察该结构的语义功能以及形容词使用频次的差异。本文语料主要来源于微博和 BCC 语料库。另外，笔者还通过小红书、百度贴吧、CCL 语料库等渠道补充了一些语料。

二、"V 一大/小下"的语义功能

（一）"V 一大/小下"的范围

在探讨"V 一大/小下"结构之前，有必要廓清"V 一大/小下"结构的范围。动量词"下"之前插入形容词"大""小"构成"V 一大/小下"结构，量词"下"还可以是"下儿"以及重叠式"下下"等形式。如：

（3）侯志慧 5 年前哭了一下午，"这次<u>哭了一小下</u>"。（《新京报》2021-07-24）

（4）人家只是想找一套晚礼服去参加聚会而已，不小心把房间<u>搞乱了一小下下</u>。（《这 10 张照片生动诠释了：家有熊孩子是什么体验？父母看后想退货》网易，2019-4-20）

（5）因为今天确实让我很意外地惊喜了<u>一小下儿</u>。

（6）吃饭呢，就用脸盆打<u>一大下子</u>，大家围着盆吃。

"V 一大/小下""V 一小下儿""V 一小下下"等都在本文的研究范围内，均归为"V 一大/小下"构式。

（二）"V 一大/小下"的语义功能

从语义功能来看，"大/小"是将"V 一下"所表动作行为的力度、幅度或持续时间进行主观的细化描述，带有说话人的主观感情色彩。"大"是将 V 所表动作行为的力度、幅度或持续时间故意往大里说，"小"是将 V 所表动作行为的力度幅度或持续时间故意往小里说。如：

（7）她已经走出相当的远，但是忽然立住，回了头，二狗的眼<u>晕了一小下</u>。

（8）导演你出来，让我打你一下，就<u>一小下</u>。（《心居导演，你出来，让我打你一下，就一小下》，搜狐娱乐）

（9）今他五脏六腑狠狠<u>翻滚了一大下</u>。

"晕了一下"是表示"晕"这一动作持续的时间短，说话人用形容词"小"将"晕了一下"所持续的时间进一步往小里说。"翻滚""打"

都是动作动词，"一下"表示"翻滚""打"动作次数是一次，"一"还可以说成"两""三"等。"翻滚了一下""打一下"都是瞬间完成的动作，"一下"只是计量动作的次数。在动量词"下"之前插入形容词"大""小"后，"大"是将"翻滚了一下"动作的力度幅度故意往大里说，"小"将"打一下"这一动作的力度幅度故意往小里说。"翻滚""打"动作的力度幅度是不能通过计量方式准确计量的，形容词"大""小"插入动量词之前，能让我们感受到"翻滚""打"动作幅度力度的差异，说话人特意将其细化，这种细化带有主观感情色彩。

三、"V 一大/小下"的语义类型及动词特征

动量词是对运动事件在时间、频次与数量上的计量。关于动量词"一下"的语义功能，学界普遍认同相原茂（1984）对"一下"的分类[①]："一下 $_1$"表示具有较强基数意义的动作次数，其中数词"一"可以替换为任意数词，如：拍一下、敲一下、摔一下；"一下 $_2$"表示具有舒缓语气和其他语用功能的动量少、时量短的意义，如：等一下、想一下。不管"一下 $_1$"还是"一下 $_2$"，"V 一下"数量结构均表示动作量。李宇明（2000：59）将动词所表达的量称作"动作量"[②]，动作量是计量行为动作等的力度、涉及的范围、活动的幅度、反复的次数和持续的时长等的量范畴。"大/小"插入"V 一下"数量结构，是将"V 一下"数量结构表达的动作量进行细化。"V 一大/小下"结构表达动作在时间延续、动作力度等方面呈现出差异，"V 一大/小下"结构可分为四种语义小类：

A 组：

（10）有空理我一小下，十秒钟就好了！（微博）

（11）下周消失一小下。

（12）等了一大下了，2020 年都快要过完了。（微博）

---

① 相原茂：《数量补语"一下"》，《汉语学习》1984 年第 4 期。

② 李宇明：《汉语量范畴研究》，华中师范大学出版社，2000，第 59 页。

B组：

（13）张瞎子说完，便拿了手杖磕了一大下地走出了茶馆。

（14）说小宝右后小腿被钉子扎了一小下。

（15）克瑞斯走近他们，从柔软的草地上踩过时她被裙边绊了一小下。

（16）我说这个呀，是被热气烫了一小下而已，涂了这蓝色的药马上就没事啦。

C组：

（17）导致麦麦点餐的女孩脸部抽筋了好一大下。

（18）伦家祸害你一下，一小下下。

D组：

（19）又要悄悄地膜拜自己一小下下。

（20）他很高兴，说道：小王是人才嘛。我也振奋了一小下，但马上就蔫掉了。

（21）因为今天确实让我很意外地惊喜了一小下下。

（22）高三的时候，她总为了写篇作文而弄得月经不调，气血两衰，如今她得为这五六千字付出多么惨重的代价呀，想到这里，我不禁感动了一小下。

A组的"消失""等""理"等动作只关涉动作的延续时间，不涉及动作力度幅度和范围；因而形容词是细化动词的延续时间，将动作持续的时间进一步往大或者往小里说。例（10）、例（11）说话人用"小"将"理""消失"持续的时长故意往小里说。例（12）说话人用"大"将"等"持续的时长故意往大里说。此类动词还有"休息、眯、家访、理、失眠、偷懒、出门、等"等，可以出现在"V一大/小下"结构中。

B组的"磕""扎"是瞬息之间的一次性动作，时间上并不能延续（称为"瞬间动作动词"）。最典型的瞬间动作动词有："扒、拔、掰、扳、捶、戳、刺、捣、剁、踩、剪、嚼、揩、砍（用刀斧等猛力切入物体或将物体断开）、叩、拈、捏、碰、劈、泼（用力把液体向外倒或向外洒，使散开）、敲、撬、扇、涮、踢、舔、揣、跳、推、擤、眨、斩、撞"①。因而形容词"大/小"细化动作力度幅度。例（13）说话人用"大"将"磕"这个动作的幅度、力度故意往大里说，例（14）—例（16）说话人用"小"将"扎""绊""烫"动作的幅度力度故意往小里说。

C组"抽筋""祸害"既关涉动作的延续时间，也涉及动作力度幅度和范围，因而形容词"大/小"细化动词的延续时间以及动作力度。例（17）用"大"将"抽筋"这一动作行为持续的时长以及动作的强度故意往大里说，例（18）将"祸害"这一动作行为持续的时长以及动作的强度故意往小里说。此类动词还有"火、骂、批评、批、说"等，也可出现在"V 一大/小下"结构中。

D组"膜拜""振奋""惊喜""感动"为心理动词，它们都可以受"很""有点儿""非常"等程度副词修饰。"大/小"细化动词的程度，例（19）—例（22）说话人用"小"将"膜拜""振奋""惊喜""感动"动作程度往小里说。此类动词还有"闷骚、惊讶、理智、震惊、开心、兴奋、高兴、愤怒、心痛、害羞、羡慕、嫉妒、恨"等，也可出现在"V 一大/小下"结构中。

"V 一大/小下"结构常与表示主观小量副词标②（"就""只"）和句末标③（"而已"）共现。如：

（23）我就睡了一小下。

（24）稍微修身养性那么一小下。

（25）我只是出门一小下而已。

（26）我看到的时候也只笑了一小下而已。

（27）不就稍稍分开那么一小下么。

四、"V 一大下/一小下"使用情况分析

通过在 BCC 语料库中检索关键词"一大下""一小下"，然后删减

---

① 何薇、朱景松：《瞬间动作动词的确定和语义语法特征》，《苏州大学学报》2015 年第 6 期。
② 李宇明：《汉语量范畴研究》，华中师范大学出版社，2000，第 59 页。
③ 同上。

重复例句，我们发现"V＋一大下"的语料有 8 条，"V＋一小下"的
语料共有 206 条。

BCC 语料库中"V 一大下"的语料数量过低（8 条），因而笔者还
通过百度贴吧、小红书等渠道补充了一些语料，例句总体数量共计 21
条，还是偏少，例句来源分布如下（图 1）。

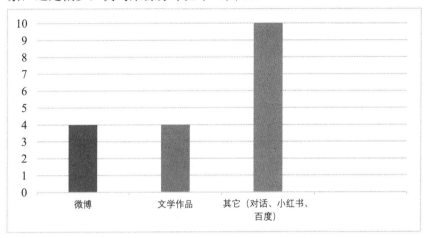

图 1   "V＋一大下"在各种文献中的分布

如图 1 所示，BCC 语料库中"V 一大下"的语料来源可分为两类：
微博、文学作品。而文学作品指的是小说：

（28）张瞎子说完，便拿了手杖磕了<u>一大下</u>地走出了茶馆！（奇儒
《快意江湖》）

（29）一语点中了钱管事的要害，令他五脏六腑狠狠<u>翻滚了一大
下</u>。（黄容《拥豹而眠》）

（30）她的心猛地<u>跳了一大下</u>。（任易虹《就爱无情郎》）

同样，通过检索并删减重复例句我们发现，BCC 语料库中"V 一
小下"的语料共有 206 条，CCL 语料库中有 3 条，例句来源分布如
图 2。

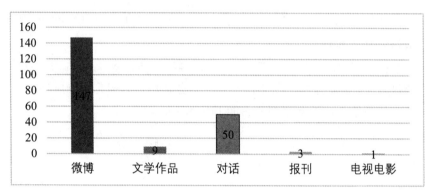

图2　"V＋一小下"在各种文献中的分布

如图2所示，BCC、CCL语料库中"V一小下"的语料来源可分为五类：微博、文学作品、对话、报刊、电视电影。其中来自微博的语料最多，有147例；对话次之，有50例；文学作品都为小说；报刊有2例；1例来源于电视电影。

因此，"V一大下""V一小下"的语料主要来源于微博。而微博作为分享简短实时信息的广播式的社交媒体、网络平台，表明"V一大/小下"具有鲜明的口语特征。

参考文献

［1］何薇，朱景松. 瞬间动作动词的确定和语义语法特征[J]. 苏州大学学报，2015（6）：158-166.

［2］李宇明. 汉语量范畴研究[M]. 武汉：华中师范大学出版社，2000：59.

［3］相原茂. 数量补语"一下"[J]. 汉语学习，1984（4）：20-31.